›musica noster amor!‹

der musiktisch des landgrafen moritz von hessen

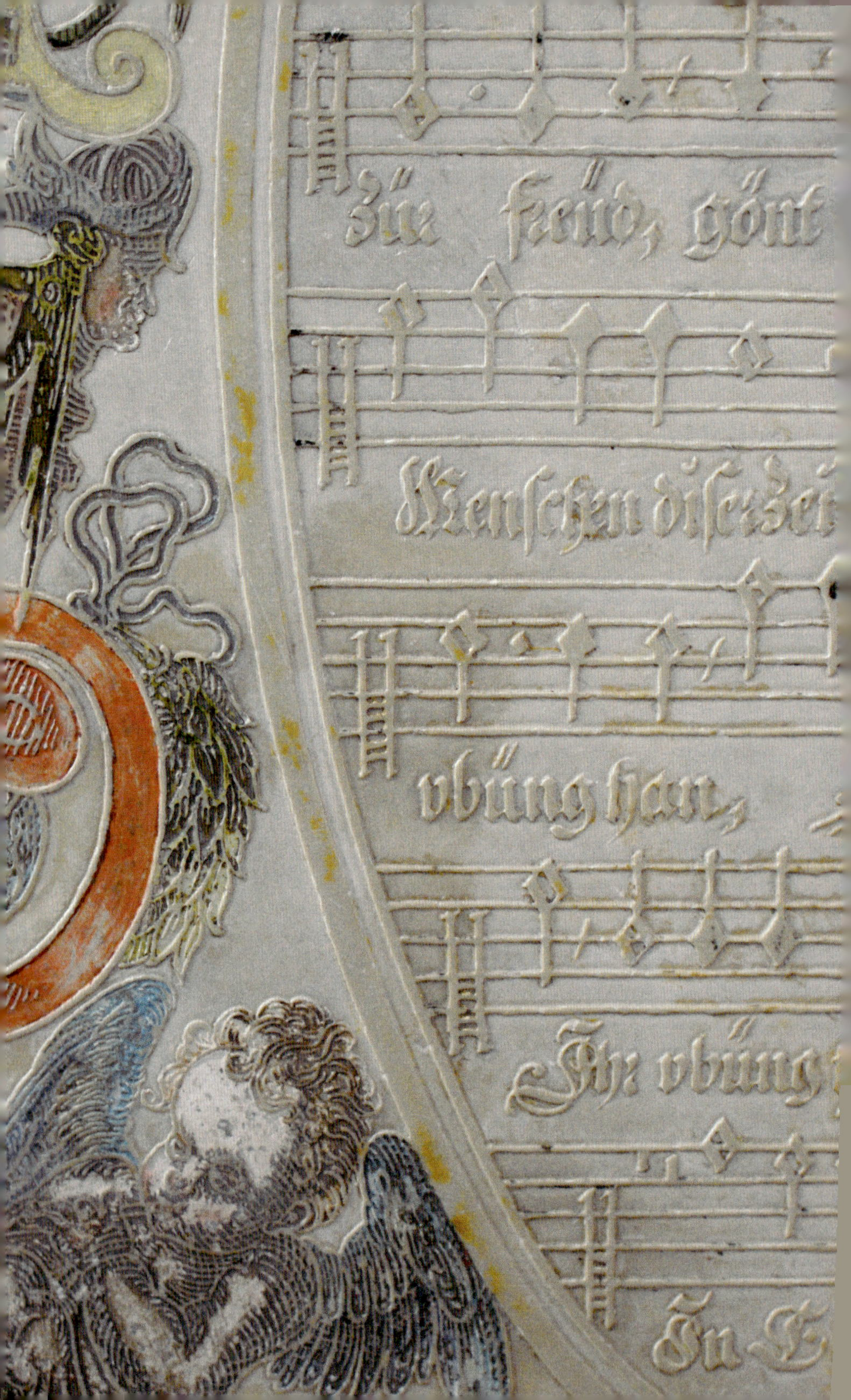
zů freüd, gönt
Menschen diser zei
vbüng han,

›musica noster amor!‹
der musiktisch des landgrafen moritz von hessen

Irmtraud Baier

Museumslandschaft Hessen Kassel
Deutscher Kunstverlag

Museumslandschaft Hessen Kassel
Wissenschaftliche Reihe; Bd. 2

Herausgeber:
Museumslandschaft Hessen Kassel
Bernd Küster
Projektsteuerung:
Gisela Bungarten
Text und Bearbeitung:
Irmtraud Baier
Restaurierung:
Anne Harmssen, Barbara Häcker, Christoph Hellbrügge, Dietmar Wohl
Redaktion:
Gisela Bungarten
Photographie:
Gabriele Bößert, Arno Hensmanns
Gestaltungskonzept und Layout:
Annett Osterwold, Berlin

Bibliographische Information der Deutschen Nationalbibliothek

Die Deutsche Nationalbibliothek verzeichnet diese Publikation
in der Deutschen Nationalbibliographie; detaillierte bibliographische
Daten sind im Internet über http://dnb.d-nb.de abrufbar.

Vertrieb im Buchhandel:
Deutscher Kunstverlag Berlin München
ISBN 978-3-422-02383-3 (Deutscher Kunstverlag GmbH Berlin München)
ISBN 978-3-931787-56-1 (Museumslandschaft Hessen Kassel)

HESSEN
Hessisches Ministerium für Wissenschaft und Kunst

Die Museumslandschaft Hessen Kassel ist eine Einrichtung des Landes Hessen

MUSEUMSVEREIN KASSEL e.V.

Der Band wurde ermöglicht mit freundlicher Unterstützung
der Landgraf-Moritz-Stiftung, Kassel und dem Museumsverein Kassel e. V.

Abbildung:
Musiktisch (Detail),
Andreas Pleninger, 1605, Steinätzung
Museumslandschaft Hessen Kassel, Löwenburg

Inhalt

Vorwort

Bernd Küster

Er steht wie ein Symbol für die lange Sammlungstradition der Kasseler Landgrafen, aber auch für die Labilität ihres historischen Vermächtnisses, das den Zeitläuften nicht immer standgehalten hat. Zerstörungen des Zweiten Weltkrieges an einem Objekt wie dem von Andreas Pleninger um 1605 gefertigten Steintisch berühren besonders, weil es ihm bis dahin gegeben war, über drei Jahrhunderte im Besitz der hessischen Landgrafen zu überdauern. Solche Wunden der jüngeren Geschichte zu kurieren, die betroffenen Objekte nicht nur über die Zeit zu retten, sondern ihnen eine weitere Zukunft zu sichern, ist Aufgabe eines umfangreichen Restaurierungsprogramms, das parallel zur baudenkmalpflegerischen Instandsetzung der Löwenburg läuft. In diesem aus dem Geist der Vor-Romantik und ihren historischen Sehnsüchten geborenen Bau, einer mittelalterlichen Burganlange ähnlich, hatten Objekte wie Pleningers Steintisch eine museale Bestimmung gefunden, deren Kontext auch im Rahmen der Sanierung neu erstellt werden soll. Verkörperten solche Gegenstände vormals den Anspruch des Löwenburg-Erbauers auf historische Wertigkeit des Hauses Hessen, so wird es künftig möglich sein, an ihnen auch eine aus heutiger Sicht befremdende historisierende Haltung erkennbar zu machen, die sich nicht scheute, falsche Datierungen auf Gebäude zu setzen und sie damit künstlich zu altern. Den Zweifeln an der Glaubwürdigkeit solcher Inszenierungen wie der Löwenburg steht allerdings die erste, wenn man so will, »landesgeschichtliche« Ausstellung in ihrem Innern gegenüber, auch wenn diese sich ohne Anspruch auf historische Genauigkeit als ein Sammelsurium landesgeschichtlicher Objekte darstellt. Doch immerhin konnten Preziosen wie der Pleninger Steintisch auf diese Weise in einem mehr oder weniger musealen Kontext bestehen, bis die Verheerungen des Zweiten Weltkrieges auch die Löwenburg im Bergpark Wilhelmshöhe in Mitleidenschaft zogen.

Dank einer Initiative des Kasseler Museumsvereins konnten Schäden an vielen Objekten der Löwenburg mittlerweile revidiert werden, zu ihnen gehört Pleningers Steintisch als aufwendigste, anspruchsvollste und sicherlich auch teuerste Restaurierungsmaßnahme eines Einzelobjekts. Die Fragmente der geätzten Steinplatte verlangen eine besonders sensible Wiederherstellung und eine genaue Konzeption einer Rekonstruktion, um künftig und auf Dauer als eines der zentralen

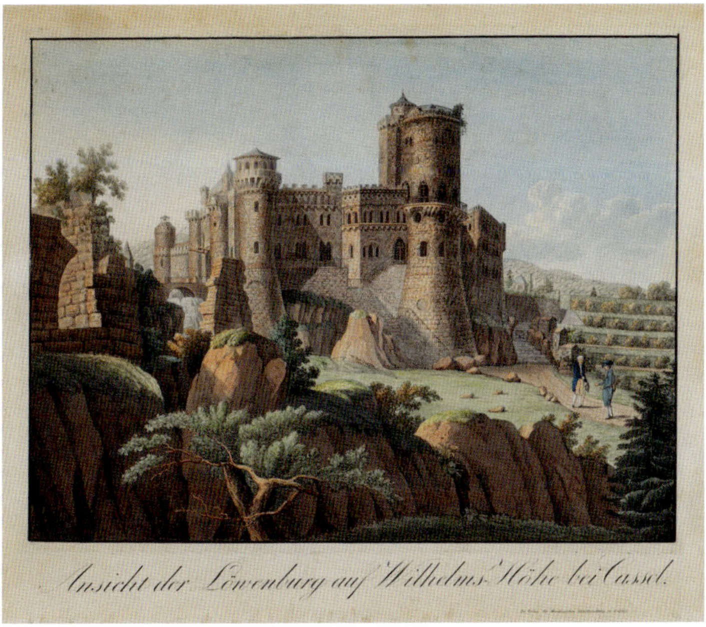

Johann Conrad Bromeis, Ansicht der Löwenburg, um 1814, MHK, Graphische Sammlung

Objekte des Museums in der Löwenburg neu erlebt werden zu können. Parallel zu der Initiative seiner Restaurierung lief das Vorhaben einer wissenschaftlichen Erforschung des Steintisches, seiner Herkunft, Bedeutung und Anwendung als Notenträger.

Für die Durchführung des wissenschaftlichen Vorhabens, dessen Ergebnisse mit diesem Band vorgelegt werden, ist sehr herzlich Frau Dr. Irmtraud Baier zu danken, die sich mit großen historischen Vorkenntnissen der Aufgabe einer Recherche der Geschichte dieses Einzelobjekts gewidmet hat. Ebenso gebührt an dieser Stelle der Landgraf-Moritz-Stiftung ein Dank für die Finanzierung der wissenschaftlichen Arbeit, und natürlich dem Kasseler Museumsverein e.V., der sich immer wieder engagiert sowohl für die Restaurierung des Objekts als auch für die Drucklegung des vorliegenden Bandes eingesetzt hat.

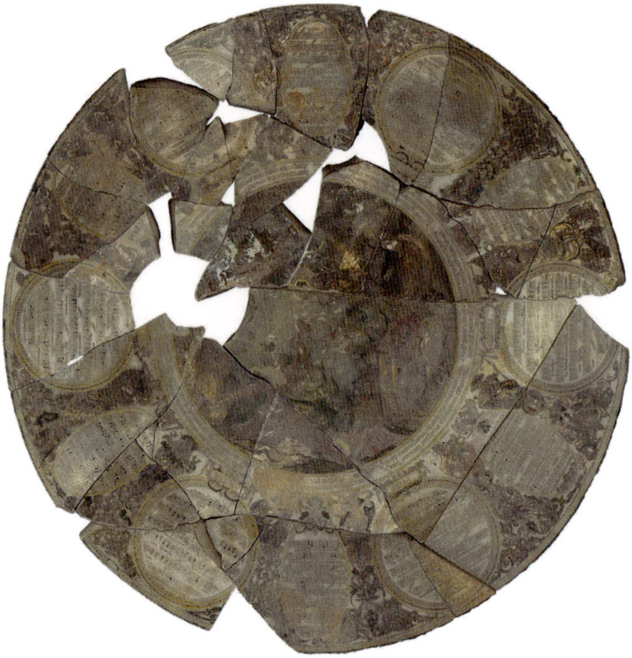

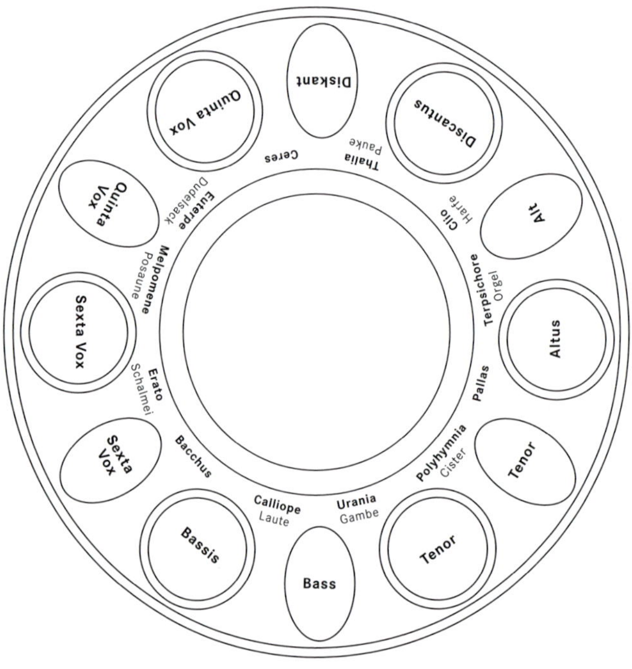

Abb. 1
Musiktisch,
Andreas Pleninger,
1605, Steinätzung,
Museumslandschaft
Hessen Kassel,
Löwenburg

Abb. 2
Musiktisch,
Andreas Pleninger,
1605, schematische
Darstellung

Einführung

Kunstwerke um 1600 sind oft als Rätsel konzipiert. Sie fordern den Betrachter heraus, darin verborgene Anspielungen, Zitate und Verweise zu entschlüsseln. Hochgebildete Menschen wie Landgraf Moritz von Hessen (1572-1632) fanden Vergnügen daran, in Kunstwerken immer noch eine weitere, noch tiefer versteckte Bedeutung zu entdecken. Dem gelehrten Landgrafen entsprach es, seine Wertvorstellungen in einer stufenweise verschlüsselten Bild-Komposition darzulegen, so dass nur Betrachter mit einem ähnlich hohen Bildungsgrad die Inhalte mit ihm teilen konnten; die komplexe Form des Artefakts vermittelte in sich selbst bereits den herrschenden Bildungskanon.

Will man 400 Jahre alte Werke untersuchen, muss man sich vergegenwärtigen, dass die Menschen zur damaligen Zeit andere Wahrnehmungsgewohnheiten hatten. So waren etwa die lautesten Töne, die künstlich hergestellt werden konnten und deshalb feierlichen Gelegenheiten vorbehalten waren, die einer Kanone – kein Vergleich also zu einem startenden Flugzeug... Auch das Auge war auf weniger und langsamere Reize ausgerichtet: Erst im 19. Jahrhundert wusste man mit Hilfe der ersten Photographien zuverlässig, wie sich galoppierende Pferdebeine bewegen. Entsprechend bedienten Kunstwerke der frühen Neuzeit andere Seh- und Hörbedürfnisse. Beispielsweise sind in Bildern wichtige Bausteine zum Verständnis nicht unbedingt groß dargestellt oder mittig platziert, sondern häufig liefert ein unscheinbares Detail im Hintergrund die Lösung zum Verständnis. Nicht selten galt es, angedeutete Achsen zu verfolgen, deren Schnittpunkt dann dasjenige Bildelement markiert, das die Intention der Darstellung erhellt.

Rätselhaft, kostbar, einzigartig – so sollten die Stücke sein, die man in die fürstliche Kunstkammer aufnahm. Ein solches Werk ist auch der Kasseler Musiktisch, den der Regensburger Andreas Pleninger (1555-1607), »einer der Hauptmeister der in dieser Zeit blühenden Steinätzkunst«,[1] für Landgraf Moritz 1605 vollendete (Abb. 1). Auf der runden Kalkstein-Platte mit 155 cm Durchmesser erhebt sich eine feingliedrige Zeichnung, die herausgeätzt und dann teils farbig gefasst, teils vergoldet wurde. Die Technik der Steinätzung war im 16. und frühen 17. Jahrhundert im süddeutschen und österreichischen Raum beheimatet und für Kalender, Grabsteine und Tischplatten in Gebrauch. Überaus selten sind allerdings Tische, die neben figürlichen Darstellungen Gesangsnoten zeigen: In diese exquisiten Musiktische, auch als Noten- oder Liedertische bezeichnet, sind ringsherum verschiedene Stimmen mit textunterlegten Noten geätzt. Bei den Forschungen zum Kasseler

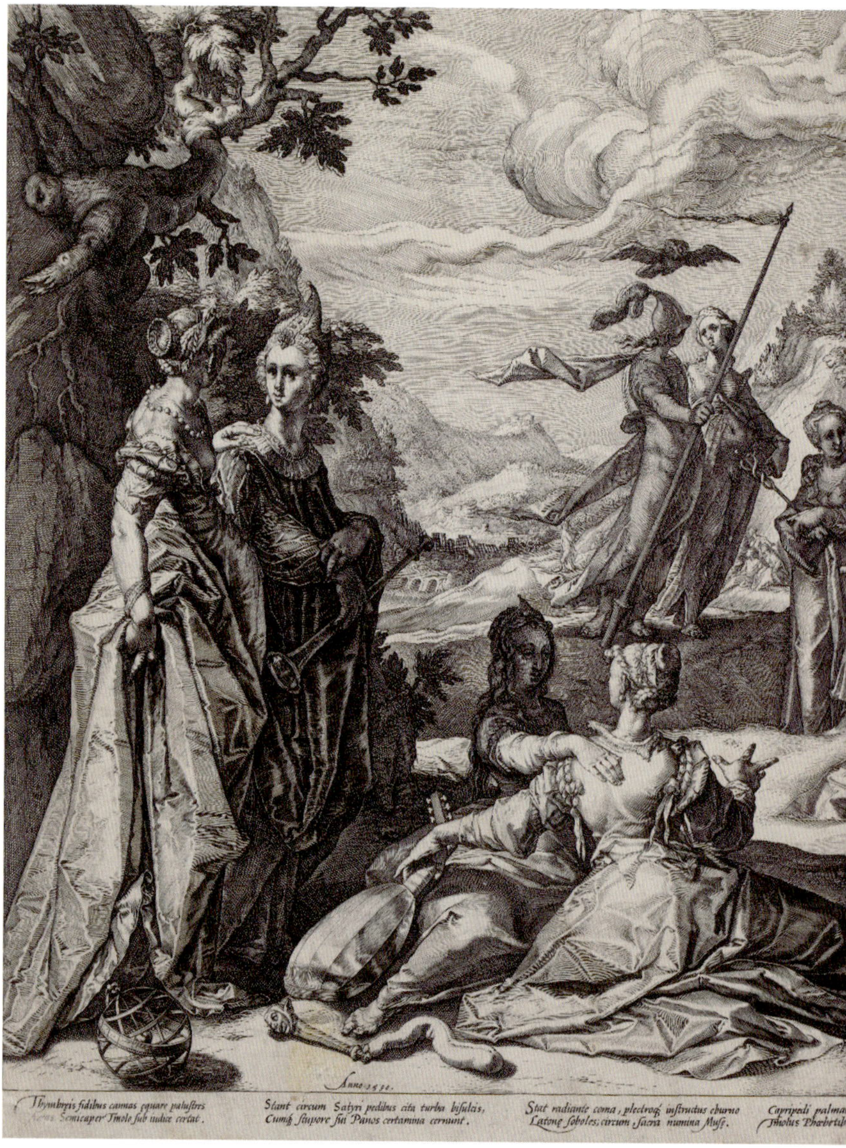

Abb. 3
Midasurteil, Hendrick Goltzius, 1590, Kupferstich, British Museum

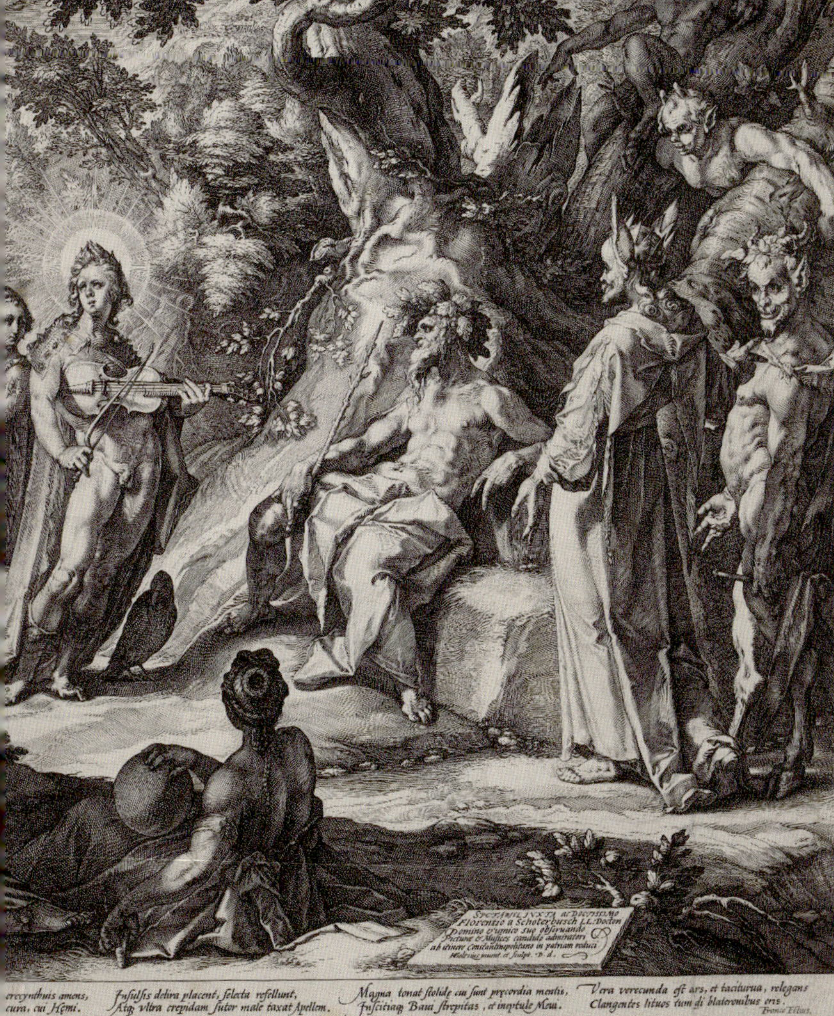
SPECTABILI IUXTA ac DOCTISSIMO
Florentio a Schoterbusch I.L. Doctori
Domino et amico suo obseruando
Picturae & Musices candido admiratori
ab itinere Constantinopolitano in patriam reduci
Holtzius inuent. et sculps. D.d.
erecynthius amens,
cura, cui Hemi.
Insulsis delira placent, selecta refellunt,
Atq ultra crepidam sutor male taxat Apellem.
Magna tonat stolide cui sunt precordia mentis,
Inscitiaq Baui strepitas, et ineptule Meui.
Vera verecunda est ars, et taciturna, relegans
Clangentes lituos tum di blateronibus oris.
Franco Estius.

Exemplar konnten zwölf weitere erhaltene Beispiele dieser seltenen Gattung ausfindig gemacht werden und fünf, die überliefert sind, davon ein hölzerner Musiktisch.[2] Man nimmt an, dass diese originelle Form, Noten rundherum lesbar auf Tischen abzubilden, von im englischen Raum verbreiteten Einblattdrucken übernommen sein könnte.[3]
Auf dem Kasseler Musiktisch wird das Mittelbild mit der Darstellung des Midasurteils von ringförmig darum herum gesetzten lateinischen Versen kommentiert. Wie Birgit Kümmel herausfand, greift Pleninger hier auf einen zu seiner Zeit berühmten Kupferstich des Niederländers Hendrick Goltzius (1558-1617) zurück (Abb. 3). Dieser zeigt den musikalischen Wettkampf zwischen Apoll und Pan vor ihrem Richter Tmolus und den Musen. Die erläuternden Distichen – Doppelverse im Versmaß Hexameter und Pentameter – sind ebenfalls ursprünglicher Bestandteil des Goltzius-Stiches und stammen von dem Gelehrten Francius Estius (1544-1594?)[4]:

THYMBRIS FIDIBVS CANNAS AEQVARE PALVSTRES
ARCAS SEMICAPER TMOLO SVB IVDICE CERTAT

Der Lyra Apolls will der Halbbock Pan im Wettstreit vor dem Berg Tmolus
als Richter sein Schilfrohr gleichsetzen.

STANT CIRCVM SATYRI PEDIBVS CITA TVRBA BISVLCIS
CVMQ' STVPORE SVI PANOS CERTAMINA CERNVNT

Ringsum stehen bocksfüßige Satyrn in unruhigem Gedränge;
in stumpfem Staunen besehen sie den Wettkampf ihres Pan.

STAT RADIANTE COME; PLECTROQ' INSTRVCTVS EBVRNO
LATONAE SOBOLES; CIRCVM SACRA NVMINA MVSAE.

Er [dagegen] steht im strahlenden Gefolge; der Sohn der Latona gerüstet
mit der mit Elfenbein geschmückten Laute; ringsum der Musen heilige Wesen.

CAPRIPEDI PALMAM ADSCRIBIT BERECYNTHIVS AMENS.
TMOLVS PHOEBE TIBI, CVI PINDI CVRA, CVI HAEMI

Dem Bocksfüßigen schreibt der unverständige Berecynthier [Midas] den Sieg zu,
Tmolus jedoch dir, Phoebus [Apoll], unter dessen Obhut die Musensitze Pindus
und Haemus stehen.

INSVLIS DELIRA PLACENT; SELECTA REPELLVNT
ATQ' VLTRA CREPIDAM SVTOR MALE TAXAT APELLEM:

Den Geistlosen gefallen Albernheiten, Erlesenes verschmähen sie,
und über den Leisten hinaus kann der Schuster [den Maler] Apelles
schlecht einschätzen.

MAGNA TONAT STOLIDAE CVI SVNT PRAECORDIA MENTIS,
INSCITAQ' BAVI STREPITAS, ET INEPTVLE MEVI.

Großtuerisch tönt der Dumme mit der Unwissenheit und dem Getöse
eines Bavius und dümmlichen Mevius.

VERA VERECVNDA EST ARS, ET TACITVRNA, RELEGANS
CLANGENTES LITVOS TVMIDI BLATERONIBVS ORIS.

Wahre Kunst ist still und zurückhaltend und verbannt die röhrenden Hörner des Wichtigtuers mit seinen geschwätzigen Reden.[5]

Um Pleningers Mittelbild herum sind wechselweise sechs runde und sechs ovale Kartuschen mit dem Notentext zweier Madrigale so angeordnet, dass sechs um den Tisch stehende Sänger ihn lesen konnten. Dabei teilt der Bass als tiefste Stimme die Perspektive des Mittelbildes, und hier beginnen auch die umlaufenden Estius-Verse (Abb. 2). Als Madrigale werden Gesänge mit weltlichen Texten bezeichnet; die beiden Kasseler Kompositionen thematisieren in deutscher bzw. lateinischer Sprache die Bedeutung der Musik:

1. Die Music gönt uns Gott zur freud, dran wun(n) / wün die Menschen diser Zeit Ihr übung han in Ewigkeit.

2. *MUSICA cum Musis commercia mutua tractant,*
Musica amor superum, Musica noster amor.

Die Musik steht mit den Musen in Wechselwirkung.
Von den Göttern geliebte Musik, o geliebte Musik![6]

Die zwölf Notenfelder werden flankiert von namentlich bezeichneten musizierenden Musen und den Göttern Bacchus, Ceres und Minerva, genannt *Pallas*. Aus den Postamenten der Figuren entwickelt sich eine detailreiche Grotesken-Ornamentik mit weiteren Assistenzfiguren, die Pleninger aus Entwürfen des Stechers Hans Vredeman de Vries zusammengestellt haben könnte.[7] Um 1600 kursierten vielerlei Holzschnitte und Kupferstiche, teils in regelrechten Vorlagenbüchern. Indem die Künstler sie weiterverarbeiteten, bewiesen sie ihre Kenntnis aktueller Graphiken.
Von Andreas Pleninger ließ Landgraf Moritz 1605 noch eine weitere Platte mit Landkarte und Kalender ätzen, die im Astronomisch-physikalischen Kabinett in der Kasseler Orangerie ausgestellt ist (Abb. 4).[8] Hier konnte Kümmel Jagd-Szenen von Jost Ammann und Monatsbilder von Hans Sebald Beham als graphische Vorbilder identifizieren.[9] Während diese Ätzung vollständig erhalten blieb, konnten vom Musiktisch nach dem Zweiten Weltkrieg nur 30 Bruchstücke geborgen werden. An der kosmologischen Platte kann man die volle Farbigkeit und Detailfülle von Pleningers Gestaltung bewundern, die auf dem Musiktisch wegen des Kriegsschadens gemindert sind. Kieslinger spricht zu Recht von der »unvergleichlichen Präzision« der Arbeit

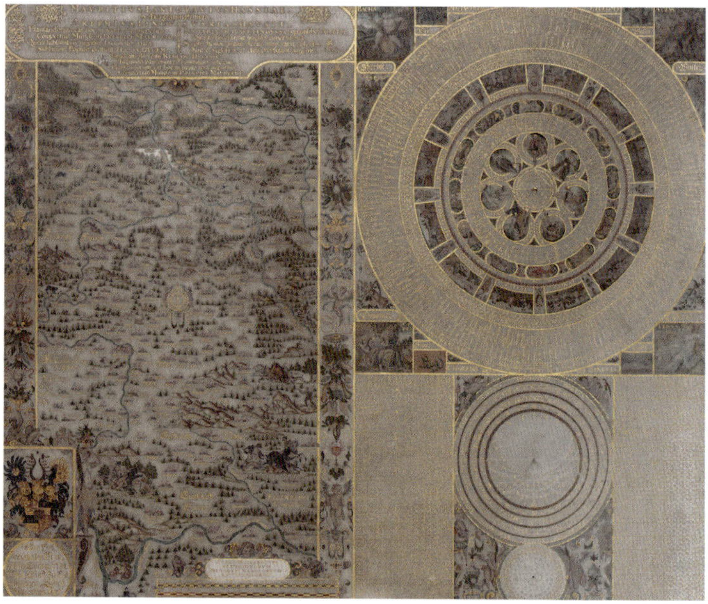

Abb. 4 Kosmologischer Tisch, Andreas Pleninger, 1605, Steinätzung, Museumslandschaft Hessen Kassel, Astronomisch-physikalisches Kabinett / Orangerie

Pleningers.[10] Eine individuelle Note verlieh der Regensburger Steinätzer seinen Platten durch spielerisch eingefügte, naturgetreue Insektendarstellungen.

Über das ursprüngliche Gestell der 2,5 cm starken Musiktisch-Platte, das immerhin etwa 130 kg[11] tragen musste, ist nichts bekannt. Eine alte Photographie zeigt den letzten Standort des Rundtisches in der Löwenburg (ab 1793), wohin ihn ihr Erbauer Landgraf Wilhelm IX. bringen ließ (Abb. 5), um sein pseudo-mittelalterliches Lusthaus mit traditionsreichen Möbeln des Hauses Hessen auszustatten.[12] Der abgebildete steinerne Dreiecksfuß muss aus späterer Zeit stammen als Pleningers Platte.[13] Belege dafür, wo Landgraf Moritz den Musiktisch bewahrte, haben sich bisher nicht gefunden. 1697 beschreibt Winkelmann ihn zusammen mit Pleningers kosmologischem Tisch als Teil der Kunstkammer, die sich im Obergeschoss des ab 1591 erbauten Marstalls befand, der heutigen Kasseler Markthalle.[14] Hier wurden Besucher des Hofes herumgeführt und sollten die Vielfalt und Exklusivität der Sammlung bewundern. Die gestalterische Verwandtschaft und inhaltliche Verzahnung der beiden Pleninger-Platten spricht sehr dafür, dass beide Prunktische zusammen ausgestellt waren. Zwei Texte aus den Jahren 1751 bzw. 1757 sagen aus, dass sich beide Tischplatten in der fürstlichen Bibliothek befanden.[15] Schmincke sah die Tafeln, »welche vormals auf der fürstlichen Bibliothek gewesen sind«, 1767 im

Stein- oder Skulpturenzimmer,[16] von dem aus sie Ende des 18. Jahrhunderts in die Löwenburg verbracht worden sein dürften.

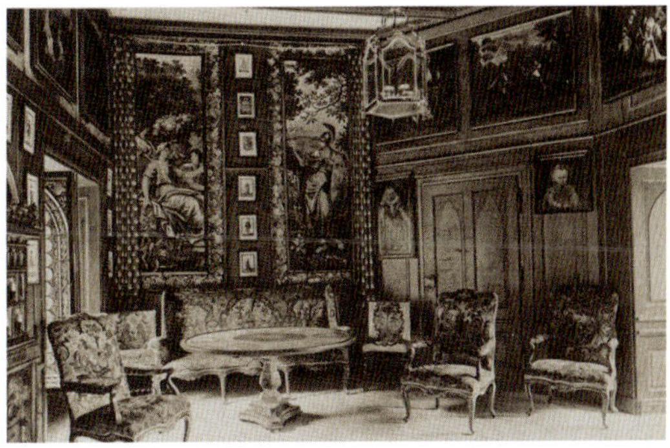

Abb. 5
Löwenburg, Gesellschaftszimmer, Musiktisch mit modernem Steinfuß, Postkarte, vor 1945

Um zu verstehen, was der Musiktisch des Landgrafen Moritz für die zeitgenössischen Betrachter aussagen konnte, ist es unerlässlich, den komplexen Wissensschatz der Zeit in Grundzügen zu kennen. Antike Texte, die Bibel und die Emblematik sind die wichtigsten Quellen, aus denen sich frühneuzeitliche Werke speisen. Embleme waren Spielformen zwischen Texten und Bildern, regelrechte »Gesellschaftsspiele für Gebildete«.[17] Sie bestanden stets aus drei Teilen: einer Überschrift, dem Motto (*inscriptio*), dem Bild selbst (*pictura*) und der gelehrten Erläuterung, dem Epigramm (*subscriptio*).[18] Handbücher der Zeit, in denen geläufige Embleme aufgeführt und kommentiert wurden, können helfen, ihre sinnreichen Bezüge zu verstehen. Dabei ist jedoch Vorsicht geboten, da ein und dasselbe Symbol in unterschiedlichem Zusammenhang mitunter etwas ganz anderes bedeuten konnte. Man muss also bildliche und textliche Motive immer in dem Kontext betrachten, für den sie erdacht waren.

Andreas Pleninger, dessen Brotberuf der des Organisten war,[19] verstand sich auf viele Belange der Musik,[20] wie sie für die Gestaltung der landgräflichen Rundplatte nötig waren. Doch muss man davon ausgehen, dass der Steinätzer bei der Bearbeitung des Musiktischs nur Ausführender war; Hofkünstler der frühen Neuzeit bekamen in der Regel von ihren fürstlichen Auftraggebern oder deren gebildeten Beratern ein anspruchsvolles Bildprogramm an die Hand. Diesen Ideen gaben die Künstler mit ihrer Meisterschaft eine aussagekräftige Gestalt. Fragt man danach, welche Gedanken und Vorstellungen den Auftraggeber eines Kunstwerks beschäftigten, erweist sich Landgraf Moritz als besonderer Glücksfall. Die Quellenlage ist geradezu ideal, denn der gelehrte Fürst hat zahlreiche Schriften hinterlassen, die von seiner universalen Bildung Zeugnis geben, unter anderem ein Lehrwerk zur Dichtkunst[21] und ein Französisch-deutsches Lexikon.[22] Vieles spricht dafür, dass Landgraf Moritz die Komposition des Musiktischs entscheidend mit bestimmte: Er vertiefte sich in die Pharmazie und Alchemie, deren Suche nach dem ›Stein der Weisen‹ mit einem hohen moralischen Anspruch verbunden war. Moritz war in Alchemisten-Kreisen so angesehen, dass es ihm gelang, führende Forscher vom kaiserlichen Hof in Prag abzuwerben und in die vergleichsweise kleine hessische Residenz zu holen.[23] Aus der landgräflichen Bibliothek entstand die in der Murhardschen und Landesbibliothek Kassel bewahrte größte Sammlung alchemistischer Schriften in Deutschland.[24] Daneben hat sich eine Vielzahl musikalischer Drucke erhalten, denn Moritz musizierte gern – bevorzugt auf der Orgel[25] und der Laute[26] – und komponierte selbst.[27] Landgraf Moritz ist zu verdanken, dass er Heinrich Schütz, einen der bedeutendsten deutschen Komponisten, bereits als Dreizehnjährigen entdeckte und großzügig förderte. Dramen, Ballette und Singspiele wurden im 1603 bis 1606 errichteten Ottoneum aufgeführt,[28] dem heutigen Naturkundemuseum, mit dem Kassel den ersten festen Theaterbau Deutschlands vorweisen kann. Wie dessen Ausmalungen sind auch viele andere Bildwerke der mauritianischen Regierung verloren, nicht zuletzt wegen der Brandzerstörung des Landgrafenschlosses 1811.[29]

Für die Erforschung der Bildmotive auf dem Musiktisch schenkt uns das gelehrte Umfeld des Landgrafen idealerweise gleich zwei wichtige Texte: Seit 1593 war Landgraf Moritz mit Agnes von Solms-Laubach (1578-1602) verheiratet. Die Tauffeier ihrer ersten Tochter Elisabeth 1596 nahm der Landgraf zum Anlass für eine spektakuläre Inszenierung seines Hofes. Damit die mehrtägigen Ritterspiele und figurenreichen Umzüge mit fast 600 Teilnehmern weithin wahrgenommen wurden, beauftragte Moritz seinen Kartographen Wilhelm Dilich mit einer aufwendig illustrierten Beschreibung der Feierlichkeiten, die zwei Jahre später gedruckt wurde.[30] Dieser Text vermittelt eine gute Vorstellung davon, welche ethischen Werte der Landgraf vertrat. Zeitgleich ließ Moritz sein Schloss in Eschwege mit allegorischen Malereien und Inschriften ausgestalten; auch dazu veranlasste er eine umfassende Beschreibung und Erläuterung des Programms durch den Hofdichter Hermann Fabronius, die uns die Denkwelt des Landgrafen näher bringen kann.

Um 1600 standen sich die Landesherren mit ihren verschiedenen Konfessionen zunehmend feindlicher gegenüber, bis sich die Spannungen im verheerenden Dreißigjährigen Krieg (1618-1648) entluden. Der Protestant Moritz heiratete nach dem frühen Tod seiner ersten Frau 1603 die hochgebildete Juliane von Nassau-Siegen (1587-1643), und wohl unter ihrem Einfluss näherte er sich immer mehr dem Calvinismus an.[31] 1605, also im Entstehungsjahr des Musiktisches, erließ der Landgraf jene folgenreichen »Verbesserungspunkte«, die in Teilen Hessens zum Bildersturm in den Kirchen führten. Selbst Bilder ohne religiöse Motivik sollten in Moritz' Verständnis niemals nur die niederen Sinne, sondern stets den Verstand ansprechen; deshalb sind hessischen

Malereien dieser Zeit meist erläuternde Inschriften beigefügt.[32] Entsprechend sind auch auf dem Musiktisch alle figürlichen Darstellungen durch Schrift ergänzt.
Die hier vorgelegte Analyse von Pleningers Musiktisch erfolgt nicht getrennt nach Bildern, Noten und Texten, sondern diese werden parallel bearbeitet, weil das den Wahrnehmungsgewohnheiten am calvinistischen Hof am ehesten Rechnung trägt. Deshalb ist die Untersuchung nach Themenkreisen geordnet, in denen die in den verschiedenen Medien wiederkehrenden Motive gesammelt und gedeutet werden. Zuerst werden alle im Tisch vorgeführten negativen Elemente – Sünden und Laster – nachgezeichnet, um daraufhin klarer zu erfassen, welche Tugenden und Werte propagiert werden. Ziel ist es, am Ende besser verstehen zu können, welches Herrschaftsbild der Musiktisch transportiert und welche Rolle die Musik, die Landgraf Moritz so liebte, darin einnimmt.

1 Loers 1979, S. 112.
2 Vgl. den Katalog aller auffindbaren Musiktische im Anhang.
3 Genaueres dazu im Musiktisch-Katalog bei Tisch Neumarkt.
4 Kümmel 1996, S. 135ff.; Krystof 1997, S. 52ff.
5 Kümmel 1996, S. 138, neu übersetzt von I.B.
6 Übersetzung I.B.
7 Vgl. Fuhring 2002.
8 Ausst.-Kat. Kassel 1997, Kat. Nr. 280, S. 237f.
9 Kümmel 1996, S. 116ff.
10 Kieslinger 1965, S. 41.
11 Zeidler 1998, S. 103.
12 Dötsch 2006.
13 Vgl. das Mobiliar-Inventar von 1816: »[...] ein großer runder Tisch von Marmor, der mittlere Theil mit Figuren, die Umgebung [...] gegen die Musick dargestellt und sehr kunstreich ausgearbeitet, die äußere Einfassung schwarzgebeiztes Holz. Das hiesige Tischgestell von grau geadertem Marmor« (StAM 7i 74, S. 14). Für den Hinweis auf diese Quelle danke ich Friedl Brunckhorst.
14 Deshalb verortet auch Kümmel die beiden Tische dort; Kümmel 1996, S. 107; Kümmel 1998, S. 199.
15 Röber 1751, S. 201; Stegmann 1757, S. 16.
16 Schmincke 1767, S. 135.
17 Ausst.-Kat. Wien 1998, S. 46.
18 Kluckert 1997, S. 428.
19 Auch der Steinätzer Peter Utz war zugleich als Kantor tätig; siehe Musiktisch-Katalog Tisch Nürnberg / von Praun.
20 Moser 1980, S. 197.
21 Moritz 1598.
22 Moritz 1995 (1631).
23 Borggrefe 1997b, S. 342.
24 Ausst.-Kat. Kassel 2011, S. 1; Katalog Kassel 2011.
25 Bernsdorff-Engelbrecht 1969, S. 30.
26 Knispel 1993, S. 61.
27 Schmidt-Beste 2004, S. 30.
28 Ausst.-Kat. Kassel 1997, Kat. Nr. 339, S. 315f.
28 Borggrefe 1997a, S. 240.
30 Dilich 1986 (1598).
31 Wunder 1992, S. 209.
32 Borggrefe 2000, S. 28.

Laster und Todsünden

Auf den ersten Blick besonders anschaulich und farbig sind diejenigen Darstellungen des Musiktisches, die ein unerwünschtes Verhalten zum Inhalt haben. Deshalb soll die Analyse beginnen mit dem Themenkreis der Affekte; damit sind Launen und Begierden gemeint, die irrationale Handlungen nach sich ziehen. Vor deren Hintergrund zeichnen sich Landgraf Moritz' eigene moralische Ansprüche umso schärfer ab. Um das landgräfliche Selbstverständnis herauszuarbeiten, eignet sich besonders die nähere Betrachtung des Königs Midas, der als Negativbild des Fürsten zu gelten hat. In ihm sind alle Untugenden versammelt, gegen die Landgraf Moritz sich mit seiner Herrschaftsauffassung wendet.

Das Mittelbild zeigt den Ausgang des bei Ovid beschriebenen musikalischen Wettbewerbs zwischen Apoll und Pan. Der als Richter berufene weise Berg Tmolus hatte sich für Apolls Leierspiel ausgesprochen, doch der hinzugekommene Midas will Pan als Sieger sehen. Die »läppische Torheit« des Midas offenbart sich darin, dass er nicht aufgrund musikalischer Kriterien für die Rohrflöte Pans stimmt, sondern vom Gefühl geleitet ist: »Er liebt jetzt Wälder und Felder«, so Ovid, und spreche deshalb dem Herrscher der Wildnis den Sieg zu. Midas' gegenwärtige Vorliebe für die Natur wiederum entspringt einem noch fataleren Irrtum: Um das Midasurteil als letzte einer Reihe von Fehleinschätzungen zu verstehen, muss man das Schicksal des Königs weiter zurückverfolgen (Met. 11, 90ff.).

Ovid beginnt seine Midaserzählung damit, dass Bauern den betrunkenen Silenus, Ziehvater des Bacchus, im Wald verirrt finden und ihn vor ihren König bringen. Midas freut sich über den unverhofften Gast und feiert mit ihm ein »herrlich Fest, zehn Tage und Nächte in ununterbrochener Folge«. Schließlich führt König Midas, immer noch »vergnügt« nach den ausschweifenden Festivitäten, persönlich Silenus zu Bacchus zurück. Der Gott des Weins gewährt ihm zum Dank einen freien Wunsch: »Unfähig, die Gabe zu nutzen«, wünscht sich der habgierige Herrscher, dass alles, was er mit seinem Körper berühre, zu Gold werden solle. Genüsslich lässt Ovid den Leser zusehen, wie Midas umhergeht und sich jedes Mal kindisch freut, dass die versprochene Verwandlung tatsächlich stattfindet. Erst als er sich, nach dem Erlebten hungrig und durstig geworden, an der gedeckten Tafel bedienen möchte, dämmert ihm, dass er die lebenswichtigen Gaben der Ceres, Brot, und des Bacchus, Wein, missachtet hat. Als »der Reiche, der Arme« in seiner Not um Gnade fleht, macht der Weingott den Wunsch rückgängig und weist Midas an, sich im Fluss Sardes von allem Gold rein zu waschen.[33] Von der Habsucht kuriert, hält sich der König jetzt an das einfache Leben in Wald und Feld. Deshalb meldet er sich empört zu Wort, als er hört, dass der Herrscher der Wildnis den Wettgesang mit Apoll nicht gewonnen haben soll. Dass ausgerechnet Midas nun meint, er müsse sich einmischen in eine Sache, in der ihm jegliche Kompetenz fehlt, bringt das Fass zum Überlaufen: »Da duldet es der delische Gott nicht länger« und brandmarkt Midas mit Eselsohren. Hier könnte die Geschichte enden, doch Ovid fügt noch an, dass der Fürst nicht einmal Manns genug war, zu seiner Bestrafung zu stehen. Er verbirgt die peinlichen Ohren in seinem Stolz unter einer Kopfbedeckung, aber sein Diener kann das Geheimnis nicht für sich behalten. Zwar flüstert er es nur in ein Erdloch, von dort jedoch verbreitet es sich, vom raschelnden Schilf weiter getragen, in Windeseile in alle Welt.

Fassen wir die gröbsten Verfehlungen des Königs Midas noch einmal zusammen: Erstens feiert er ausschweifend und betrinkt sich, anstatt verantwortungsvoll seinen Regierungsgeschäften nachzugehen. Zweitens giert er nach Reichtum und vergisst darüber die wahren Werte des Lebens. Zum dritten erscheint er naiv und ungebildet. Viertens äußert er stolz zu allem seine Meinung, auch wenn er nichts davon versteht. Fünftens macht er, weil er die Schmach der Bestrafung nicht ertragen kann, allen etwas vor. Midas' Fehlverhalten erinnert an den christlich tradierten Katalog von Sünden – Verschwendung, Unzucht, Habgier, Geiz, Neid, Stolz und Falschheit – und an Laster wie Müßiggang, Zorn, Völlerei und Unwissenheit. Die meisten dieser Untugenden kehren in unterschiedlicher Form auf dem Musiktisch und in anderen Medien der landgräflichen Hofkultur wieder, denn das Nachdenken über das moralisch gute Leben durchzieht das gesamte Werk und Wirken des Landgrafen.

33 Bis hierher erzählt Landgraf Moritz die Midaslegende in seinem Französisch-deutschen Lexikon von 1631 nach; Moritz 1995 (1631), S. 614.

Trunkenheit, Völlerei, Unkeuschheit und Zorn

Abb. 6 »Ritterspiele Anno 1596«, Wilhelm Dilich, illustrierte Festbeschreibung, Aufzug der Laster Unwissenheit (Ignorantia), Halsstarrigkeit (Pertinacia), Hochmut (Superbia), Müssiggang (Ignavia) und Verstellung (Fallacia), Landesbibliothek und Murhardsche Bibliothek der Stadt Kassel

Abb. 7 Musiktisch Kassel, Bacchus mit Assistenzfiguren

Sinnloses Besäufnis und dumpfe Völlerei müssen Landgraf Moritz besonders zuwider gewesen sein, wie verschiedene Zeugnisse nahe legen. In seinem Festzug zur Taufe Elisabeths 1596 reitet bei den sieben Lastern auch *Ignavia* mit, also Müßiggang oder Trägheit; sie wird, halb schlafend, mit langen Eselsohren dargestellt (Abb. 6),[34] was wohl als Anspielung auf den übernächtigten Regenten Midas zu verstehen ist. Die zum Tauffest ausgerichteten ritterlichen Spiele dienten neben der reinen Repräsentation dazu, dass die verweichlichten Mitglieder der höfischen Gesellschaft sich sportlich betätigten.[35] Deshalb verspottet Dilich in seiner Beschreibung des Fußturniers jene Edelleute, die »in müssiggang und faulheit verschimlen«, und wenn sie dann zum Ritterspiel gerufen würden, »eher im sand als im sattel sitzen«.[36] In seiner 1598 erschienenen Poetik äußert Landgraf Moritz sich verächtlich über diejenigen, für die »leben« nur »trinken« bedeute.[37]

Aus dieser Haltung heraus gründete der Landgraf 1601 mit einigen anderen Mitgliedern des Hochadels einen Mäßigkeitsorden: Aus den Statuten geht hervor, dass sich die Mitglieder ein Jahr lang verpflichteten, täglich nicht mehr als zwei Mahlzeiten mit je sieben *Ordens-Bechern* Wein zu sich zu nehmen, um sich »alles Vollsaufens [...] zu enthalten«;[38] auf den Genuss stärkerer Alkoholika sollte ganz verzichtet werden. Dazu muss

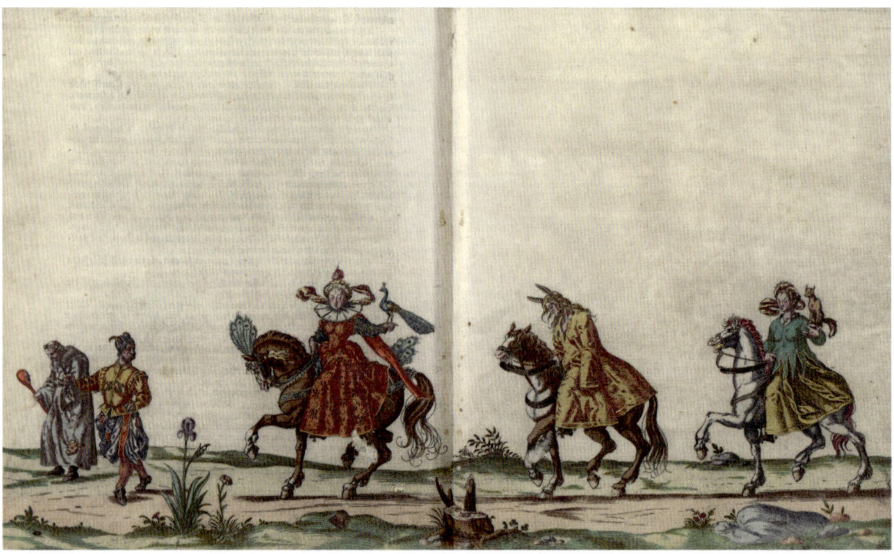

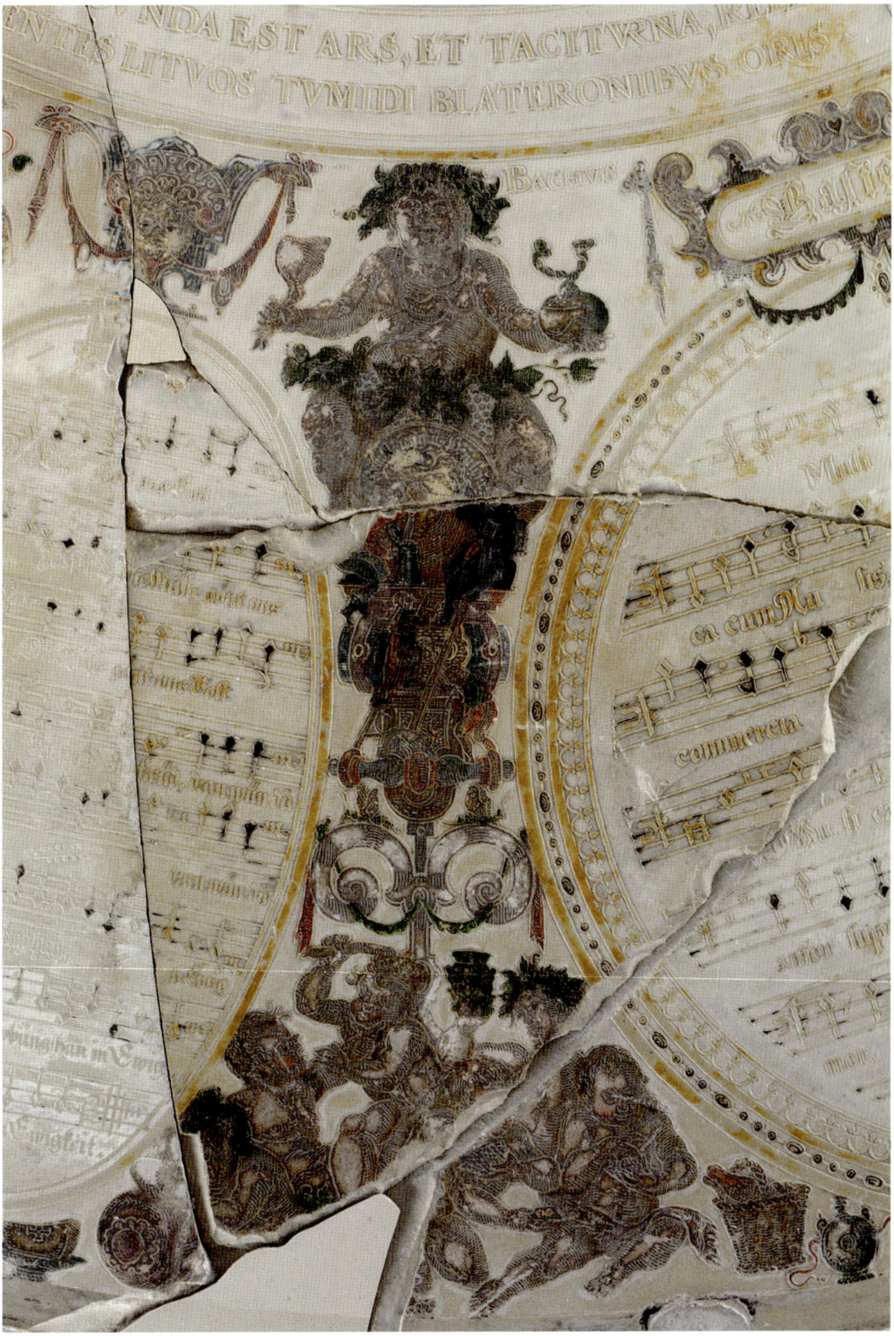
EST ARS, ET TACITVRNA,
LITVOS TVMIDI BLATERONIBVS ORIS
BACCHVS
commercia

man wissen, dass im Deutschland um 1600 nicht wenige ihren Wohlstand zur Schau stellten, indem sie Gelage mit heute unvorstellbaren Mengen an üppigen Speisen und alkoholischen Getränken veranstalteten.[39] Im Gegenzug wollten die Mitglieder des Mäßigkeitsordens sich freiwillig beschränken, und zwar zur Vermeidung »unordentlichen Wesens, so leichtlich uß übermäßigem Trunk entstehen mag, sonderlich aber zu Gottes Ehren, als der da gebeut, sich vor Fressen und Saufen zu hüten, Lucas 21«.[40] Fast dieselben Worte wählte Herzog Friedrich I. von Württemberg mit demselben Ziel in seiner Hofordnung von 1606: Das Hofgesinde solle »dem übermässigen schwelgerischen Essens und Trinckhens sich enthalten, sonderlich aber keiner dem andern [...] zur trunckenheit, und ohnordentlichen leben verursachen«.[41]

Wie ein solches »ohnordentliches leben« aussehen konnte, führt auf dem Musiktisch die Szenerie zu Füßen des Bacchus handfest vor Augen (Abb. 7): Der dicke Weingott selbst, einen Schinken und ein Trinkgefäß als Machtzeichen haltend und mit einer Wurstkette geschmückt, thront heiter auf einem Fass mit der Aufschrift »Dümbl dick guts Weinlein«. Daraus zapft eine männliche Person Wein in einen enormen Deckelkrug, der vielleicht für die Nonne bestimmt ist, die gerade eine Leiter emporsteigt. Der Kleriker, bereits mit einem Stangenglas versorgt, weist träge auf die Inschrift über sich; der Ordensmann folgt sichtlich mehr dem »Wort« des Bacchus anstatt dem Wort Gottes. Die Nonne benutzt die Leiter als heimlichen Weg zu ihrem Liebesabenteuer mit dem Mönch, ähnlich wie beim amourösen »Fensterln«. Dass dabei die Frau die aktive Rolle übernimmt, ist als völlige Verkehrung aller guten Sitten zu deuten.

Darunter platziert Pleninger ein noch roheres Verhalten, das aus dem Zechen resultiert: Der Steinätzer zeigt nicht nur, wie sich ein Mann übergeben muss, sondern lässt auch noch einen Hund das Erbrochene fressen. Dieselbe abstoßende Folge unmäßigen Trinkens hält auch ein Blatt mit dem Titel *Die vier wunderlichen eygenschafft und würckung des weins* fest; die Betrunkenen phlegmatischen Temperaments erbrechen ungehemmt über den ganzen Tisch, die Überreste verspeisen umherstreichende Schweine (Abb. 8). Solche drastischen Szenen gemahnen daran, dass Alkohol den eigentlich vernunftbegabten Menschen auf das rein Körperliche, Tierhafte reduziert.[42] Im landgräflichen Tauf-Festzug von 1596 trat in der Reihe der sieben Laster die Personifikation der Völlerei (*Gula*) ähnlich ausgestattet auf wie der Bacchus auf dem Musiktisch – als dicklicher Mann mit einem breiten Gürtel aus Früchten, der eine große Feldflasche, ein enormes Weinglas und einige Würste mit sich führt. Pleningers Weingott und seine Assistenzfiguren verkörpern ebenfalls nicht nur Trunkenheit und

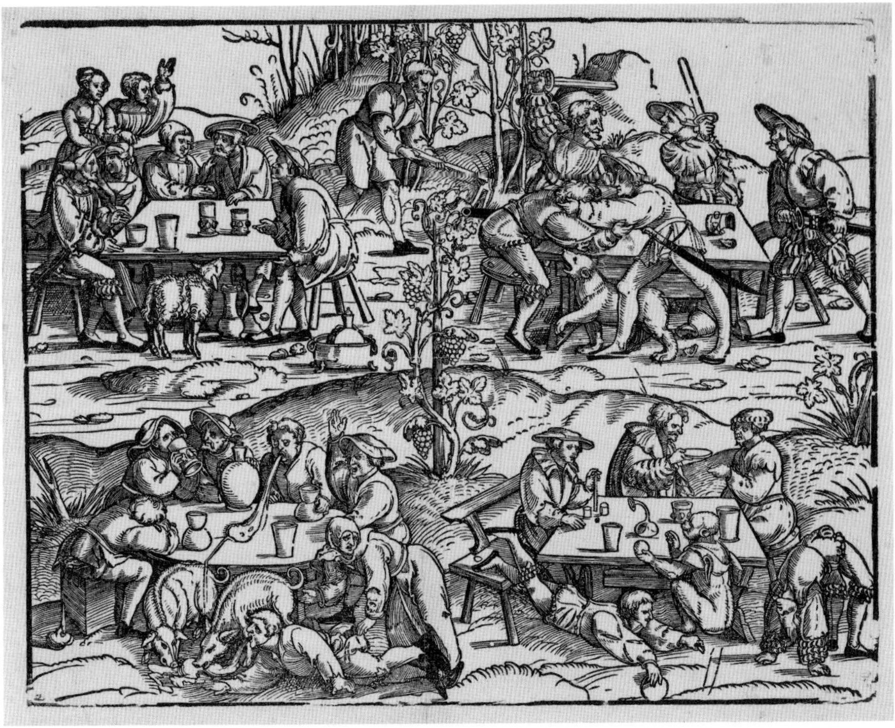

Abb. 8
»Die vier wunderlichen eygenschafft und würckung des weins«, Erhard Schön, Holzschnitt, um 1528, Kunstsammlungen der Veste Coburg

Rausch, sondern die gesamte Palette der Maßlosigkeit, sei es bezüglich des Essens, Trinkens oder der Sexualität. Dilichs Kommentar des Tauffestes zielt darauf, dass der vernunftbegabte Mensch durch die Genuss-Sucht sein humanes Wesen verliere, nämlich dass die Völlerei »die Menschen in grobe Thiere schwache Mücken und Narren verwandelt«.[43] Entsprechend sitzen bei Pleninger auf dem Groteskenornament zwei Grillen, die ein Symbol für böse, wirre Gedanken sind.[44] Auch die Zechenden um den Bacchus-Brunnen verhalten sich tierhaft, indem sie nur ihren niedersten Instinkten folgen. Durch animalische Züge, die Eselsohren, wird schließlich auch Midas lächerlich entstellt. Apoll macht mit seiner Strafmaßnahme öffentlich sichtbar, wessen sich Midas zuvor schuldig gemacht hat – der König verliert sein menschliches Antlitz, weil er sich nicht menschengemäß verhalten hat, so ein frühneuzeitlicher Ovid-Kommentar:[45] Midas hat nicht seine Vernunft gebraucht.

Auf einer Spielkarte des populären Graphikers Peter Flötner bildet ein in einem Bienenkorb thronender Mönch das Zentrum, der ähnlich wie Pleningers Bacchus in beiden Händen Würdezeichen der Maßlosigkeit

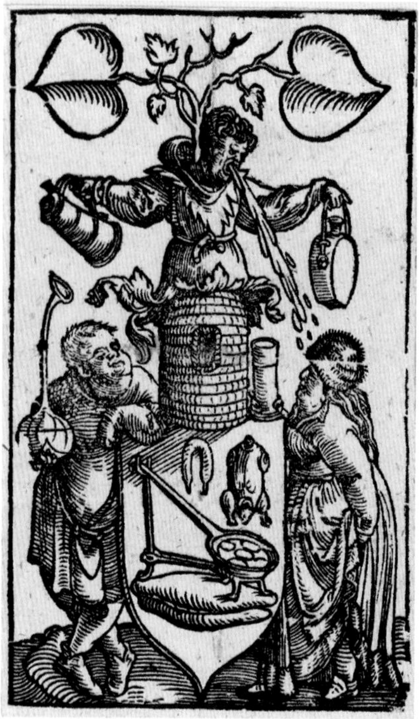

Abb. 9
Spielkarte Grün-As mit Wappen der Unmäßigkeit, Peter Flötner, Holzschnitt, Staatliche Museen zu Berlin, Kupferstichkabinett

hält, hier Deckelkrug und Feldflasche. Sein Erbrochenes wird eine mit großem Becher ausgestattete Frau treffen, die lüstern unter ihren Rock greift. Auffordernd blickt sie zu dem fettleibigen Mann hinüber, mit dem zusammen sie ein großes Wappen stützt, das mit fleischernen Köstlichkeiten geziert ist (Abb. 9).[46] In abgekürzter Form sind dieselben Laster versammelt wie auf dem Musiktisch, nämlich Völlerei, Trunkenheit und Unkeuschheit (*Impudicitia*). Dass auch bei Pleninger zwei Kleriker diese Sünden begehen, drückt die leidenschaftliche Abneigung des calvinistischen Landgrafen Moritz gegenüber dem Katholizismus aus. Irritiert berichtet 1609 der italienische Gesandte Daniel Eremita, der hessische Landgraf säe mit seinen Äußerungen überall Hass gegen den Papst, »und deshalb gilt er unter den Fürsten seiner Konfession als maßgebliche Autorität«.[47]

Woher bildliche Verunglimpfungen des katholischen Klerus stammten, kann ein Beispiel drastischer Propaganda erläutern, das aus den heftigen Glaubensauseinandersetzungen um Luthers Reformation hervorgegangen ist: Im Auftrag eines reformatorischen Fürsten fertigte Matthias Gerung 1546 eine Reihe von Holzschnitten an, die den Verfall der Sitten innerhalb der katholischen Religion anprangerten. Die polemische *Tafelrunde des Lasters* zeigt das verwerfliche Verhalten geistlicher und auch weltlicher Würdenträger. Rechts vorn am Tisch bändelt eine Nonne mit einem zechenden Mönch an – nicht zum ersten Mal, wie der zu ihren Füßen liegende Säugling anzeigt (Abb. 10).[48] Während die katholische Kirche gelegentliches Trinken duldete und Martin Luther nicht einmal den einen oder anderen Rausch verurteilte, lehnten die strengen Reformierten, Calvinisten wie Landgraf Moritz, jede Trunkenheit als undiszipliniertes Verhalten ab. Sie strebten an, mit einer gezügelten Lebensweise Körper und Geist rein zu halten mit dem Ziel, die gottgewollte, vernunftgeleitete Ordnung in der Welt wieder herzustellen.[49]

Pleningers Figuren um den Bacchus-Brunnen herum sind leicht unterschiedlich groß gezeigt, allen Gestalten gemeinsam ist aber, dass sie winzig wirken im Verhältnis zu der über ihnen thronenden Bacchusfigur. Diese erinnert mit ihrer massigen Frontalität und dem starren Lächeln an eine Plastik. Man kann deshalb bei dem gesamten Arrangement an eine Parodie auf einen Tischbrunnen denken, bei der der Wein stufenweise aus dem Fass in den Krug und aus dem Mund des Mannes in das Maul des Hundes rinnt. Mehrstöckige Brunnen galten als Sinnbild für Überfluss und Verschwendung (*Luxuria*), eine der sieben Todsünden.[50] Am Kasseler Hof pflegte man den Wein mit Wasser verdünnt zu trinken, was als kultiviertes Zeichen tugendhafter Mäßigkeit (*Temperantia*) galt. Zu festlichen Gelegenheiten wurden dekorative Tafelbrunnen aufgestellt, mit denen man über einen Hahn Wein in ein

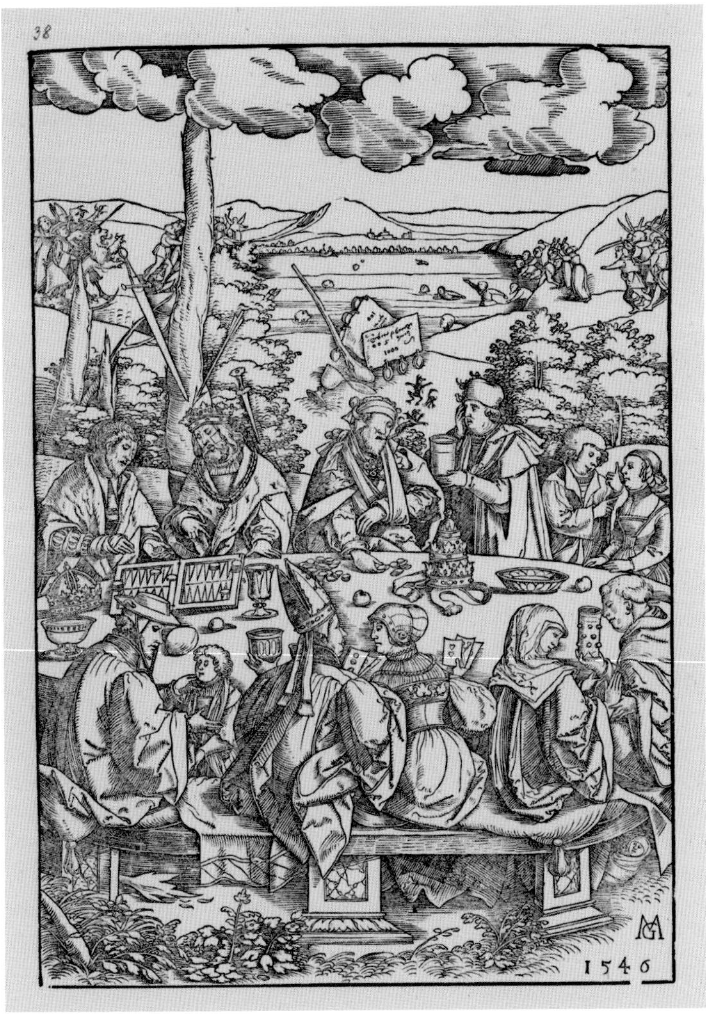

Abb. 10
Die Tafelrunde des Lasters, Matthias Gerung, 1546, Holzschnitt, Bayerische Staatsbibliothek München

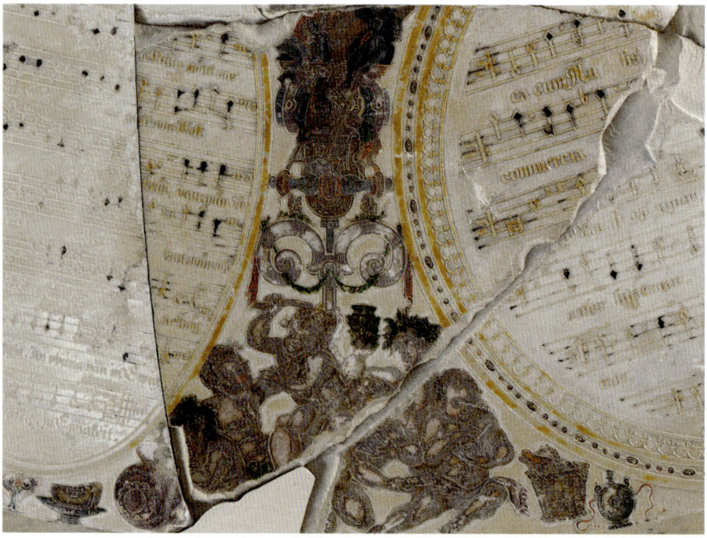

Abb. 11
Musiktisch Kassel,
Bacchanten

Wassergefäß einlassen konnte.[51] »Drumb bistu weyß so meng den weyn, das er deinn leyb nit bring in pein«, heißt es entsprechend im Emblembuch des Andreas Alciatus.[52]

Trunkenheit, Völlerei und Wollust sind also die Laster, die Pleningers Szenerie um Bacchus wachruft. Unterhalb dieser Tischbrunnen-Parodie enthüllt der Steinätzer weitere Spielarten zügellosen Verhaltens unter Alkoholeinfluss. Obwohl der Steintisch in diesem Bereich geborsten ist und ein Stück am Rand ganz fehlt, lassen sich doch wesentliche Züge erkennen (Abb. 11). Anders als alle anderen sind hier die Assistenzfiguren nicht geflügelt wiedergegeben, um wohl ihre ganz und gar irdische Zugehörigkeit zu betonen. Zur Rechten hebt ein mit Weinlaub bekränzter Jüngling, dem jungen Bacchus ähnelnd, ein dekoratives Glas prostend empor. Vor ihm sind zwei Knaben ins Kartenspiel vertieft, neben ihnen ein Korb mit einem ebensolchen Schinken, wie ihn Bacchus hält, und ein Bocksbeutel. Zur Linken ruht ein Bacchant träge auf einer großen Amphore, die er vermutlich selbst geleert hat. Betrunken wie er ist, interessiert ihn die tätliche Auseinandersetzung neben ihm nicht: Ein stehender Knabe schlägt mit einer langen Wurst auf den vor ihm sitzenden ein – das Symbol für Verfressenheit wird hier obendrein noch als Prügel missbraucht.[53] Vielleicht konnte man den Grund der Rauferei ursprünglich dort erkennen, wo jetzt ein Stück der Platte fehlt. Eine Beschreibung des Tisches aus dem Jahr 1751 besagt: »Unterhalb daumeln herum unterschiedliche Bacchus-Brüder, die zuviel zu sich genomen, andere die spielen, noch andere die sich rauffen und schmeissen«.[54] Der hier dargestellte Zorn (*Ira*), der sich nicht selten in Gewalttaten entlädt, trat im Gefolge der »Wollust mit ihren willigen affecten« ebenfalls im Festzug 1596 auf. Dilich bezeichnet das Laster des Zorns als »stiffter alles Krieges / Auffruhr / Feindschafft und gifftiger Rach«.[55] Pleningers noch harmlos wirkende Rangelei könnte jederzeit in tödliche Gewalt umschlagen. Der Gelehrte Sabinus erinnert daran, dass man gerade erst von einer Hochzeitsfeier gehört habe, bei der die betrunkenen Gäste den Bräutigam und dessen Verwandte erschlagen hätten.[56] Entsprechend dem unterschiedlichen Grad der Trunkenheit zeigt der Steinätzer auf dem Musiktisch die Zecher erheitert, aggressiv oder bereits im Delirium; näher am Bacchus-Brunnen malt er das unsittliche Verhalten unter Alkoholeinfluss noch drastischer aus. Bacchus selbst schließlich tritt nicht nur als Gott des Weins auf, sondern vereint alle Züge der Maßlosigkeit.

34 Dilich 1986 (1598), S. 24.
35 Nieder 2002, S. 17.
36 Dilich 1986 (1598), S. 7.
37 Moritz schreibt: »*Plena trahunt alios udi Carchesia Bacchi, quis aliud nihil est vivere quam bibere*« (»Andere schleppen volle Weingefäße mit sich, weil für sie leben nur trinken bedeutet«; I.B.) Er verwendet hier ein Wortspiel, das Horaz zugeschrieben wird: »*Beati Hispani quibus vivere est bibere.*« (»O die glücklichen Spanier, für die leben das gleiche ist wie trinken!«; I.B.). Weil im Spanischen das b wie v ausgesprochen wird, klingen die lateinischen Begriffe ›*vivere*‹ (leben) und ›*bibere*‹ (trinken) gleich; Moritz 1598, Widmung 1r.
38 Rommel zufolge sandte Landgraf Moritz im Verlauf des Jahres 1602 einen gezeichneten Entwurf für einen Orden an den Kurfürsten von der Pfalz, was dafür sprechen könnte, dass Moritz sogar daran dachte, den Mäßigkeitsorden über das vereinbarte Jahr hinaus weiterzuführen; Rommel 1837, S. 305, Anm. 10; vollständiger Abdruck der Statuten des Mäßigkeitsordens S. 357-361, Zitat S. 357.
39 Dienst 2002, S. 126-136.
40 »Hütet euch aber, dass eure Herzen nicht beschwert werden mit Fressen und Saufen.« (Lk 21, 34); Rommel 1837, S. 305, Anm. 10 und S. 357.
41 Hofordnung des Herzogs Friedrich I. von Württemberg 1606, HStA Stuttgart A 202 Bü 1901, zitiert nach Bickhoff 2010, S. 75.
42 Tlusty 2001, S. 59 und Abb. 3.
43 Dilich 1986 (1598), S. 24.
44 Ausst.-Kat. Aachen 1994, S. 115.
45 »*...havere più delle bestie, che degli huomini*« (»Sie haben mehr Züge von Tieren als von Menschen«; Übersetzung I.B.), zitiert nach Calogero 2009, S. 60f.
46 Dienst 2002, S. 131f. und Abb. 53.
47 Ausst.-Kat. Kassel 1997, Kat. Nr. 24, S. 33.
48 Ausst.-Kat. Aachen 1994, Kat. Nr. B 14, S. 121f.
49 Tlusty 2001, S. 74ff.
50 Wiewelhove 2002, S. 17f.
51 Ottomeyer 1997, S. 168.
52 Alciatus 1975 (1542), S. 153.
53 Zum negativen Symbolgehalt der Wurst siehe Dienst 2002, S. 94ff.
54 Röber 1751, S. 204.
55 Dilich 1986 (1598), S. 23.
56 Mundt 2008, S. 87.

Unwissenheit, Hochmut und Falschheit

Das Urteil des Midas, der sich für Pan ausspricht und mit Eselsohren dafür bestraft wird, ist in der bildenden Kunst vielfach verarbeitet worden. An diesem Bildthema ließ sich plastisch zeigen, wie fatal es sich auswirkt, wenn der Mensch vorschnell urteilt ohne jeden Verstand – »*amens*«, wie es in den Estius-Versen auf dem Musiktisch heißt. Im engeren Sinn personifiziert König Midas den schlechten Geschmack bezüglich der Musik, und als solcher erscheint er auch eselsohrig in der illustrierten Lobschrift *Triumph der Musica* von 1607,[57] auf die Birgit Kümmel in ihrer Analyse des Musiktisches hingewiesen hat.[58] Häufiger jedoch wurde die Frage nach musikalisch-dichterischer Qualität, für welche Apoll als erstes steht, auf die bildenden Künste übertragen.[59] Auch Estius bezieht den berühmten antiken Maler Apelles in seine Verse ein, da sein Gedicht das Augenmerk auf die künstlerische Güte des Stechers Goltzius richten soll:[60] »Den Geistlosen gefallen Albernheiten, Erlesenes verschmähen sie, und über den Leisten hinaus kann der Schuster Apelles schlecht einschätzen.«[61] Die von Plinius d.Ä. überlieferte Legende besagt, dass Apelles einen vorbeikommenden Schuster gefragt habe, wie ihm das gerade fertig gestellte Porträt gefalle. Der Handwerker habe begonnen, ein Detail an Apelles' Darstellung des Schuhs zu bemängeln, woraufhin der erzürnte Maler ihm geraten habe: »Schuster, bleib bei deinem Leisten!« (Hist. Nat. 35, 80-83). Apelles weist den Schuster in die Schranken, da er eben nur von seinem schlichten Handwerk etwas verstehe und nichts von höherer Kunst. Zusätzlich dazu nennt Estius als negative Beispiele aus der Sphäre der Dichtkunst die Römer Bavius und Maevius: »Großtuerisch tönt der Dumme mit der Unwissenheit und dem Getöse eines Bavius und dümmlichen Mevius.«[62] Vergil erfand diese beiden Figuren als Spottbilder unfähiger Poeten.[63]

Bei König Midas, beim Schuster und sprichwörtlich bei Bavius und Maevius mischt sich in unguter Weise die Inkompetenz des Banausen mit dem lächerlichen Stolz des Dummen. Damit sind zwei weitere der sieben Laster benannt, die auch im Festzug der Taufe auftraten – die Unwissenheit (*Ignorantia*) in einer Mönchskutte, die mit Ochsen- und Eselsköpfen gemustert war, und der pfauenhafte Hochmut (*Superbia*) (Abb. 6). In seiner Festbeschreibung widmet Dilich den Ausführungen zur *Superbia* einen ganzen Absatz. Hier werden deutlich die gegenwärtigen Fürsten als Adressaten angesprochen, weil der Hochmut »so viel gewaltige Potentaten« und »unzehliche hohe Männer« gestürzt habe. Dilich bezeichnet den Stolz als »auffgeblasenen starrkopf«.[64] Auch Landgraf Moritz selbst verwendet diese Formulierung, und zwar sogar eigens, um Midas zu beschreiben: In der Widmung seines Lehrbuchs zur Dichtkunst zählt Moritz, bevor er seine eigene Lebensführung begründet, zunächst einige Beispiele falscher Gesinnung auf – darunter auch Midas, den »aufgeblasenen Kerl« (*uter*).[65] Der Landgraf hat also schon Jahre vor dem Musiktisch-Auftrag an Pleninger den törichten König als Gegenbild gewählt! In der gesellschaftlichen Diskussion des 16. Jahrhunderts, in der auch Castigliones Idealbild des *Cortegiano* (1528) entstand, ging es immer wieder darum, dass der Adel sich nicht allein durch Geburt hervortue, sondern seine Privilegien durch lauteren Lebenswandel erwerben solle. Insofern könnte Midas auf dem Musiktisch als Inbegriff des eitlen Herrschers gesehen werden, der seinen Status unverdient innehat.

Ovid erzählt, dass Midas seine Eselsohren verstecken wollte und seinem Diener verbot, ihn zu verraten. Auch diese seine letzte Sünde, die der betrügerischen Täuschung (*Fallacia*), rächt sich aber, denn das Schilfrohr verbreitet die Nachricht, und am Ende weiß doch alle Welt von Midas' Entstellung. In seinem Ovid-Kommentar konstatiert der Gelehrte Sabinus, dass jetzt die Schriftsteller die Rolle des Schilfrohrs übernommen hätten und alle Verfehlungen der Fürsten unnachgiebig der Nachwelt überlieferten.[66] Landgraf Moritz setzte alles daran, gar nicht erst mit Eselsohren bestraft zu werden.

57 Holl 1986.
58 Kümmel 1996, S. 154.
59 Zahlreiche Beispiele bei Raspe 2003.
60 Krystof 1997, S. 64.
61 Kümmel 1996, S. 138, neu übersetzt von I.B.
62 Ebd., neu übersetzt von I.B.
63 Ekl. 3,90; Vergil 2008, S. 33, 229.
64 Dilich 1986 (1598), S. 24.
65 Moritz 1598, Widmung 1v. Im hier konsultierten Wolfenbütteler Exemplar hat ein Zeitgenosse – womöglich Herzog Heinrich Julius von Braunschweig-Lüneburg (1564-1613) – Notizen hinterlassen. Unter anderem rekapituliert der anonyme Leser am Seitenrand noch einmal das Schicksal des eselsohrigen Midas (HAB 179.3.1 Poet.).
66 Mundt 2008, S. 87.

Spiele

Ganz anders als der fette, die Maßlosigkeit verkörpernde Bacchus erscheint Ceres, die Göttin der Ernte, die mit den üppigen Früchten des Feldes ja ebenfalls die übermäßige Esslust personifizieren könnte. Im Gegenteil ist auf dem Musiktisch ihre Sphäre durchweg positiv konnotiert, wie später noch zu zeigen sein wird. Aufschluss über die Rangfolge von Ceres und Bacchus geben bereits die jeweils abgebildeten Spiele: In Ceres' Machtbereich ist ein Trictrac-Spiel – das heutige Backgammon – zu sehen (Abb. 12), während die Bacchus-Knaben beim Kartenspiel gezeigt sind. Möglicherweise war, was aufgrund der Schäden an der Platte nicht mehr erkennbar ist, der Streit zwischen den Bacchanten während des Würfelns entbrannt, dem damals typischen Wirtshaus-Spiel. Im Denken der frühen Neuzeit waren diejenigen Spiele am wenigsten angesehen, deren Ausgang am meisten vom Zufall (*Fortuna*) bestimmt wurde. Die nur mit Glück zu gewinnenden Karten- und Würfelspiele galten als niederes Vergnügen des einfachen Volks; darauf also sind bei Pleninger die dumpfen Gemüter des bacchischen Bereichs beschränkt. Es haben sich sogar Spielkarten aus dem 16. Jahrhundert erhalten, auf denen den vier Karten-Farben die Noten vierstimmiger Lieder zugeordnet sind, teils handschriftlich, teils gedruckt.[67] Das Trictrac-Spiel, bei dem zum Würfelglück auch Taktik gehört, genoss höheres Ansehen; schon deswegen steht Ceres innerhalb des Musiktisch-Programms hierarchisch über Bacchus. Seit jeher

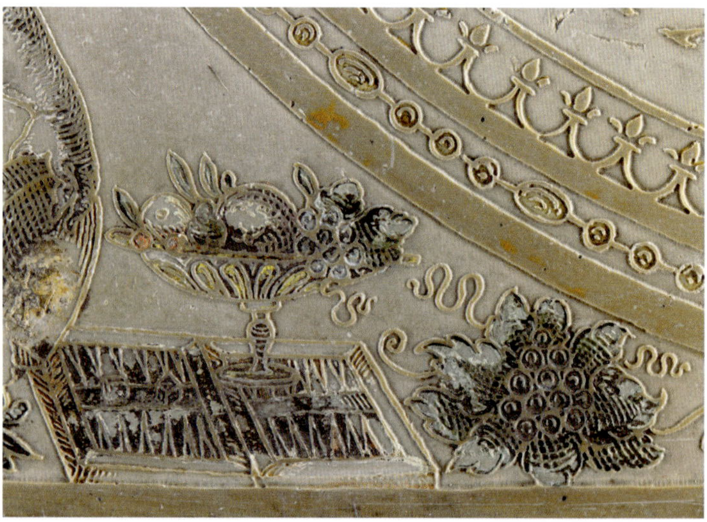

Abb. 12
Musiktisch Kassel, Trictrac-Spiel

war aber das nur mit kluger Voraussicht (*Providentia*) spielbare Schach das angesehenste »Spiel der Könige«.[68] In Gerungs satirischer *Tafelrunde des Lasters* (Abb. 10) sind zwei Könige stattdessen so in das Trictrac-Spiel vertieft, dass der eine in seiner Pflichtvergessenheit seine Krone abgesetzt hat.

Landgraf Moritz ließ beim Festzug 1596 den Teufel auf einem Pferd reiten, dessen Decke mit allerlei Symbolen des Lasters dekoriert war (Abb. 13): Becher und Kannen stehen für das unmäßige Trinken, das auch auf dem Musiktisch angeprangert wird. Würfel und Karten rufen das lasterhafte Glücksspiel in Erinnerung und sind bei Pleninger ebenfalls dem niederen bacchischen Bereich vorbehalten. Doch auch ein Trictrac-Brett ist auf der Pferdedecke des Teufels zu erkennen. Der »böse Mensch«, so Dilich, falle durch all diese Vergnügungen in Sünde und werde »dem ewigen Todt in Rachen gestürtzet«.[69] Die oberste Botschaft der landgräflichen Festinszenierung an die Menschen war, ihre Gelüste zu zügeln.[70] Zugleich ist aber überliefert, dass Landgraf Moritz selbst gern Brettspiele spielte, durchaus auch um Geld. In der Kasseler Kunstkammer haben sich zeitgenössische Bretter für Schach, Mühle und Trictrac erhalten, die kostbar aus Bernstein, Elfenbein, Ebenholz, Silber und Gold gefertigt sind; ob sie aus Moritz' Besitz stammen, ist allerdings nicht gesichert.[71] Hielt sich der Landgraf womöglich selbst nicht an die moralischen Ansprüche, die er an seine Umwelt stellte? Man darf nicht vergessen, dass der zum Tauffest 1596 auftretende figurenreiche Zug auf eine plakative Wirkung hin konzipiert sein musste; auch die entfernter stehenden Betrachter sollten die Verkleidungen erkennen und in der kurzen Zeit, in der die Gestalten vorüber zogen, verstehen können. Stattdessen hält der Musiktisch, den nur auserlesene Gäste zu Gesicht bekamen, ein viel differenzierteres Programm bereit. Pleningers derbe Szenen im bacchischen Bereich sprechen noch die deutlichste Sprache, doch selbst hier sind Anspielungen eingebracht, die eine verfeinerte Wahrnehmung voraussetzen. So abgewogen wie die Darstellung ist auch ihr Inhalt: Es handelt sich weder um Schwarz-Weiß-Malerei frommer Propaganda wie etwa die *Tafelrunde des Lasters* (Abb. 10) noch um die drastische Satire eines Peter Flötner (Abb. 9), die sich auf den in Wirtshäusern benutzten Spielkarten verbreitete. Deshalb wollte Landgraf Moritz mit dem Tisch-Programm das Spielvergnügen gar nicht rundweg verteufeln, wie ja auch sein Mäßigkeitsorden nicht verlangte, völlig auf Alkohol zu verzichten. Vielmehr strebte Moritz den maßvollen, anständigen Umgang mit Wein und Spiel an, wie er im – unten beschriebenen – Bereich der Göttin Ceres dargestellt ist. Dabei hatte er das von Castiglione umrissene Ideal des »Hofmanns« vor Augen, demzufolge

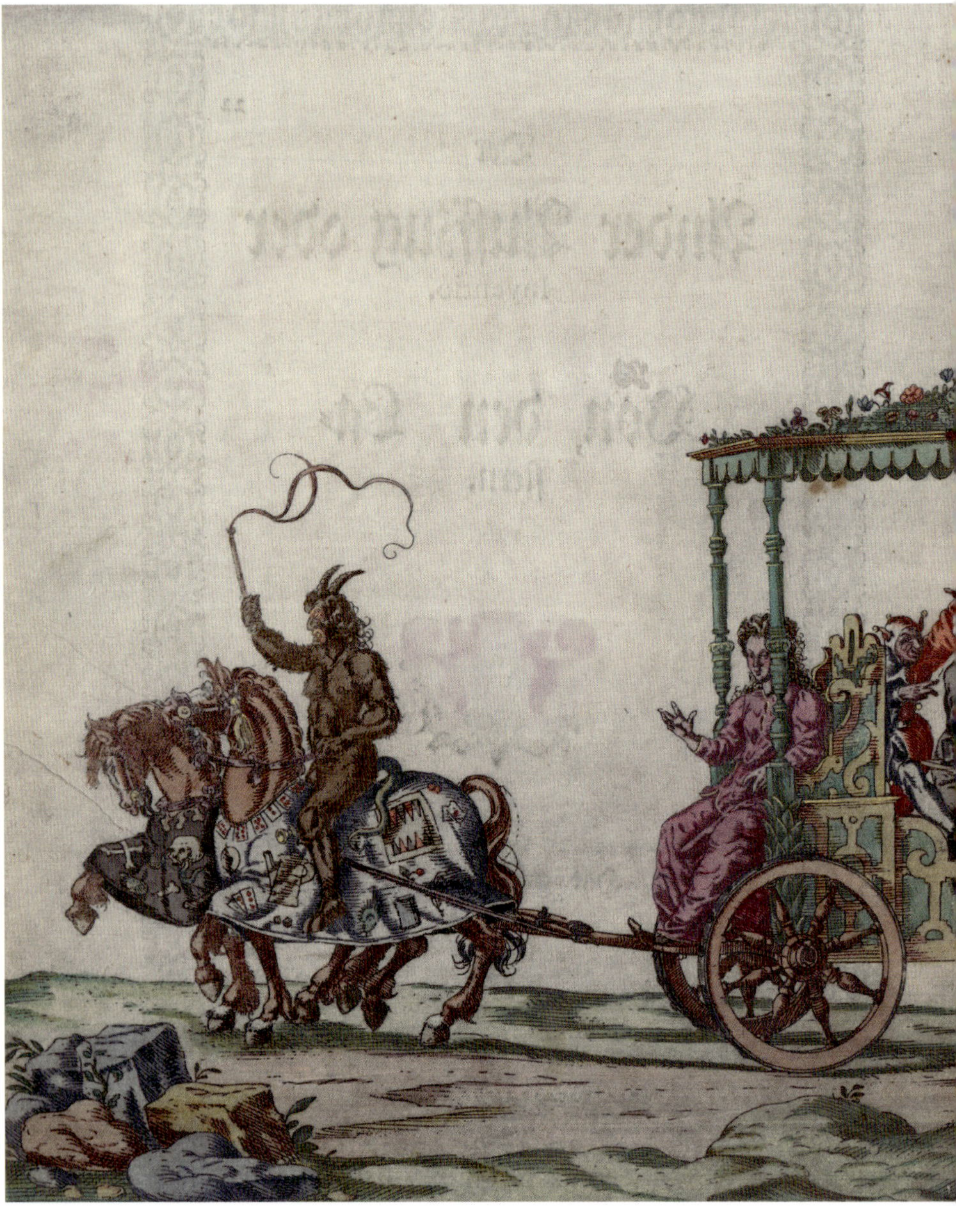

Abb. 13
»Ritterspiele Anno 1596«, Wilhelm Dilich, illustrierte Festbeschreibung, Aufzug des Teufels mit dem Wagen der Affekte, Landesbibliothek und Murhardsche Bibliothek der Stadt Kassel

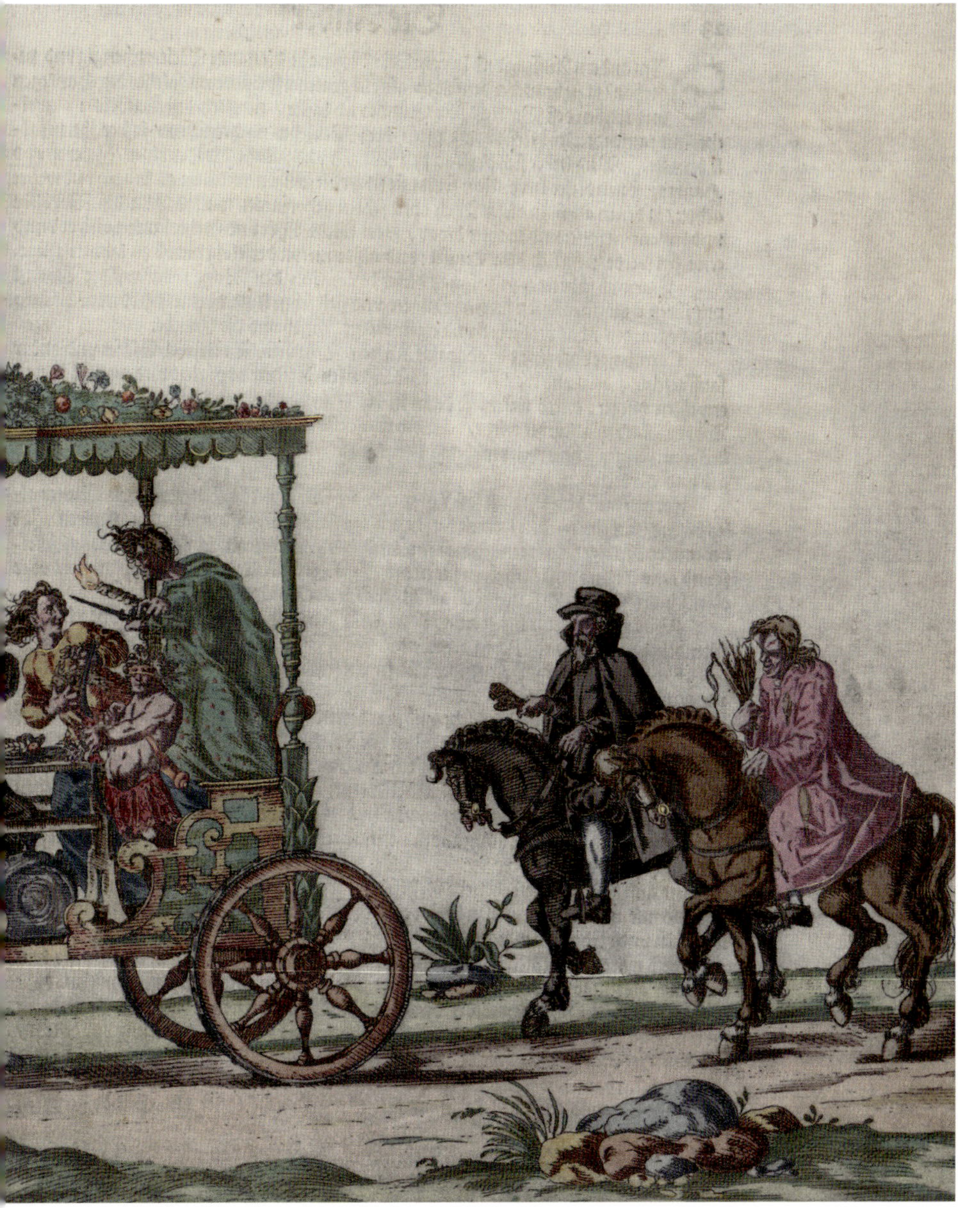

Würfel- und Kartenspiele an sich kein Laster seien: Ein Edelmann spiele jedoch nur gelegentlich und dürfe, wenn er verliere, keinesfalls seinen Zorn zeigen.[72] Wieder gilt die Affektkontrolle, die Disziplinierung der Gefühle als moralisches Ziel. Entsprechend lobt Moritz den stoischen Denker Sokrates, »ein trefflicher und berühmbter Philosophus zu Athen / welcher in glückseligkeit und widerwertigkeit allezeit gleich Gesicht und Gemüth gehabt«.[73]

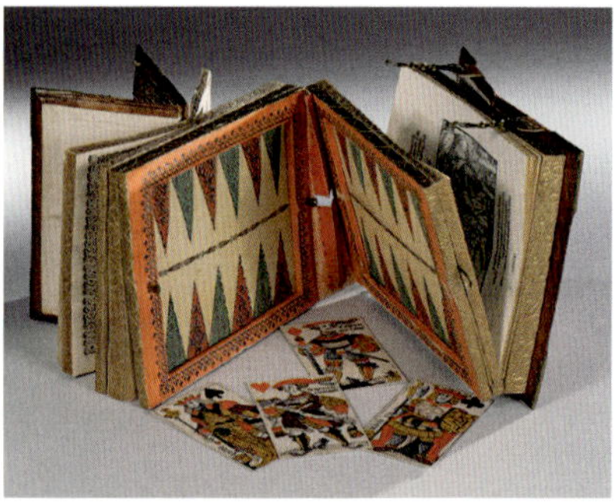

Abb. 14 Ambraser Vexierliederbuch, Jost Ammann / Gabriel du Gripon, nach 1582, Kunsthistorisches Museum Wien, Kunstkammer

Offenbar sollte sich die Aussage des landgräflichen Musiktisches absetzen von zeitgleichen, eindeutig vergnüglichen Kunstkammerstücken, die ebenfalls musikalische Funktion hatten: Beispielsweise ließ Erzherzog Ferdinand von Tirol 1587 für seine berühmte Kunstkammer in Ambras eine Holzschatulle anfertigen, die auf der Oberseite ein Schachspielbrett, auf der Unterseite ein Mühlespiel darbietet; klappt man die Schatulle auf, entsteht ein Trictrac-Brett, das wiederum aus zwei komplett bespielbaren Tasteninstrumenten besteht.[74] Seine Gäste noch mehr verblüffen konnte der Erzherzog sicherlich mit dem Ambraser Vexierliederbuch: Öffnet man es mittig, liegt ein Trictrac-Spiel vor dem Betrachter, blättert man es an anderer Stelle auf, erscheinen die Seiten einer umfangreichen Liedersammlung. Insgesamt sieben verschiedene Nutzungsweisen bietet dieses meisterhaft gefertigte Scherzbuch, darunter zwei Behältnisse für Spielkarten, eine Abhandlung über die Jagd und leere Seiten für Notizen (Abb. 14). Im Ambraser Vexierliederbuch wird die Musik klar mit typisch höfischen Zerstreuungen wie Jagd und Spiel in engsten Zusammenhang gebracht.[75]

Sogar auf einer geätzten Tischplatte findet diese funktionale Verbindung von Musik und Spiel statt, von der in Graz residierenden Maria von Bayern 1589 in Auftrag gegeben:[76] Die Noten eines fünfstimmigen Lieds vom berühmten Münchner Hofkomponisten Orlando di Lasso sind entlang zweier Seiten angeordnet, der größte Teil der Fläche aber wird von einem Würfelspiel-Feld eingenommen. Im Zentrum der schneckenförmig umlaufenden Setzfelder befinden sich die Spielregeln für das »kürtzweillige Fortuna-Spill«. Das Fortuna- oder auch Gänsespiel bestand im Wesentlichen darin, mit Würfelglück bis zum Ziel zu gelangen.[77] Gedacht war der Tisch, wie ein Briefwechsel belegt, für die *Recreation* der »fürstlichen jungen Herrschaft«. Dass damit die halbwüchsigen Kinder Marias gemeint sein sollen,[78] überrascht etwas angesichts des Liedtextes: »Der wein, der schmeckt mir also wol, macht mich somer und winter vol, gfelt meiner frawen nit, bringt ir ein haimlich leiden, doch khan ich in nit meiden, frisch auff, es muss getrunken sein, es sei gleich bier oder wein, wan ich das mein thu verprassen, darnach so trink ich wasser«.[79] Einige andere Musiktische schlagen einen ebenso trinkfreudigen Ton an. Das Trinklied mit dem Refrain »Besser ist ein guter wein dan biere« findet sich auf zwei Tischen, die pikanterweise beide für Klöster angefertigt worden waren.[80] Sind biblische Zitate einbezogen, rechtfertigen sie den vergnüglichen Zusammenklang von Essen, Trinken und Musik: Die Verse »Wie ein Rubin in seinem Gold leuchtet, also zieret ein gesang das Mahl. Wie ein Smaragt in schönem Gold stehet, also zieren die lieder beim gueten wein« entstammen dem Buch Sirach.[81] Auf einem (nicht erhaltenen) Nürnberger Musiktisch von 1575 ergänzte derselbe Spruch ein Jagdlied.[82]

Wieder stellt sich die Frage, welches Selbstverständnis die Auftraggeber solcher Tischplatten damit äußerten. Jagd und Spiel, Trinken und ritterlicher Kampf gehörten in der frühen Neuzeit zu einer soldatischen, sinnenfrohen Auffassung der Herrscherrolle, kurz als *arma* (lat. für Waffen) bezeichnet. Demgegenüber standen die *litterae*, das friedvolle, humanistisch geprägte Konzept des Fürsten, der ein gemäßigtes Leben im Dienste der Künste und Wissenschaften führte.[83] Denselben Gegensatz benennt Dilich in seiner Festbeschreibung: Die Musen male man »weder mit Waffen oder einigen streitzeichen«, weil »Studenten und Gelerten ein friedlichs / stilles / sanfftmütiges Leben führen und haben sollen, wie in gleichem einen züchtigen und eingezogenen wandel«.[84]

Der bei mehreren Musiktischen unverkennbare Lobpreis auf Wein, Weib und Gesang hat dazu verleitet, diese Gattung insgesamt als »Trinktische« zu bezeichnen.[85] Wie man sehen wird, trifft das nicht auf alle Exemplare gleichermaßen zu und vor allem nicht auf das – in der Forschung lange als verschollen geltende – Kasseler Beispiel.

Musik und Spiel konnten in Einzelfällen auch in eine geistvolle Zwiesprache treten: In einem 1578 erschienenen Notendruck aus Landgraf Moritz' Musikaliensammlung sind Merkur und Minerva in eine Art Schachspiel vertieft (Abb. 15). Die Götterfiguren sitzen sich an einem Spielbrett gegenüber, dessen Spielsteine jedoch bei näherem Hinsehen aus Noten für einen kurzen zweistimmigen Kanon

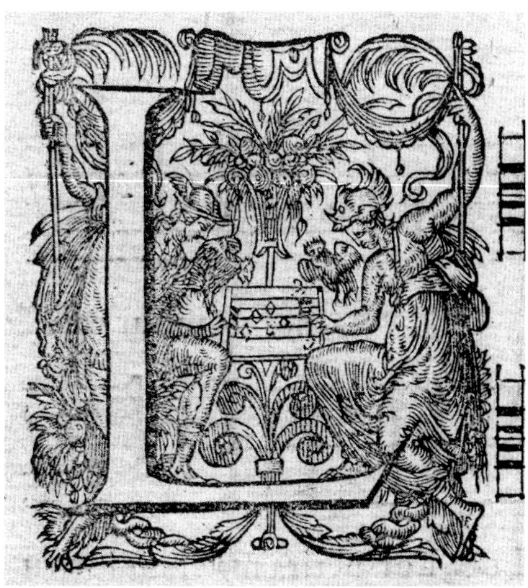

Abb. 15
Minerva und Merkur beim Schachspiel, Initiale in Jean Servins »Premier livre des chansons nouvelles«, 1578, Landesbibliothek und Murhardsche Bibliothek der Stadt Kassel

bestehen. Damit verknüpft die Schmuckinitiale in genialer Weise die Gattung Musikdruck und die Assoziation des Anfangsbuchstabens L mit *ludus* (lat. für Spiel).[86] Hier ist das Spiel über jeden moralischen Zweifel erhaben, zum einen, weil es sich um das geschätzte (Noten-) Schach handelt, zum anderen, weil zwei integre Persönlichkeiten es spielen. Während Minerva als Schutzherrin aller Künste und Wissenschaften bekannt ist, gilt Merkur als Erfinder der Lyra; zugleich personifiziert er das fleißige Studieren.[87] In dem französischen Chanson, an dessen Anfang die Spielszene gesetzt ist, wird die heilende Wirkung der »heiligen« Musik auf die Seele besungen. So wenig wie dieser Chanson ein Trinklied ist, so wenig hat der Musiktisch des Landgrafen Moritz mit einem Trinktisch gemein.

67 Crosby 1967; Kluge 1997, Sp. 1750ff.
68 Holländer 1994.
69 Dilich 1986 (1598), S. 23.
70 Nieder 1999, S. 68.
71 Ausst.-Kat. Kassel 1997, Kat. Nr. 253-257.
72 Bierende 2002, S. 107.
73 Moritz 1995 (1631), S. 568.
74 Ausst.-Kat. Wien 1998, Kat. Nr. 69, S. 1141f.
75 Ders., Kat. Nr. 70, S. 142ff.
76 Musiktisch-Katalog Tisch Graz.
77 Ausst.-Kat. Klessheim 1999, Kat. Nr. 65, 66.
78 Koldau 2005, S. 69.
79 Wallner 1912, S. 64.
80 Vgl. Wallner 1912, S. 135f. u. Wallner 1932, S. 316f.
81 Kieslinger, 1967, S. 86.
82 Pocci, 1849/50, S. 159.
83 Bierende 2002, S. 108.
84 Dilich 1986 (1598), S. 39f.
85 Kieslinger 1967, S. 74.
86 Horstmann 2008, S. 157f.
87 Lee 1996, S. 128.

Schlechte Musik

Schmausen, Trinken, Spiel und verführerische Frauen waren eine Kulisse, vor der auch die zugehörige Musik lasterhaft erscheinen musste. Weltliche Gesänge, womöglich mit amouröser Thematik, wurden von manchen Kreisen als frivol abgelehnt,[88] und sogar durch die Orgelmusik sahen fromme Reformierte die Andacht im Gottesdienst gefährdet. Deshalb musste Landgraf Moritz sich gegen vehemente Vorwürfe wehren, als er – der selbst gut Orgel spielte – innerhalb von fünf Jahren drei Orgeln in Kasseler Kirchen einbauen ließ.[89] Entsprechend werden in der Emblematik zu Symbolen sündiger Zerstreuung, etwa Trinkgefäßen oder Spielutensilien, nicht selten Musikinstrumente hinzugenommen.[90] Ein englisches Emblem zeigt die königlich gekleidete Personifikation der Vergänglichkeit (*Vanitas*) an einem kostbar gedeckten Tisch stehend, auf dem Symbole nichtsnutziger Zerstreuung ausgebreitet sind: Neben verschiedenem Spielgerät liegen dort eine Geige, Flöten und Zupfinstrumente als Vertreter der weltlichen Musik. *Vanitas* lockt eine menschliche Seele mit ihrem Zepter in ihren sündigen Machtbereich, während zu ihrer Rechten Cupido, die sinnliche Liebe, unbekümmert Seifenblasen aufsteigen lässt. Wie sie bald nach ihrer Erzeugung vergehen, verhallt auch die Musik im Nichts, so der Tenor des Emblems.[91]

Die Seifenblasen, für die Kurzlebigkeit alles Irdischen stehend,[92] finden sich als Motiv im landgräflichen Musiktisch wieder: Auf dem Schweifwerk des Postaments, das die Schalmei blasende Erato (Abb. 16) trägt, sind zwei Affen in höfischer Kleidung gesetzt, die ebenfalls Blasinstrumente spielen; erst auf den zweiten Blick erkennt man, dass das Instrument des linken Tiers nur eine große Seifenblase produziert. Deren glänzende Oberfläche hat Pleninger mit kleinen Punkten angedeutet, die er in gleicher Weise für den hölzernen Schallbecher von Eratos Schalmei einsetzt.

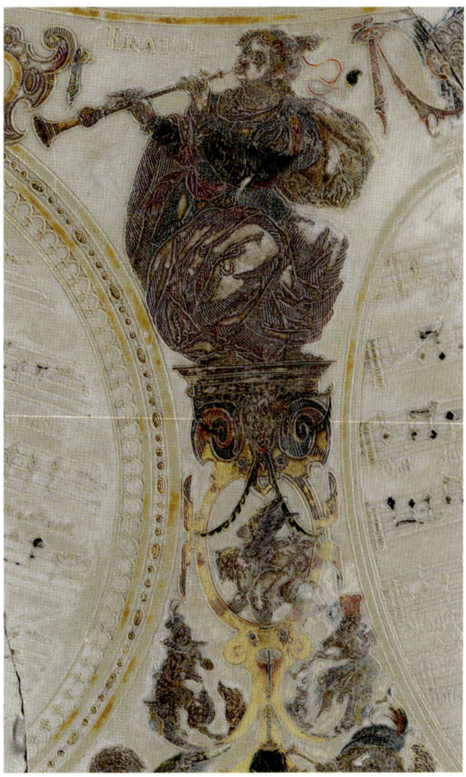

Abb. 16
Musiktisch Kassel, Erato

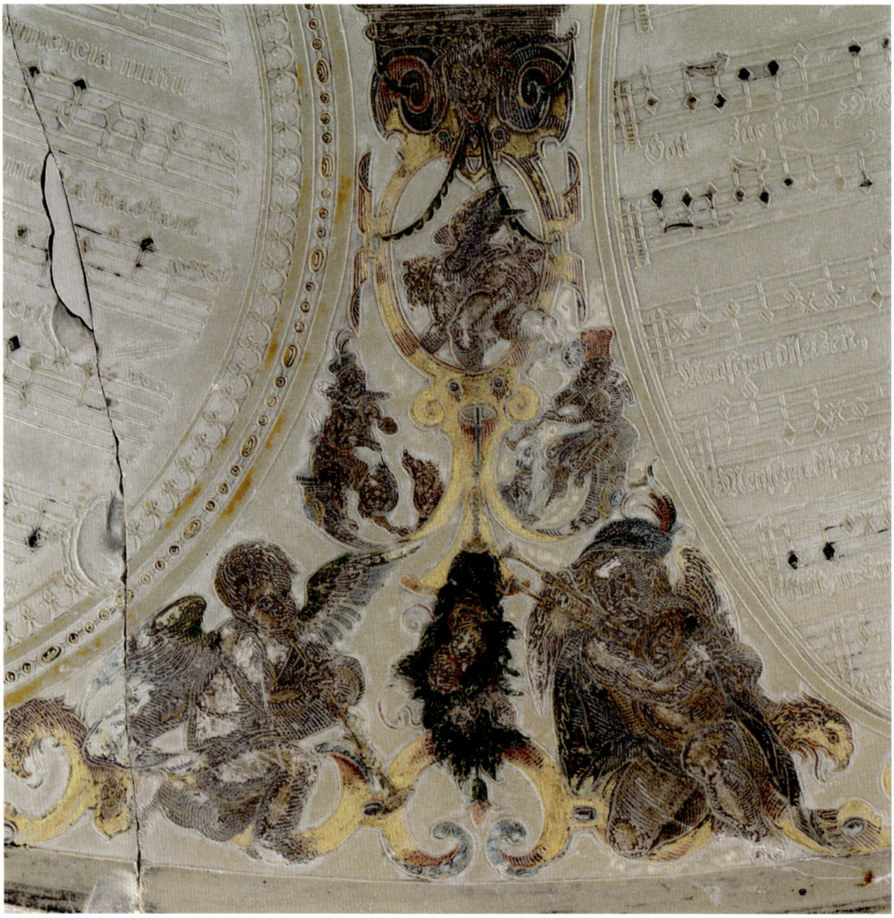

Abb. 17
Musiktisch Kassel, Putto mit Dudelsack

Der Betrachter soll eindeutig eine Beziehung zwischen dem Musikinstrument und der Seifenblase herstellen: Beide scheinen wenig Dauerhaftes zu hinterlassen. Dazu muss man wissen, dass die Schalmei und andere Doppelrohrblatt-Instrumente näselnde, bisweilen quäkende Töne hervorbringen. Entsprechend ist dem rechten Putto ein Dudelsack beigegeben, der ebenfalls gequetschte Klänge von sich gibt, von Pleninger bildlich als grauenerregender, rötlich züngelnder Drachenkopf übersetzt. Das Zusammenspiel all dieser wenig eleganten Instrumente, die selbstverständlich nicht in der landgräflichen Hofkapelle zu finden waren,[93] schlägt einen weiteren Putto regelrecht in die Flucht: Man sieht ihn beim Versuch, dem Missklang durch die Öffnung des Grotesken-Ornaments zu entkommen (Abb. 17).

Es genügt also nicht, Pleningers Ausgestaltung der Musenfiguren als inhaltlich neutrales Beiwerk anzusehen; als solches rahmen musizierende Musen beispielsweise einen französischen Notendruck von 1604:[94] Rings um die Kartusche sind neun Musen mit ihrem Schutzherrn Apoll malerisch gruppiert; einem Wappentier ähnlich krönt das geflügelte Musenross Pegasus die Darstellung. Offenbar eher zu dekorativen Zwecken sind den Musen wahllos Streich-, Blasinstrumente und Gesangsnoten beigegeben.[95] Dagegen ist auf dem Musiktisch die Sphäre der Blasinstrumente um Erato eindeutig negativ besetzt, ja lächerlich gemacht: Affen galten als närrische, liebestolle Tiere,[96] Seifenblasen sind traditionell ein Symbol der Vergänglichkeit und legen im Kontext des Musiktischs den Gedanken an ›Schaumschlägerei‹ nahe. Noch 1641 wird der Titel eines Werks über die *Eytelkeit der Welt*, das der ebenfalls sehr gebildete Sohn von Moritz, Landgraf Wilhelm V., aus dem Französischen übersetzte, mit dem Bild eines Seifen blasenden Putto illustriert werden.[97]

Instrumente wie Dudelsack oder Drehleier zählten um 1600 zu den gering geschätzten, die von Gauklern und Bettlern gespielt wurden.[98] Die Schalmei Eratos war ähnlich schlecht angesehen, verweist sie doch zusammen mit dem Dudelsack auf die ländliche Musik der Hirten.[99] Schon in Sebastian Brants populärem *Narrenschiff* von 1494 wird die Dummheit als Dudelsack spielender Gaukler dargestellt; seine Eselsohren können auch als Anspielung auf Midas' Torheit verstanden werden. Zu Füßen des Narren liegen unbeachtet die edlen Saiteninstrumente Laute und Harfe im Straßendreck (Abb. 18). Weil die Form des Gaukler-Instruments – ein Sack mit Pfeifen – überdies an das männliche Geschlecht erinnerte, wurden seine Klänge als triebhaft angesehen.[100]

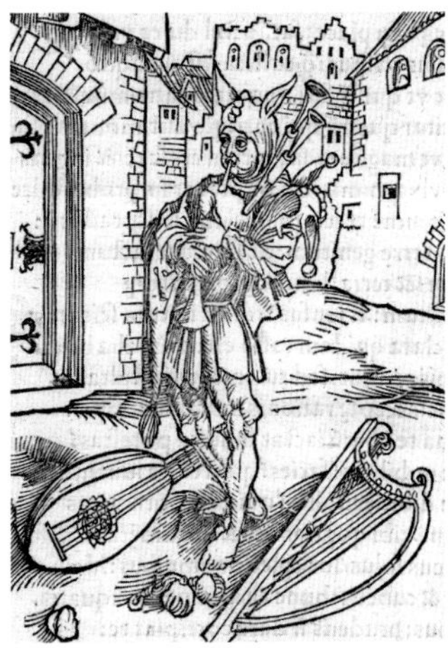

Abb. 18 Personifikation der Dummheit, Holzschnitt, Illustration in Sebastian Brants »Narrenschiff«, 1494, British Museum London

Die Darstellung der Erato und ihrer Assistenzfiguren auf dem Musiktisch kann also zum einen als Reaktion darauf verstanden werden, dass um 1600 bestimmte Musik als sündige Vergnügung verurteilt wurde. Die negative Symbolik greift dieses Urteil auf, aber nur, sofern es sich um primitive Instrumente handelt. Die bildliche Darstellung findet ihre Entsprechung in den Estius-Zeilen des umlaufenden Schriftbands, denn sinnigerweise verlaufen exakt über der Gestalt der Erato die Worte »CLANGENTES LITVOS«: Estius spricht hier von den »röhrenden Hörnern« aller inkompetenten Wichtigtuer, seien es Midas, der Schuster oder Bavius und Maevius. Deren lautes Getön über Sachverhalte, von denen sie keine Ahnung haben, wird eindrücklich durch Eratos quäkende Rohrblasinstrumente vertreten. Eine besondere Ironie liegt darin, dass seit der Antike der Muse Erato die feierlichen Hymnen als Wirkungsbereich zugesprochen sind[101] – diese werden im Musiktisch in salbungsvolles Geschwafel umgedeutet. Hintersinnig verspottet der Landgraf damit all jene, die man heute Dummschwätzer nennt.

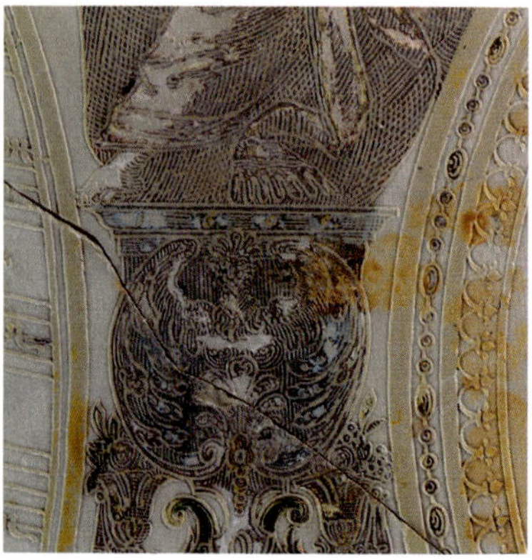

Abb. 19 Musiktisch Kassel, Datierung

»Großtuerisch tönt der Dumme mit der Unwissenheit und dem Getöse eines Bavius und dümmlichen Mevius«. Unter diese Überschrift fassen die bissigen Estius-Verse nicht nur Erato mit ihrer Schalmei, deren Backen beim Spiel tatsächlich unschön gebläht sind. Man fühlt sich daran erinnert, dass der Legende zufolge zunächst die Göttin Pallas Athene die Doppelflöte (*aulos*) spielte; als sie aber im Spiegel eines Teichs feststellen musste, wie ihr schönes Gesicht dabei entstellt wurde, warf sie zornig die Flöte weg. Neben Erato übertitelt das sechste Distichon noch weitere Musenfiguren mit durchdringenden Blasinstrumenten: Die Schalmei spielende Muse lenkt den Blick des Betrachters nach links, wo die schlecht erhaltenen Partien nur noch den Zug einer Posaune erkennen lassen; dieses Blechblasinstrument wird von der Muse Melpomene gehalten, die üblicherweise die Tragödie personifiziert. Auch beim Tauffest 1596 war die Posaune Melpomene zugeordnet, die den Soldaten Signale zum Kampf blies.[102] Wie die Trompeten und Trommeln der beiden Putti dient Melpomenes Posaune eher dem triumphalen oder kriegerischen, in jedem Fall aber melodiearmen Signalgeben. An ihrem Sockel hat Andreas Pleninger die Datierung 1605 eingefügt (Abb. 19);[103] seine Signatur war vermutlich auf einem der verloren gegangenen Fragmente zu finden.

Als dritte Muse im Bereich der lauten, aufdringlichen Töne erscheint schließlich Euterpe mit einem weiteren Dudelsack, das verrät trotz der Fehlstelle das erhaltene Mundstück. Die ovale Öffnung des Ornaments darunter füllt ein lässig dastehender Putto; sein Blätterkranz deutet genauso auf den bacchischen Bereich wie die ziegenbärtigen Satyrköpfe an den Ornament-Voluten. Die an der Basis sitzenden, geflügelten Putti spielen Vorgänger des heutigen Fagotts, ein Dulcian und ein Krummhorn. Als Inbegriff der rohen, unzivilisierten Musik galt seit der Antike das Flötenspiel von Pan, dem Hirtengott und Freund des trinkfreudigen Bacchus. Damit ist von den geschmähten Blasinstrumenten der Musen Erato, Melpomene und Euterpe die gedankliche Brücke zum Thema des Mittelbilds geschlagen, und zwar in doppelter Hinsicht: Die lauten

Bläser gleichen zum einen dem »aufgeblasenen« Schwätzer Midas, zum anderen sind sie *per se* Verwandte Pans. Dessen unzivilisierte Flötenmusik ist im Wettstreit den geistvollen Saitenklängen des Sonnengottes unterlegen; Pans Rohrflöte symbolisiert die sinnliche Zügellosigkeit, Apolls Lyra dagegen feinsinnige Kultiviertheit.

Da das Mittelbild besonders schlecht erhalten ist, müssen wir uns mit dem Vorbild, dem Stich von Goltzius, behelfen (Abb. 3). Darin steht der bocksfüßige Pan ganz am Rand der Szenerie. Statt einer auch heute noch »Panflöte« genannten Rohrflöte ist ihm eine neuzeitliche Blockflöte beigegeben. Er hält sie bei Goltzius so in der herabhängenden Linken, dass sie, von einem Tuch bedeckt, in seinem Körperschatten fast

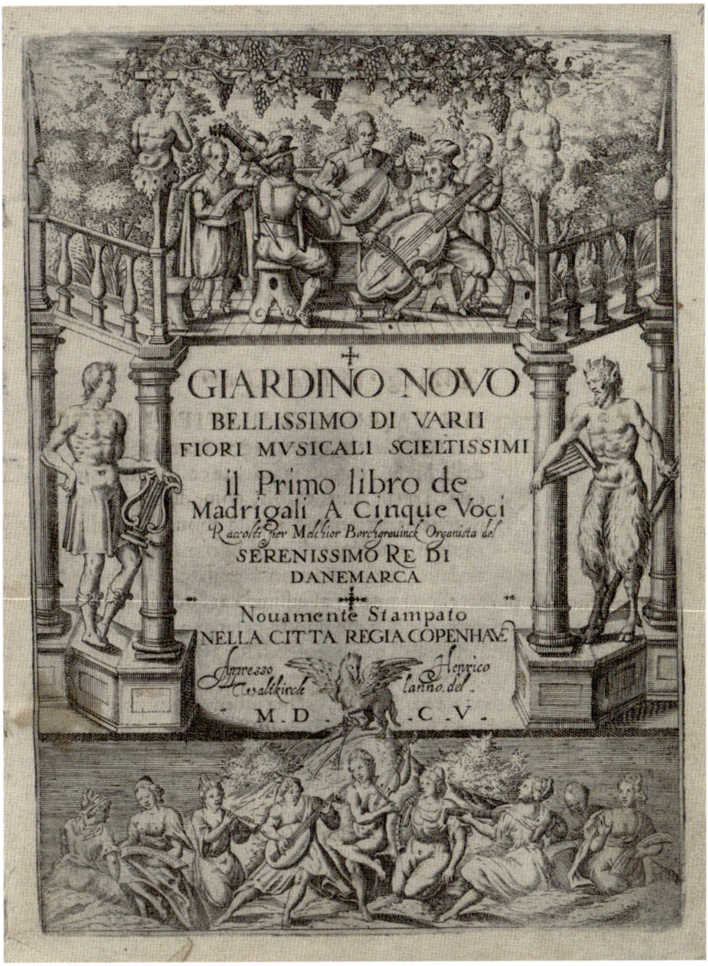

Abb. 20
Apoll und Pan präsentieren das himmlische und irdische Musizieren, Titelblatt von Melchior Borchgrevincks Madrigal-Sammlung »Giardino novo bellissimo«, 1605, Landesbibliothek und Murhardsche Bibliothek der Stadt Kassel

verschwindet. Einzig das Mundstück der Flöte ist beleuchtet und ragt auf Höhe seiner Lenden in obszöner Weise hervor, womit der triebhafte Charakter der Bläsermusik verbildlicht wird. Gebildete Betrachter erinnerten sich außerdem an Ovids Erzählung vom Ursprung der Flöte: Pan jagte einst liebestoll der Nymphe Syrinx nach. Im letzten Augenblick verwandelt sie sich, um sich ihm zu entziehen, und Pan hält nur Schilfrohr in den Händen. »Doch wie er tief aufseufzte, bewegte sein Atem die Halme, und es erscholl eine zarte Musik, einer Klage vergleichbar« (Met. 1, 698ff.). So entstand sein Blasinstrument aus niederen Trieben, es gehört in die Sphäre der ungezügelten Natur. Im Festzug 1596 tritt Thalia, anders als im Musiktisch, mit einer Querflöte auf, zu der Dilich schreibt, sie habe sie einst Midas gegeben. Der Autor bringt die Flöte ebenfalls in Zusammenhang mit der soldatischen Schlacht,[104] also der Lebensform der *arma*.

Pan und Apoll, irdische und himmlische Musik stehen sich auch in einem zeitgleichen Notendruck aus der Sammlung des Landgrafen Moritz gegenüber (Abb. 20):[105] Der Titel des 1605 in Kopenhagen erschienenen Druckwerks wird von einer Säulenarchitektur gerahmt. Sie trägt einen sonnigen Balkon oberhalb eines üppigen Gartens. Dort musizieren drei vornehm gekleidete Herren auf Saiteninstrumenten, während zwei Stehende dazu singen. Dass hier die weltliche Musik Pans erklingt, signalisieren die beiden Satyrhermen auf der Balustrade ebenso wie die fast ›wild‹ mit Wein bewachsene Laube. Der höfisch-heiteren Szenerie ist unter dem Schriftfeld die Sphäre Apolls entgegengestellt. Dort sind – wohl der Symmetrie wegen – acht musizierende Musen um den Sonnengott gesetzt, der hier ebenfalls die *Viola da braccio* spielt. Im Hintergrund erhebt sich der Parnass mit Pegasus auf dem Gipfel. Der Notendruck kehrt die Gewichtung von apollinischer und dionysischer Kunst, wie sie im Musiktisch stattfindet, allerdings um: Der himmlische Parnass erscheint zuunterst und nimmt weniger Raum ein als das Ensemble der höfischen Musiker; der Schwerpunkt der Darstellung liegt ganz offenbar im irdisch-sinnlichen Bereich. Entsprechend sind die Madrigale des Druckwerks im italienischen Titel als »Blumen« eines »neuen Gartens« bezeichnet; zum kurzweiligen Vergnügen gedacht, beanspruchen sie nicht, höchste Kunst zu sein. Schon hieran erahnt man, dass demgegenüber das Bildprogramm des landgräflichen Musiktisches einen ganz anderen geistigen Anspruch formuliert.

Goltzius lässt in seinem Stich die zwei Begleiter des Hirtengotts, durch ihre spitzen Ohren und Hörner als Satyrn identifiziert, buchstäblich mit der Wildnis des Hintergrunds verschmelzen. Er verdeutlicht damit noch einmal, wie unzivilisiert die dionysische Sphäre im Gegensatz zu der

der Musen mit ihren klaren Umrissen ist.[106] Der bocksfüßige, gehörnte Pan wendet sein ziegenbärtiges Gesicht König Midas zu, dessen Krone bereits von felligen Eselsohren gerahmt ist. Dieser weist noch vergeblich auf seinen Favoriten Pan hin, doch die Szene beherrscht bereits die zentral platzierte, strahlende Figur Apolls mit seinem Saiteninstrument. Weil der törichte Midas die Vorrangstellung des edlen Saiteninstruments nicht anerkennt und sich damit auf die Seite der primitiven Vergnügen stellt,[107] bestraft ihn Apoll mit den Ohren des dummen Esels. Ironischerweise sind diese ja besonders groß, weshalb sie Midas fortan zum genaueren Hinhören zwingen.

88 Calogero 2009, S. 123f.
89 Bernsdorff-Engelbrecht 1969, S. 30.
90 Ein auf Cicogna zurückgehendes Emblem zeigt beispielsweise, wie eine menschliche Seele durch Reichtum, Zechen und Musik dem Tod ins Netz gegangen ist; Calogero 2009, S. 133f.
91 Calogero 2009, S. 131f. mit Abb.
92 Vgl. auch den Emblem-Entwurf von Camerarius mit der Überschrift «*Vanitas Vanitatvm* (Es ist alles ganz eitel)", der einen Seifen blasenden Knaben auf der Weltkugel zeigt; Camerarius 2009 (1587), Nr. LXXXI, S. 364f.
93 Vgl. zur Besetzung der Hofkapelle Schmidt 1995, S. 134.
94 Horstmann 2008, S. 135 mit Abb.
95 Welche Muse welches Instrument spielte, war in der Bildtradition nicht festgelegt, so Braun 1994, S. 33.
96 Tlusty 2001, S. 60.
97 Ausst.-Kat. Kassel 1997, Kat. Nr. 371, S. 337.
98 Ausst.-Kat. München 1999, S. 103.
99 Hopfner 2001, S. 115.
100 Ausst.-Kat. München 1999, S. 95.
101 Ders., S. 22.
102 Dilich 1986 (1598), S. 39.
103 Zeidler 1998, S. 13.
104 Dilich 1986 (1598), S. 39.
105 Ausst.-Kat. Kassel 1997, Kat. Nr. 330, S. 300; Horstmann 2008, S. 111.
106 Raspe 2003, S. 160.
107 Krystof 1997, S. 60f.

Fleiß statt Habgier

Laut Ovid bereut Midas seinen Wunsch, alles von ihm Berührte möge sich in Gold verwandeln, als er die elementarsten Bedürfnisse stillen muss, nämlich Essen und Trinken. Der König hat also im Goldrausch das Augenmaß für Lebensnotwendiges verloren. Zur Trägheit, mit der er saufend und feiernd seine Tage verbringt, gesellt sich noch die Gier, mühelos beliebig viel Gold scheffeln zu können. Auf dem Musiktisch sind diese Laster des Midas, die dem im Mittelbild gezeigten Fehlurteil zeitlich vorangehen, im Bereich um die Bacchus-Quelle aufgenommen und verallgemeinert worden. Demgegenüber werden Speise und Trank als Lohn tätiger Lebensweise in der Sphäre der Ceres, der Göttin der Ernte, dargestellt. Dass Bacchus und Ceres als gegensätzliche Gestalten aufzufassen sind, zeigt bereits ihre gegenüberstehende Anordnung im Figurenkreis der Tischplatte an. Die Erntegöttin und ihr Beiwerk propagieren Alternativen zum Fehlverhalten des Bacchus beziehungsweise des Midas.

Abb. 21
Musiktisch Kassel,
Ceres

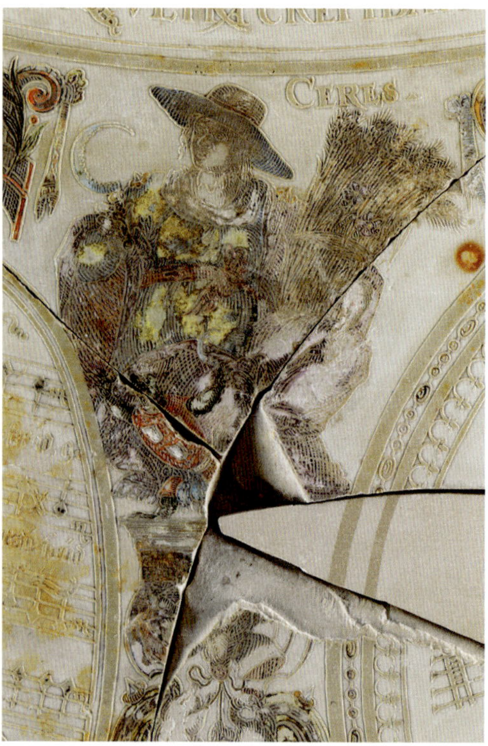

Ceres charakterisiert Moritz in seinem Französisch-deutschen Lexikon kurz als »Göttin der Heyden die allerley Frucht regiret«.[108] Auf dem Musiktisch hält sie in ihrer rechten Hand – in der frühen Neuzeit gilt sie als die moralisch gute Hand – eine Sichel, während ihr linker Arm ein Ährenbündel mit einigen Feldblumen umfasst (Abb. 21). Ebenfalls eine Sichel hält die kurios wirkende Tiergestalt zu ihren Füßen, eine aufrecht stehende Kröte in einem roten Waffenrock mit drei leeren weißen Wappen. Das Tier symbolisiert, passend zur Göttin des Ackerbaus, das Element Erde; auf Pleningers kosmologischem Tisch ist seine Bedeutung durch den Schriftzusatz »Erd« gesichert. Ceres' Beigaben machen deutlich, dass das Grundnahrungsmittel Getreide mit mühevoller Sichelarbeit geschnitten worden ist. Im Gegensatz dazu ist am Bacchus-Brunnen nicht erkennbar, welche Mühen nötig waren,

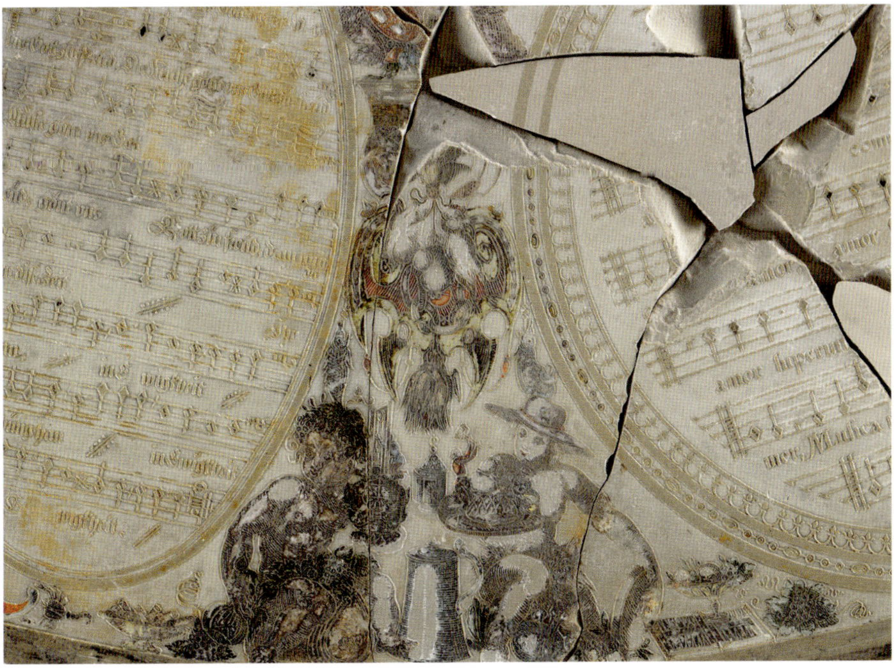

Abb. 22
Musiktisch Kassel,
Assistenzfiguren
der Ceres

um aus den Trauben jenen Wein herzustellen, den sich die Trinker so verschwenderisch zapfen. Entlang des Schweifwerks unterhalb der Göttin Ceres entdeckt man weitere Vorräte: Ähnlich einer Quaste hängen einige Wachteln oder Tauben gebündelt herab, gerahmt von zwei erbeuteten Fischen. Auch Geflügel und Fisch mussten erst in geduldiger Jagd erlegt werden, und weitere Arbeit wie Rupfen, Abschuppen und Ausnehmen steht bevor, bis sie endlich als Speise zubereitet werden können.

Statt Müßiggang, Streit und Rauflust herrscht bei den Assistenzfiguren der Ceres ein friedliches, tätiges Miteinander (Abb. 22). Die männliche Figur links, wie die Bacchanten an Kopf und Lende mit Wein bekränzt, sitzt auf einem Fass und hält in der Rechten eine bauchige Flasche. Die gesamte Szenerie kann als Allegorie des Trinkens angesprochen werden. In der linken Hand präsentiert die Personifikation eine Gerätschaft, die wohl auch als automatischer Tischbrunnen zu deuten ist. Eine kleine Figur betätigt darauf einen Ziehbrunnen, dessen Becken als Tonkrug gearbeitet ist.[109] Ein als Ziehbrunnen gestalteter Tischbrunnen kann sinnvollerweise nur Wasser befördern. Also empfiehlt dieser dem Betrachter, anders als der Bacchus-Brunnen mit der Aufschrift »Dümpel dick, guts Weinle«, den Genuss klaren Wassers, gern gemischt mit dem

Saft der Trauben. Das so entstandene, bekömmliche Mischgetränk[110] ist in der großen Deckelkanne zu vermuten. Sie ist zwischen den heiteren, aber nüchternen Trinkenden und eine weibliche Figur mit breitkrempigem Hut gestellt. Ihr linker Arm stützt sich auf einen großen runden Käse, der noch nicht angeschnitten ist, wohl zum Zeichen, dass vor seinem Genuss noch einige Arbeit zu verrichten ist. Dagegen lag bei den betrunkenen Bacchusknaben ein Stück Käse auf einem achtlos beiseite geschobenen Teller. Die kniende Frau, deren Hüften von Ähren umwunden sind, balanciert auf ihrer Hand einen Teller mit einem frischen Laib Brot. Das Grundnahrungsmittel schlechthin ist das Endprodukt des Ährenbündels aus Ceres' Händen. Vor der Personifikation der Nahrung entfaltet sich ein kleines Ernte-Stilleben; Kirschen, Birnen und Wurzelgemüse sind erkennbar.

Teller und Krug, die die Figuren für Essen und Trinken dicht nebeneinander halten, symbolisieren die Basis für alles menschliche Leben – das Vorhandensein von Essen und Trinken. Zugleich stellt der Brotteller offenbar ebenfalls ein dekoratives Tischgerät dar: Eine breitbeinig stehende, männliche Figur links holt mit einem großen Hammer kraftvoll zum Schlag aus; Kümmel vermutet darin einen Schmied.[111] Rechts ist ein am Tisch arbeitender, elegant gekleideter Mann zu sehen, eine dritte Figur steht zwischen beiden. Aus ihrer ausgestreckten Rechten tröpfelt oder rieselt etwas, möglicherweise ist hier die Aussaat dargestellt. Beide Tischgeräte propagieren also auf einer zweiten Ebene das tätige, arbeitsame Leben, das die Erzeugnisse des Ackerbaus zu Lebensmitteln veredelt und rohe Erze in brauchbares Werkzeug wandelt. Passenderweise hat Pleninger den Bereich der Ceres auf dem Musiktisch jenen Estius-Versen zugeordnet, in denen vom Schuster die Rede ist.

Zwischen Brunnen-Krug und Schmiede-Teller schließlich hat der Steinätzer gut sichtbar eine kleine Laterne mit brennender Kerze gehängt. Damit ist gemeint, dass das Tätigsein auch nach Einbruch der Dunkelheit weitergeführt werden soll, wenn Ackerbau, Jagd und Handwerk nicht ausgeübt werden können. Landgraf Moritz selbst wie auch andere Komponisten seiner Zeit bezeichneten ihre Werke als *lucubratio*, also als »Arbeit bei Licht«; sie fanden nach den Geschäften des Tages erst abends und nachts Ruhe für ihr eigenes Schaffen.[112] Dieser Aufruf zur fleißigen Tätigkeit ergänzt das auch heute noch geläufige Sprichwort, man müsse das Eisen schmieden, so lange es heiß sei, das schon in Emblemen des 16. Jahrhunderts existiert: »Wenn man bei seinen Unternehmungen die günstige Gelegenheit ergriffen hat, sind sie leicht und erfolgreich«, lautet die Unterschrift zu einer emblematischen Schmiede-Darstellung.[113] Zu dieser moralisierenden Aussage passt wiederum jene, die der Gelehrte Camerarius zum Bild des Ziehbrunnens verfasst. Wie das Wasser des Brunnens nämlich umso sauberer werde, je mehr man aus ihm schöpfe, so solle man auch den Geist in steter Übung halten. Das Tätigsein, zu dem der Bildbereich um Ceres anhält, umfasst somit alle Bereiche der menschlichen Arbeit, von der Feldarbeit bis zur (nächtlichen) intellektuellen Übung.

Für Habgier und Prunksucht, wie sie Midas umtreiben, gibt es unter ehrlich Tätigen keine Veranlassung; die üppigen Früchte der eigenen Arbeit stellen die Dargestellten sehr zufrieden, so vermittelt es die heiter-entspannte, aber eben im besten Sinne nüchterne Atmosphäre in Ceres' Reich. Bleibt noch zu klären, welche Rolle dabei das tendenziell lasterhafte Trictrac-Brett neben der weiblichen Assistenzfigur spielen könnte (Abb. 12): Offensichtlich kann das Spiel so, wie es dargestellt ist, gar nicht benutzt werden. Zwar liegen Würfel bereit, aber keine Spielsteine, und vor allem steht die reich gefüllte Obstschale mitten darauf, die noch unberührt scheint. Vielleicht ist dies so zu verstehen, dass für das Spielvergnügen erst dann Platz ist, wenn die leiblichen Grundbedürfnisse befriedigt sind und außerdem alle Arbeit, körperliche und geistige, einmal ruht. Sich die Zeit durch Spielen zu vertreiben ist ja nur dann nötig, wenn keine sinnvollere Tätigkeit die Stunden füllt. Ähnlich überflüssig scheint die gegenübergestellte Schale mit sorgsam angeordneten Röllchen darin, vielleicht eine Art Konfekt. Das Brettspiel wird hier zwar nicht durchweg verteufelt wie das dumpfe Kartenspiel der bacchischen Zecher, aber als nicht notwendiges Mittel der Zerstreuung ganz hintangestellt.

Der törichte Faule, der nur nach dem Golde schielt, wurde bezeichnenderweise auch in alchemistischen Kreisen mit König Midas identifiziert. Auf einem Stich im 1609 publizierten Lehrwerk des Alchemisten Heinrich Khunrath erscheint der Goldgierige mit Midas' Eselsohren.[114] Das »gottloße und verfluchte Goldmachen« falscher Alchemisten wird in der ersten Schrift der Rosenkreuzer von 1614 angeprangert. Der alchemistische Geheimbund mit höchstem moralischem Anspruch[115] beklagt, dass auch verständige Menschen inzwischen glaubten, dass derjenige Gott »besonders lieb sein müsse, wo nur grosse Goldmassen und klumpen machen köndte«.[116] Als echte Alchemie dagegen bezeichnet der Arzt Paracelsus – eine Autorität für die Alchemisten – jedes Tun, das die Materie vervollkommnet: So sei der Weinbauer, der aus den Früchten Traubensaft herstelle, in diesem Sinne ebenso ein Alchemist wie der Bäcker, der aus dem Getreidemehl Brot backe.[117] Das erinnert an die Assistenzfiguren der Ceres und deren Beigaben, die genau diese schöpferischen Tätigkeiten implizieren: Trauben werden gekeltert, Mehle verbacken, Erze geschmiedet. Alle

Elemente gemeinsam propagieren die Tugend der *Diligentia*, des Fleißes, die auch im Bildprogramm von Schloss Eschwege ihren Platz hat: »ein Mutter der Sorge / der Auffmerckung / der Wachsamkeit / der Embsigkeit vnd der Arbeit«.[118] Der Alchemist Kertzenmacher schrieb 1570: »Mit Stetigkeit und Fleiß sucht man rechte Künste«.[119] Und schon zum Tauffest 1596 vermerkte Dilich, man stelle sich den Parnass – also die Heimat Apolls – deshalb als hohen Berg vor, »dieweil man mit grosser mühe / arbeit und unkosten zun freyen Künsten und den lieblichen Musis steigen muß«.[120]

108 Moritz 1995 (1631), S. 728.
109 So auch Kümmel 1996, S. 140.
110 Eine Mischung aus Wasser und (Wein-)Essig trank Landgraf Moritz an heißen Tagen am liebsten und verordnete dieses Getränk auch seinen Soldaten; Rommel 1837, S. 305, Anm. 10.
111 Kümmel 1996, S. 140.
112 Gutbier 1960, S. 220f.
113 Henkel / Schöne 1996, Sp. 93.
114 Forshaw 2006, S. 207 und Abb. 8.4.
115 Borggrefe 2000, S. 16ff.
116 Anonym 1998 (1614), S. 98.
117 Metzler 2006, S. 143.
118 Fabronius 2000 (1625), S. 215.
119 Kertzenmacher 1720 (1520), Vorrede S. 2.
120 Dilich 1986 (1598), S. 39.

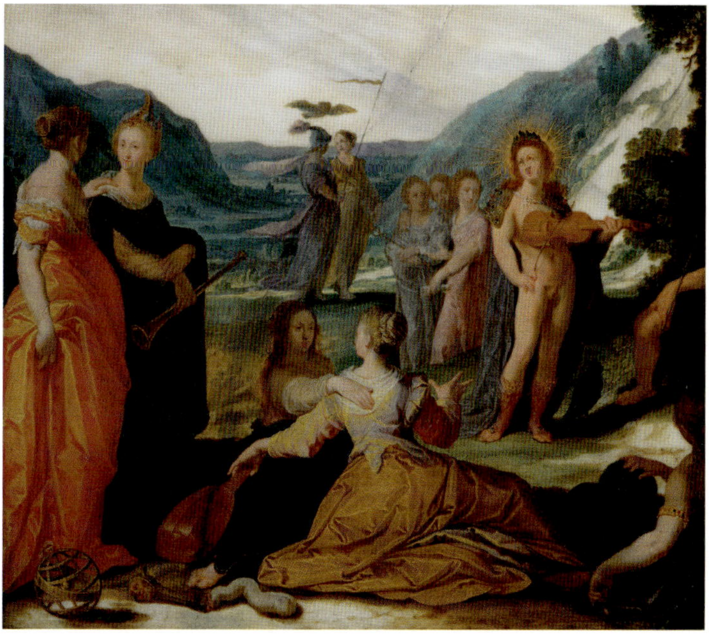

Abb. 23
Midasurteil,
Bartholomäus
Spranger,
nach 1590, Öl
auf Marmor
(beschnitten),
Kunsthistorisches
Museum Wien,
Gemäldegalerie

Hofkunst

»Wahre Kunst ist still und zurückhaltend und verbannt die röhrenden Hörner des Wichtigtuers mit seinen geschwätzigen Reden«,[121] lautet die Schlussfolgerung der Estius-Verse auf dem Musiktisch. Als Kupferstich in hoher Auflage verbreitet, sollten diese Zeilen gemeinsam mit Goltzius' Darstellung die »stille« Malerei als »wahre Kunst« gegenüber der Dichtung propagieren.[122] Auf der landgräflichen Tischplatte geht es aber eindeutig nicht darum zu zeigen, dass die Malerei allen anderen Künsten überlegen sei. Vielmehr steht hier die Musik im Zentrum, wie die umgebenden Madrigalnoten und die musizierenden Musen bekräftigen. Also wird die ursprüngliche Aussage des »Midasurteils« und der Estius-Verse im Musiktisch umgeformt. Man weiß, dass Goltzius mit diesem »Gleichnis auf den triumphierenden Kunstverstand« zudem die Kunstförderer seines Umkreises ermahnen wollte, hochwertige Werke zu unterstützen.[123] Daraus folgert Kümmel, Landgraf Moritz habe mit der Goltzius-Variation auf dem Musiktisch seine eigene Kennerschaft als Kunstmäzen beweisen wollen.[124] Sicherlich konnte Moritz seinen Kunstverstand schon allein damit unter Beweis stellen, dass er als Vorbild ein Werk des weit berühmten Goltzius wählte. Wie das Zitat gerade dieses Werkes einzuordnen ist, lässt sich klarer fassen, wenn man prüft, in welchen anderen Kontexten der heute als ein »Hauptwerk manieristischer Druckgraphik«[125] bezeichnete Stich verwendet worden ist. Dabei schweift der Blick unweigerlich zum kaiserlichen Hof in Prag: Der für Rudolf II. tätige Maler Bartholomäus Spranger (1546-1611) entwarf im Jahr 1587 zunächst selbst eine Darstellung des Midasurteils, orientierte sich dabei allerdings schon kompositorisch an einem Goltzius-Stich anderen Inhalts.[126] 1590 publizierte Goltzius dann sein »Midasurteil«, ein für ihn offenbar zentrales Werk, denn er verwendete dafür eine einmalig große Platte.[127] Und kurz darauf verarbeitete Bartholomäus Spranger in Prag das Goltziussche »Midasurteil« – allerdings ohne die Estius-Verse – als Gemälde für Kaiser Rudolf (Abb. 23). Dabei trug der Maler die Farben nicht auf Holz oder Leinwand auf, sondern auf Marmor, dessen Struktur er zudem als effektvollen Bildhintergrund nutzte; deshalb wird das kostbare Werk als »echtes Kunstkammerstück« betitelt.[128] Die Rezeption des »Midasurteils« von Goltzius erfolgte also schnell, europaweit und in den höchsten Kreisen.[129] Das Thema des Kunsturteils eignete sich besonders für ein solch exquisites Kunstkammerstück, denn das Bild selbst, aus kostbarem Material bestehend und kunstvoll ausgeführt, führte den erlesenen Geschmack des Auftraggebers sprechend vor Augen. Nicht minder kostbar und selten war die Steinätzarbeit Pleningers; erst recht im nördlichen Teil des deutschsprachigen Raums kannte man die Steinätzkunst praktisch nicht. Vermutlich sah Landgraf Moritz einen Musiktisch in dieser Technik bei seinem Besuch 1602 in Stuttgart.[130]

Andreas Pleninger schuf also mit dem Musiktisch für den Landgrafen prinzipiell ein ganz ähnliches Stück wie Bartholomäus Spranger für den Kaiser – ein technisch ambitioniertes, anspielungsreiches Werk mit Bezug auf einen prominenten Künstler. Indem Landgraf Moritz den Goltzius-Stich im Musiktisch zitieren ließ, spielte er also gewissermaßen in der ersten Liga der Kunstkennerschaft mit. Während Sprangers »Midasurteil« für Rudolf II. offenbar als kurioses Kleinod die Kunstkammer des Kaisers bereicherte, transportiert der Musiktisch fundamentale Ideen der landgräflichen Herrschaftsauffassung. Entsprechend handelt es sich bei Pleningers Platte auch nicht – wie bei Sprangers Gemälde – um ein kleinformatiges, an der Wand anzubringendes Werk, sondern um einen repräsentativen Tisch, der sicher frei im Raum stand. Zudem lässt Landgraf Moritz, anders als der Kaiser, den Goltzius-Stich komplett mit den Estius-Versen übernehmen. Der Wortlaut unterstützte also ausdrücklich seine Absichten und verleiht den figürlichen Darstellungen einen belehrenden Zug. Hieran erkennt man, dass die Calvinisten um Landgraf Moritz ein ganz anderes

Verhältnis zum Medium Bild hatten als der katholische Kaiserhof. Man fürchtete die Gefahr, bei der Betrachtung von Bildern nur niederes Vergnügen zu empfinden. Dem wurde mit erläuternden Textbeigaben entgegengewirkt, die sich an den Verstand richteten. Wichtig war, dass das sinnliche Erleben eines Kunstwerks seine didaktischen Inhalte nicht überdeckte. Borggrefe spricht vom calvinistischen »vernunftbetonten Umgang mit Bildern«. Ihm zufolge arbeiteten deshalb fast alle hessischen Bildprogramme der Zeit mit erklärenden Beischriften. Dem Landgrafen galten Bild und Text bezüglich ihres Gehaltes gleich viel, wie er selbst in seiner Poetik schreibt.[131] Dennoch konnte die Kombination aus bildlicher und sprachlicher Darstellung offenbar mehr Inhalte transportieren als der reine Text, sonst hätte man vollständig auf Bilder verzichten können. Der Musiktisch nimmt nun noch ein drittes Medium hinzu, das der Musik. Dennoch sollen die Sinne des Kunstkammer-Besuchers mit dieser weiteren Kunstform nicht etwa verblüfft oder gar überwältigt werden, wie es etwa im prächtig ausgestalteten Stuttgarter Neuen Lusthaus geschah: Dort waren nicht nur verschiedenste Musikinstrumente gemalt und in Stein gehauen, sondern es gab auch kunstvolle Schwerter und Armbruste zu bestaunen, die sich als spielbare Musikinstrumente entpuppten. Die Instrumentalisten der Hofkapelle waren in zwei verborgenen Musikzimmern versteckt, und die Festgäste rätselten, woher die geheimnisvollen Klänge stammten.[132] Ganz im Gegensatz dazu hat der landgräfliche Musiktisch nicht die Aufgabe, die Sinne zu verwirren. Bevor Musik erklingen kann, fordert der Tisch einen denkbar nüchternen Zwischenschritt, nämlich das Lesen der Noten. Trotz Pleningers detailfreudiger Ausschmückung wird mit der Kombination aus Bild, Schrift und Madrigalnoten der Verstand angesprochen, ganz wie die calvinistische Auffassung vom Kunstwerk es vorsah.

121 Kümmel 1996, S. 138, neu übersetzt von I.B.
122 Krystof 1997, S. 52f., S. 63ff.
123 Raspe, 2003, S. 154.
124 Kümmel 1996, S. 156.
125 Raspe 2003, S. 156.
126 Tacke 1995, Kat. Nr. 115, S. 236f.
127 Die Kupferplatte misst 41,8 x 66,6 cm; Raspe 2003, S. 156.
128 Ausst.-Kat. Wien 1988, Kat. Nr. 585, S. 117. Die erhaltene Marmorplatte misst 37 x 49 cm, das ursprüngliche Bild war größer.
129 Siehe auch Ausst.-Kat. München 1999, S. 120 mit weiteren Rezeptions-Beispielen.
130 Genaueres dazu im Musiktisch-Katalog bei Tisch Stuttgart.
131 Borggrefe 2000, S. 28f.
132 Weber-Karge 1989, Anhang S. 126, 134.

Der hierarchische Aufbau des Musiktisches

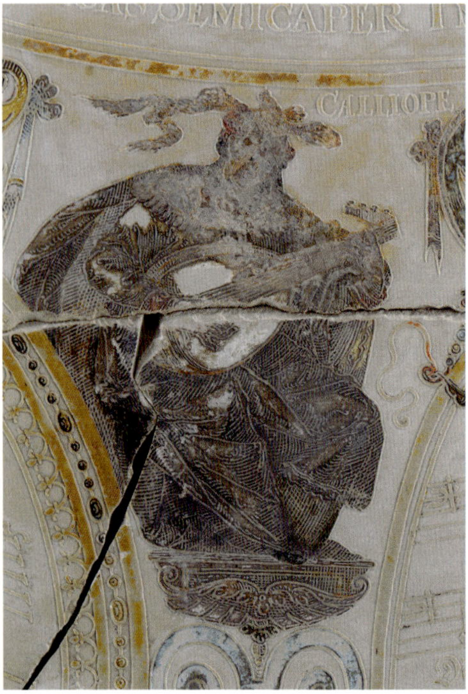

Abb. 24
Musiktisch Kassel, Calliope

Wie wichtig das Medium Schrift auf dem Musiktisch ist, erkennt man daran, dass es den Blick des Betrachters leitet: Mit der Leserichtung der Distichen erschließt sich der Aufbau des komplexen Programms. Positioniert man sich so vor dem Tisch, dass das Mittelbild richtig herum zu sehen ist, hat man zugleich den Beginn des Gedichts vor Augen (Abb. 2).[133] Prüfen wir also, wie die Gestalten in den Zwickeln, die Musen- und Götterfiguren, zum umlaufenden Schriftband inhaltlich in Beziehung gesetzt werden könnten: Calliope und Urania begleiten das erste Distichon, das Pans vermessenen Versuch beschreibt, mit Apoll zu wetteifern: »Der Lyra Apolls will der Halbbock Pan im Wettstreit vor dem Berg Tmolus als Richter sein Schilfrohr gleichsetzen.« Wie auch Goltzius in seinem »Midasurteil« ersetzten viele neuzeitliche Bildkünstler die traditionelle Lyra Apolls durch moderne Saiteninstrumente.[134] Auch beim Tauffest 1596, als ein ganzer Parnass mit musizierenden Musen präsentiert wurde, spielte die auf dem Berggipfel stehende Figur des Apoll keine Lyra, sondern eine Knickhals-Laute. Deshalb kann man die unter dem ersten Distichon dargestellten Saiteninstrumente Laute und Gambe als moderne Varianten des apollinischen Instruments verstehen. Zu Füßen der Calliope (Abb. 24) sitzt ein Putto, der als einziger momentan nicht sein Instrument spielt und zu seinem Pendant hinüberblickt; leider fehlt an dieser Stelle ein Stück der Tischplatte. Auch in der Beschreibung des Tauffestes 1596 wird Calliope als erste der Musen genannt, und auch dort hielt sie eine Laute. Dilich betitelt diese als »ein krone aller Instrument« und preist deren »liebligkeit« als »himlisch«.[135] Der Landgraf bezeichnet sie in seiner Musiklehre als besonders »heiter« (*iocosa*).[136] Ihr gläserner, schwebender Klang wird sie als Instrument der Engel prädestiniert haben, wofür es vor allem in italienischen Bildwerken bekannte Beispiele gibt. Moritz selbst spielte hervorragend Laute wie auch seine Tochter Elisabeth, deren *Lautenbuch* eine Sammlung der modernsten Kompositionen ihrer Zeit enthält.[137] Der europaweit berühmte Lautenist und Komponist John Dowland begeisterte Landgraf Moritz so sehr, dass der Fürst sich bemühte, ihn für längere Zeit nach Kassel zu holen – leider vergeblich. Moritz widmete dem verehrten Musiker eine Komposition, die den Landgrafen als versierten Lautenspieler ausweist.[138] Als 1602 seine Frau Agnes starb, fasste Landgraf Moritz seine Trauer kunstvoll in eine lateinische Ode: Einst sei ihm, dem Sänger Orpheus gleich, die größte Freude das Saitenspiel gewesen, über dem er Speis' und Trank vergessen habe. Doch mit Agnes' Tod seien Laute und Leier verstummt, deren Saiten zerrissen.[139] Auf dem Musiktisch wird der höchste Stellenwert der Laute durch ihre Spielerin Calliope verbürgt, denn sie ist die Muse der epischen Dichtung, der erhabensten literarischen Gattung, und überdies die Mutter des legendären Sängers Orpheus. Calliope erscheint hier bedeutungsparallel zu Apoll und seiner Lyra, der traditionell Musik und Dichtkunst in sich vereint. Auf dem Musiktisch treten also gleich zu Beginn die edlen, »guten« Instrumente der Muse Calliope und ihrer Gefolgschaft gemeinsam mit der im Distichon genannten Lyra Apolls den Wettstreit gegen Pan an.

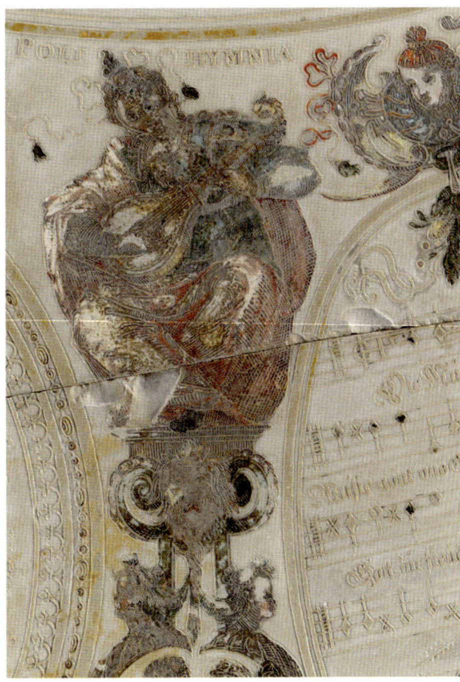

Abb. 25
Musiktisch Kassel, Polyhymnia

Im zweiten Vers heißt es dann: »Ringsum stehen bocksfüßige Satyrn in unruhigem Gedränge; in stumpfem Staunen besehen sie den Wettkampf ihres Pan«. Darunter erscheinen im Gegensatz dazu Polyhymnia, die Muse des Gesangs mit der Cister, und die Göttin Minerva, auf dem Tisch mit ihrem Beinamen »*Pallas*« bezeichnet, den auch Ovid vorwiegend gebraucht. Polyhymnias Sockel ziert ein Löwenkopf, traditionell Zeichen der tugendreichen Stärke (Abb. 25). Unterhalb Polyhymnias wendet der rechts sitzende, zupfende Putto dem Betrachter den Rücken zu. Möglicherweise wird er den Lorbeerkranz, Zeichen ewigen Ruhms, von seinem Verwandten entgegennehmen, der zu ihm herabsteigt. Der linke Putto hält zierlich eine Triangel, deren zarter Ton wohl gerade nachklingt. Zu Polyhymnia hinüber wendet sich die

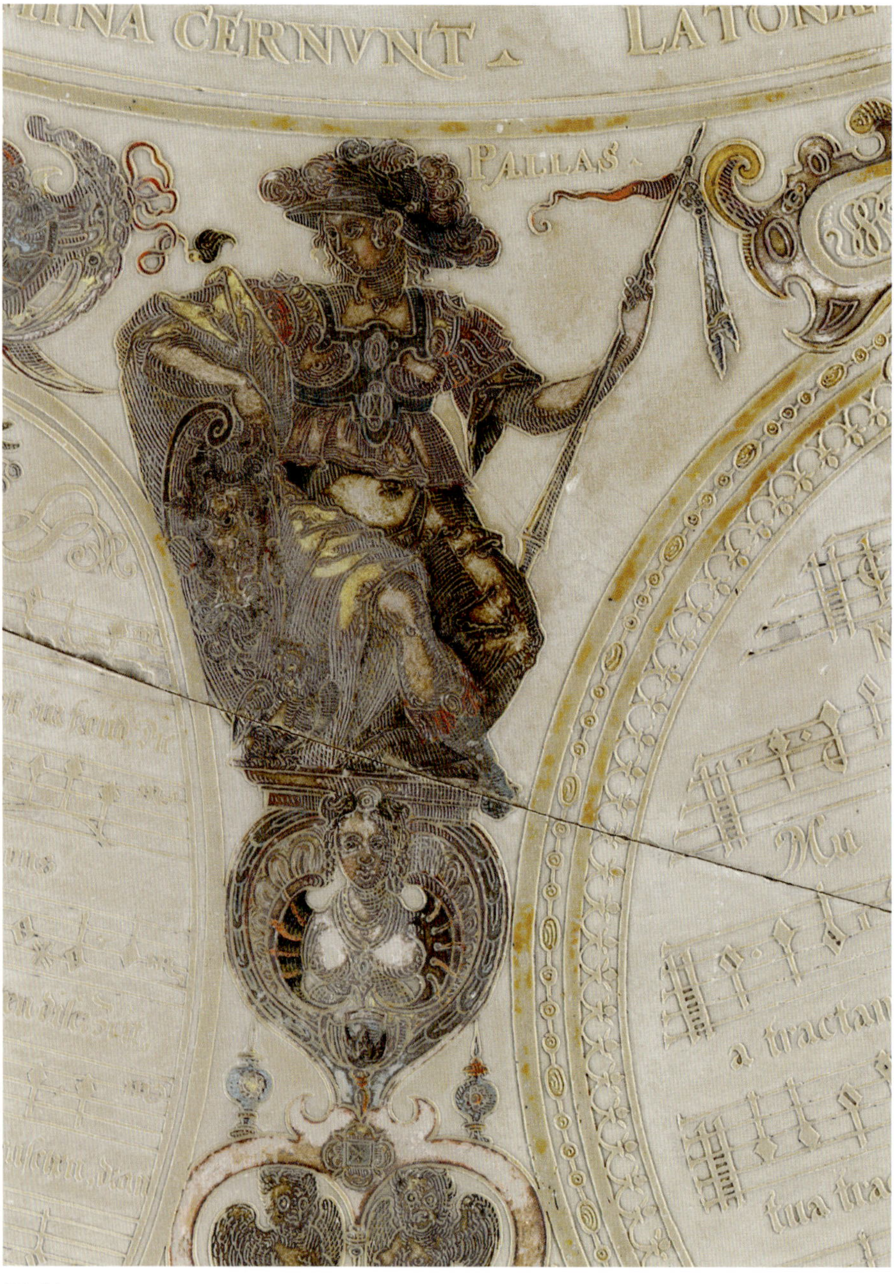

Abb. 26
Musiktisch Kassel, Pallas

sitzende Minerva, bewehrt mit Brustpanzer und Lanze, ihre Rechte auf den Medusenschild gestützt; ihr zu Füßen erscheint ihr Begleittier, die weise Eule (Abb. 26). Bewaffnet dargestellt, erscheint sie auf dem Musiktisch wie im Festzug 1596 als »beydes ein Kriegsgöttin / und dann auch herrlicher Künste / so mit scherffe deß verstandes müssen ins werck gebracht werden«.[140] Postament und Grotesken sind mit Sphingen besetzt, vogelähnlichen Frauengestalten, die ebenfalls Zeichen der Weisheit sind. Der Putto zur Rechten ist mit Pinsel und Palette damit befasst, ein Kniestück zu malen, also ein repräsentatives Porträt eines Edlen mit breiter Halskrause (Abb. 27). Der Putto links ist in besonders kunstvoller Körperwendung wiedergegeben; vielleicht soll dies ein Echo sein auf die Haltung der Statuette in seiner Linken, die Kümmel zu Recht als *figura serpentinata* beschreibt, die im 16. Jahrhundert populäre manieristische Windung dargestellter Körper. Zugleich vertritt die Statuette als Gegenüber zur Malerei die Bildhauerkunst. In der rechten Hand hält der Putto etwas, das Kümmel als Zirkel deutet.[141] In den Bildkünsten werden Zirkel als Symbol der Geometrie jedoch geöffnet, das heißt mit gespreizten Schenkeln gezeigt. Es handelt sich stattdessen um ein Bündel von mindestens vier feinen Werkzeugen mit zum Teil gebogenen Spitzen, die wohl bei der Ätzarbeit vonnöten waren.

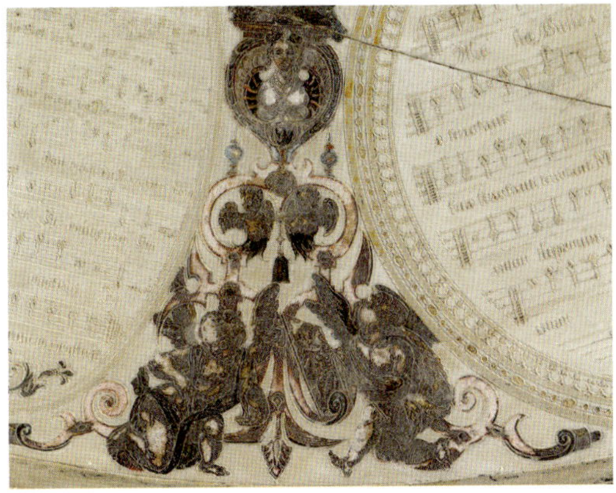

Abb. 27
Musiktisch Kassel, Putti mit Attributen der Skulptur und Malerei

133 Zeidler 1998, S. 19.
134 Hopfner 2001, S. 113.
135 Dilich 1986 (1598), S. 39.
136 Geuck / Moritz 1598, 37v.
137 Lautenbuch 2005; Ausst.-Kat. Kassel 2010, Kat. Nr. 33, S. 29.
138 Ausst.-Kat. Kassel 1997, Kat. Nr. 323, S. 295.
139 Den Hinweis auf dieses im *Monumentum sepulcrale* 1640 abgedruckte Gedicht verdanke ich Hartmut Broszinski, der mir freundlichst sein Typoskript überließ zu seinem am 9.7. 2005 gehaltenen Vortrag anlässlich der Edition des Lautenbuchs der Elisabeth von Hessen (Lautenbuch 2005).
140 Dilich 1986 (1598), S. 37.
141 Kümmel 1996, S. 140.

Exkurs: Die Technik des Steinätzens

Dabei wird zunächst der Kalkschiefer mit Kleesalz und Wasser poliert.[142] Auf den glatten Stein trägt der Künstler eine fetthaltige Substanz auf, zeichnet also seinen Entwurf. Dann tränkt er die gesamte Fläche der Platte mit einem Ätzgrund; damit diese Flüssigkeit nicht überläuft, erhält die Tischplatte vorübergehend einen erhöhten Rand aus Wachs. Die Säure frisst an allen nicht gemalten Linien und Flächen den Stein weg, so dass die Zeichnung erhaben stehen bleibt. Dieses »Hochätzung« genannte Verfahren bringt ein hauchfein gearbeitetes Steinrelief hervor. Zuletzt werden einige Teile des Flachreliefs farbig gefasst oder sogar vergoldet, andere im Kontrast dazu in der mattgrauen Farbe des Steins belassen. Wie lange es dauerte, ein Werk wie den Kasseler Musiktisch zu schaffen, darauf deutet die Inschrift des Steinätzers Caspar von der Sitt auf seinem für Kloster Kaisheim gefertigten Musiktisch:[143] Sitt gibt an, dass er vom 1. Mai 1591 bis zum 1. Mai 1592 daran gearbeitet habe, ob ununterbrochen, weiß man allerdings nicht.

Dass Landgraf Moritz von der Technik des Steinätzens fasziniert gewesen sein muss, wird umso klarer, wenn man an seine eigenen chemischen Experimente denkt. Während sein Vater Wilhelm IV. für seine Forschungen in der Astronomie eine Sternwarte im Schloss und eine umfangreiche Fachbibliothek einrichtete, verlagerte Landgraf Moritz seine wissenschaftliche Tätigkeit in die Alchemie. Der Fürst forschte nach neuen Medikamenten und stand in regem Austausch nicht nur mit seinen Leibärzten, sondern mit der internationalen Fachwelt. Letztes Ziel der alchemistischen Suche, die mit christlichen Glaubensinhalten erstaunlich gut vereinbar war, blieb stets der ›Stein der Weisen‹ (*lapis philosophorum*).[144] Pleningers Steinätzung bedient genau dieses Interesse am Wandel der Substanzen. Entsprechend liest sich die alchemistische Schrift des Peter Kertzenmacher von 1570 fast als Anleitung zur Steinätzkunst, denn schon im Titel heißt es: »Alchimia, das ist alle Farben, Wasser, Olea, Salia und Alumina, [...] auch von [...] fürtrefflichen Wassern zum Etzen, Scheiden und Solviren«. Zur Herstellung einiger der auf dem Kasseler Musiktisch nachweisbaren Farbpigmente liefert Kertzenmacher das Rezept, etwa für Zinnober, Bleiweiß und Kupfergrün.[145] Mit der Steinätzung führte der Musiktisch die landgräflichen Bestrebungen in so sinnfälliger Weise vor Augen wie keine andere künstlerische Technik. Zudem bestand die Faszination der Platte sicher darin, dass sie als neue, haptisch erlebbare Zwischenform von Relief und Malerei zu gelten hatte; das Staunen über die unbegreiflich fein ausgearbeitete Oberflächenstruktur war sicher groß. Ätzungen wurden in der Regel an Metallen vorgenommen und zierten etwa Schwertklingen, Messer und Dolche.[146] Geätzte Steinplatten waren nur in Österreich und Süddeutschland verbreitet, so dass spätere Chronisten Kassels kein Vergleichsbeispiel für die beiden Tische Pleningers hatten und deshalb rätselten, wie diese Werke zustande gebracht worden sein könnten: Winkelmann beschreibt sie 1697 als »sehr zart und künstlich erhöhet von Bildern um und um, dass es scheinet gegraben oder gestochen zu sein«. Es spricht für den außergewöhnlichen Stellenwert der Werke, dass Winkelmann sie auch knapp hundert Jahre nach ihrem Entstehen so ausführlich beschreibt und dabei seinen Lesern versichert, sie würden »den Beschauern schöne *Speculationes* verursachen«.[147] Sogar noch 1751 betont Röber, dass die Tische »bey der Nachwelt eine sonderliche Beobachtung verdienen« und schreibt weiter: »Solche sind von weissen [*sic*] Marmel, aber dieser auf eine solche Art zugerichtet, die eben in Teutschland nicht sonderlich bekand, in Italien aber desto bekandter und brauchbarer ist. Dieser Marmel wird klein zu Meel gestossen, und zu einer Massa gemacht, worein man alsdenn Schrifft und Figuren drucket, die sich hierauf erhaben oder vertieft praesentiren…«. Röber legt dieses phantasierte Verfahren so überzeugend dar, dass Stegmann 1757 und Schmincke 1767 es unhinterfragt übernehmen.[148] Noch um 1900 spricht Lorenz Spengler, der eine erste Edition der Musiktisch-Madrigale herausgab, von »in einen Tisch eingedruckten Notenzeichen«.[149] Die Steinätzung war also auch für die Kasseler Gelehrten des 18. Jahrhunderts noch ein Geheimnis. Merkwürdigerweise wurde das Verfahren 1796 noch einmal neu erfunden: Bei der als Lithographie bekannten, im Grundsatz identischen Technik entdeckte Alois Senefelder, dass man das (seitenverkehrt) geätzte Relief als Druckstock für Texte und Noten verwenden konnte.

Abb. 28 Triumph der Weisheit, Aegidius Sadeler nach Bartholomäus Spranger, um 1600, Kupferstich, Staatsgalerie Stuttgart

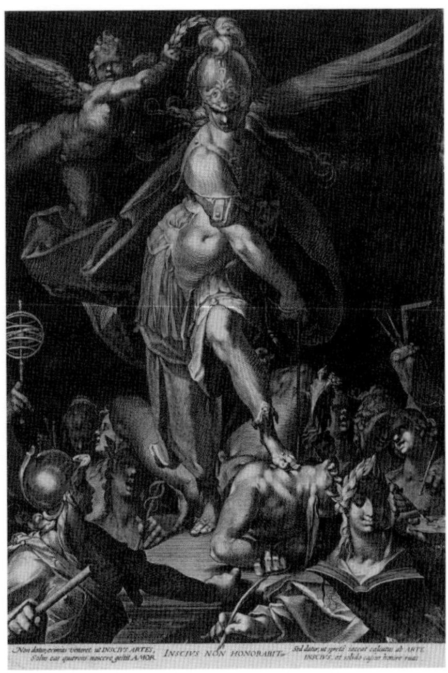

Zurück zur Interpretation des Bildprogramms: Auf dem Musiktisch ist der Wirkungsbereich von Pallas, der Göttin der Weisheit und Schutzherrin der Künste, im Vergleich zu Ceres und Bacchus der edelste. Hier befassen sich die Assistenzfiguren nicht mit niederen Vergnügungen, aber auch nicht mehr mit handwerklichen Arbeiten; die Künste werden traditionell als Krönung aller menschlichen Tätigkeiten verstanden. Symbole für die Wissenschaften werden Minerva hier auffälligerweise nicht zugewiesen. Dafür erscheinen im Mittelbild die Musen mit den Attributen ihrer Tätigkeitsbereiche, darunter auch Urania mit der Armillarsphäre[150] für die Astronomie. Die überlegene Weisheitsgöttin Minerva zeigt auch der kaiserliche Hofmaler Spranger als Hauptfigur in einem Gemälde, das durch die gestochene und mit Motto und Epigramm versehene Fassung von Aegidius Sadeler große Verbreitung erfuhr (Abb. 28). Pallas tritt hier kriegerisch als Personifikation der Weisheit auf, die ihren Fuß im antiken Gestus der *calcatio* siegreich auf die gestürzte Unwissenheit setzt. Als Kürzel für deren Dummheit erscheinen wieder die Eselsohren.[151] Erhöht stehend, ist Minerva von den neun Musen so dicht umringt, dass diese ihre Attribute in die Höhe halten, um identifizierbar zu sein. Ganz im Einklang mit der Botschaft des Musiktischs befindet sich Sadelers Motto, dass dem Unwissenden keine Ehre gebühre (»INSCIVS NON HONORABITUR«).[152]

Abb. 29
Musiktisch Kassel, Terpsichore

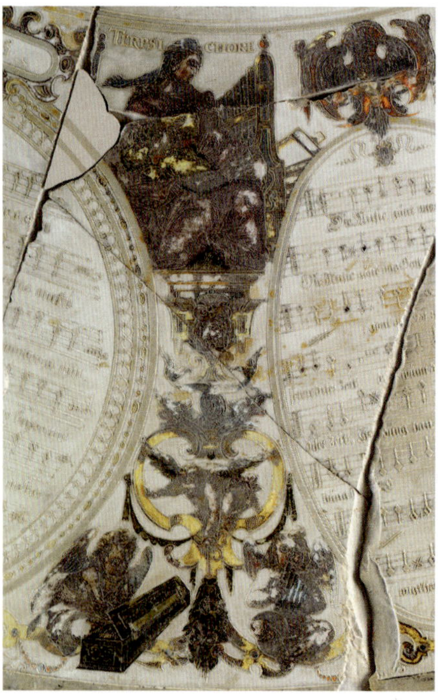

Auf dem landgräflichen Musiktisch beschreibt Estius' zweites Verspaar Pans Freunde als Haufen ungehobelter Satyrn; die abwertende Wirkung seiner Worte verschärft sich noch durch die zahlreichen harten Konsonanten C, T und P (»STANT CIRCVM SATYRI PEDIBVS CITA TVRBA BISVLCIS CVMQ' STVPORE SVI PANOS CERTAMINA CERNVNT«). Im Gegensatz dazu klingt das nächste, Apoll gewidmete Distichon durch die häufige Verwendung von B, N und M geschmeidiger: »STAT RADIANTE COME; PLECTROQ' INSTRVCTVS EBVRNO LATONAE SOBOLES; CIRCVM SACRA NVMINA MVSAE« (»Er [dagegen] steht im strahlenden Gefolge; der Sohn der Latona gerüstet mit der mit Elfenbein geschmückten Laute; ringsum der Musen heilige Wesen«; I.B.). Dieser himmlischen, heiligen (*sacra*) Erscheinung ordnet Pleninger treffend die Orgel zu, die ausschließlich zur gottesdienstlichen Sakralmusik bestimmt war.[153] Terpsichores Orgel (Abb. 29) konnte gewiss nicht zu den leisen Instrumenten gerechnet werden, aber wegen ihrer Funktion und ihrer Klangvielfalt zu den erhabeneren. Beim

Festzug 1596 wurde das Kircheninstrument ebenfalls von der Figur der Terpsichore gespielt, an der man laut Dilich sehen könne, »was für freude und liebligkeit auß dem nutz der studien herfliesse«.[154] Damit klingt ein Aspekt an, der sich vom idealen, gleichsam überirdischen Musizieren der Laute absetzt: Statt himmlischer, bereits perfekter Musik repräsentiert die Orgel Terpsichores Mühe und Fleiß. Dazu passt, dass im selben Festzug auch die Personifikation der Zeit die Orgel spielt, deren Bälge von der Vergänglichkeit getätigt werden:[155] Endet einmal die für die Klangerzeugung der Orgel notwendige Luftzufuhr, sinken die festlichen Klänge in eine immer tiefer werdendes, heiseres Tuten hinab und ersterben. Derart unschöne Nebeneffekte gibt es bei den Saiteninstrumenten nicht; im Gegenteil vernimmt man noch lange nach dem letzten gespielten Ton das schwebende Nachklingen der Saiten.

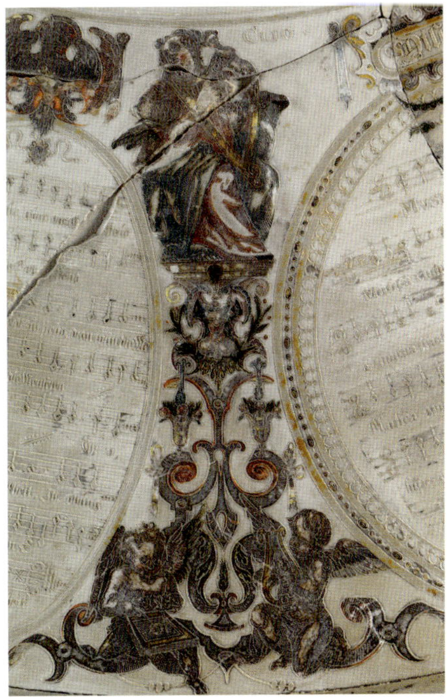

Abb. 30
Musiktisch Kassel, Clio

Von Clio wird sowohl beim Tauffest 1596 als auch auf dem Musiktisch die Harfe präsentiert (Abb. 30); Dilich begründet, warum der Muse der Geschichtsschreibung dieses Instrument beigegeben wird: Wie die Harfenklänge Davids den »wütenden Israelitischen König Saulum« zur Vernunft hätten bringen können, so halte auch die Geschichtsschreibung jedem einen Spiegel vor, um »sich selbst zu besehen«. Anhand dieser »Exempel« werde man angehalten, sich in Zukunft zu bessern.[156] Auch in Sprangers »Triumph der Weisheit« erscheint Clio mit dem Buch der Geschichte ganz im Vordergrund, bei Sadeler weist ihre Feder mahnend auf das Motto. Im Verständnis des Landgrafen wird der Harfe Clios eine positive Wirkung auf Gemüt und Moral zugesprochen; dazu passt, dass er in seiner Poetik David als oberstes Vorbild der Dichtung vorführt.[157] Dass sie dennoch auf dem Musiktisch nur auf der zweiten Stufe rangiert, lässt sich vielleicht gerade damit erklären, dass sie eine konkrete Funktion hat – anders als die ganz zweckfreie, erhabene Laute. Auf die zierlich tönende Harfe folgt Thalia mit den ebenfalls zweckgebundenen Pauken, die als Signalgeber im Heer eingesetzt wurden. Nach Thalia hat Pleninger Ceres platziert; sie ist zusammen mit Pallas und Bacchus die dritte Götterfigur im Reigen der Musen. Auf Ceres folgen die bereits beschriebenen, als primitiv karikierten Blasinstrumente, und an den Schluss des Kreises bzw. des Schriftbands ist die Gestalt des Bacchus gesetzt.

Das Figurenrund des Musiktisches offenbart – folgt man der Leserichtung der Estius-Verse – eine hierarchische Ordnung. Die Kreisform entpuppt sich als Abwärtsspirale oder besser als dreistufiges System von hoher zu niederer Musik, wobei jede Stufe von drei Musen und einer Götterfigur eingenommen wird: An der Spitze stehen die edelsten apollinischen Saiteninstrumente, deren Musik als rein und absolut gilt. Ihnen ist als erhabenste Gottheit Pallas Athene zugeordnet, die Schutzherrin aller Künste. Nur in Calliopes und Polyhymnias Gefolge übrigens hat Pleninger die Putti halb scherzhaft auf ein voluminöses Buch gesetzt, das althergebrachte Symbol der Gelehrsamkeit. Die Orgel, die Harfe und die Pauke als funktionale Instrumente genießen etwas weniger Ansehen, weil sie konkrete Funktionen erfüllen. Deren Sphäre vertritt Ceres, die hier nicht nur als Göttin der Ernte, sondern der tätigen Arbeit insgesamt dargestellt ist. Sie ist im Programm zugleich der formale Scheidepunkt von ›Gut‹ zu ›Böse‹, denn im letzten Drittel des Tisches folgen jene Gestalten, die Dummheit, Aufgeblasenheit und zügellose Leidenschaften verkörpern. Die Reihe der lauten, unkultivierten Musikerinnen und ihres misstönenden Beiwerks gipfelt in der Darstellung des fetten, trägen, unmäßigen Bacchus. Ihnen allen sind Instrumente zugeteilt, die durchdringende, ja primitive Klänge produzieren; Moritz bezeichnet sie in der Musiklehre als *rusticus*:[158] schlicht, bäuerisch, tölpelhaft. Entsprechend steht über ihnen der letzte Vers wie ein Glaubenssatz dagegen: »Die wahre Kunst ist still und zurückhaltend und verbannt die röhrenden Hörner des Wichtigtuers mit seinen geschwätzigen Reden«.

Das reiche Figurenprogramm, das zwischen die Notenkartuschen gesetzt ist, führt also das Thema des Mittelbilds fort und variiert es ähnlich einem musikalischen Motiv. In der zentralen Darstellung verfolgen, anders als bei Ovid beschrieben, mit dem Richter Tmolus auch die neun Musen und Minerva den musikalischen Wettstreit (Abb. 3). Goltzius setzte Minerva bzw. Pallas Athene hier ein als »Mittlerin zwischen göttlicher Weisheit und menschlichem Verstand«.[159] Minerva gilt auch als »zehnte Muse«.[160] »O Tritonia, die du zu unserem Chore gehörtest«, ruft die Muse Urania sie bei Ovid an (Met. 5, 268). Die zehn Frauen nehmen zusammen mit ihrem Favoriten Apoll den größten Teil der Bildfläche ein, während Midas und Pan regelrecht an den Rand gedrängt sind.[161] Goltzius unterstrich mit dieser Gewichtung, dass die zahlenmäßig überlegene Partei der Künste und Wissenschaften sich erfolgreich gegen allen Unverstand durchsetzen werde.[162] Für sein Rundbild musste Pleninger den querformatigen Goltzius-Stich naturge-

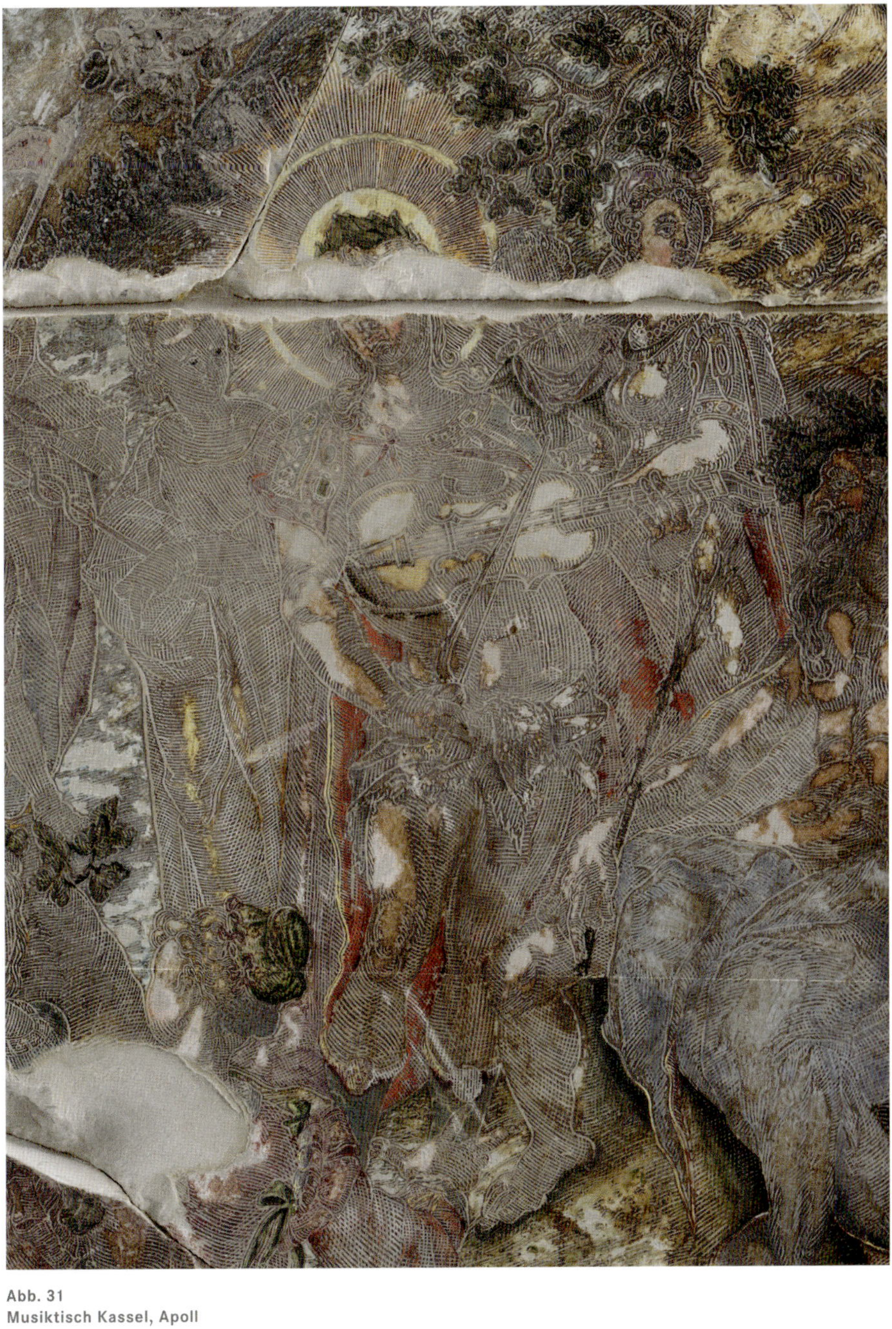

Abb. 31
Musiktisch Kassel, Apoll

mäß leicht umarbeiten (Abb. 3 und 31). Der niederländische Stecher hatte die Gestalt Apolls zwar etwas aus der Bildmitte gerückt, doch ist er durch seinen hell erstrahlenden Nimbus trotzdem sofort als Hauptperson ausgewiesen, hinterfangen vom roten Mantel, wie Ovid ihn beschreibt (Met. 11, 166). Raspe interpretiert das manierierte Standmotiv als »Verkörperung des *artifex*, und zwar im allgemeinen Sinne, welcher den Dichter, den Sänger, den Musiker, aber natürlich auch den Maler und Zeichner mit einschließt«.[163] Sein leuchtender Schein ist in hellem Bleizinn-Gelb gehalten, das sonst kaum auf dem Musiktisch zur Geltung kam,[164] und erhebt den Sonnengott gleichsam in einen christlich-religiösen Rang.[165] Die wichtigste von Pleninger vorgenommene Änderung der Vorlage ist aber die, dass die Figur des Apoll sich nun im geometrischen Zentrum des Bildes befindet; im Schnittpunkt aller Achsen erscheint jetzt seine *Viola da braccio*. Apoll als Gott der Musik und der Dichtung – im antiken Griechenland war beides gedanklich verbunden – ist also das Zentrum des Bildprogramms, auf sein Saiteninstrument hin fokussieren sich sowohl formal als auch inhaltlich alle ihn umkreisenden Darstellungen. In seiner Musik-Enzyklopädie von 1619 bezeichnet der Komponist und Wolfenbütteler Hofkapellmeister Michael Praetorius die Viola als *Lyra de bracio*;[166] damit ist erwiesen, dass das neuzeitliche mit dem antiken apollinischen Instrument gleichgesetzt werden konnte.

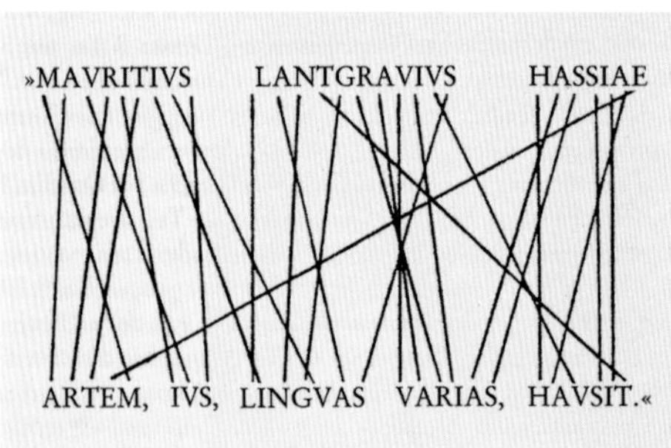

Abb. 32 Kosmologischer Tisch, Andreas Pleninger, 1605, schematische Darstellung des Anagramms

Wichtig ist nun, dass auch die Inschrift in Pleningers Kalender-Tischplatte Landgraf Moritz als »unübertrefflichen Würdenträger der hell tönenden Lyra« preist (Abb. 4).[167] Das deutsche Wort ›Würdenträger‹ kann nur annähernd die erhabene Bedeutung der hier verwandten lateinischen Formel *decus* erfassen, die schon für römische Kaiser und Feldherren gebräuchlich war. Mit der »hell tönenden Lyra« (*plectrum argutum*) entsprechen die Worte des kosmologischen Tisches der Formulierung auf dem Musiktisch: Dort wird Apolls Instrument als *plectrum eburnum* gepriesen, das man als »elfenbeinern« übersetzen kann, wie Ovid es beschreibt, zugleich als »weiß« und als »hell und leuchtend«. *Argutus* bedeutet »hell« und im übertragenen Sinne »geistvoll«. Dieser Begriff hat in Moritz' schon zitiertem Widmungstext zu seiner Poetik seinen Vorläufer: Hier besingt er die wohlklingenden Saiten der hell oder besser geistvoll tönenden Lyra Apolls (*arguta lyra*).[168] Dieselbe Eigenschaft führt der Landgraf in seinem Lehrbuch mehrfach an, wenn er die verschiedenen Formen von Epigrammen bespricht, vor allem in der Kombination mit Bildern im Emblem. Zwei Eigenschaften müssten gute Epigramme erfüllen, so Moritz: Kürze (*brevitas*) und Scharfsinn (*argutia*).[169] Der kosmologische Tisch wie der Musiktisch preisen Apoll und sein Wirken als verehrungswürdiges Vorbild. Landgraf Moritz als Auftraggeber der Platten stellt sich ganz in dessen Dienst, feiert aber zugleich seine eigenen künstlerischen und gelehrten Leistungen. In dem artifiziellen Anagramm der Inschrift auf dem kosmologischen Tisch verschmelzen die Künste und die Person des Fürsten augenfällig zu einer Einheit (Abb. 32).

142 Das folgende bei Zeidler 1998, S. 35ff., die ausführlich die Technik der Steinätzung und die chemische Zusammensetzung der Farbpigmente erläutert.
143 Musiktisch-Katalog Tisch München 1591/92.
144 Ausst.-Kat. Kassel 2011, S. 2f.
145 Kertzenmacher 1720 (1570), Vorrede S. 3 und Zeidler 1998, S. 51.
146 Vgl. das Inventar der Münchner Kunstkammer; Fickler 2004 (1598), S. 67ff. (Nr. 444, 451, 490).
147 Winkelmann 1697, S. 281.
148 Stegmann 1757, S. 16; Schmincke 1767, S. 136.
149 Spengler o.J.
150 Kümmel 1996, S. 137.
151 Metzler 2006, S. 136f.
152 Vermutlich nach dem biblischen (apokryphen) Buch Sirach 10,28.
153 Hopfner 2001, S. 116.
154 Dilich 1986 (1598), S. 39.
155 Ders., S. 33.
156 Ders., S. 39.
157 Moritz 1598, Vorwort 1v; auf das Vorbild Davids im Denken des Landgrafen weist Merzbacher 1997, S. 325 hin.
158 Geuck / Moritz 1598, 37v.
159 Krystof 1997, S. 59.
160 Etwa von Karel van Mander, dem Mentor von Hendrick Goltzius, in einem Widmungsschreiben 1604, zitiert bei Krystof 1997, S. 70.
161 Kümmel 1996, S. 137.
162 Raspe 2003, S. 160.
163 Ders., S. 157.
164 Zeidler 1998, S. 52.
165 Ausst.-Kat. München 1999, S. 119.
166 Ausst.-Kat. Kassel 1997, Kat. Nr. 326, S. 297f.
167 »*...arguti decus insuperabile plectri*«, der vollständige Text in Kümmel 1996, S. 111.
168 »*Increpat argutae fila canora lyrae*«; Moritz 1598, Widmung 1v.
169 Moritz 1598, S. 78.

Die »wahre Kunst«

Es erscheint zunächst paradox, dass laut Estius Apolls »wahre Kunst« jenes Blöken aufgeblasener Schwachköpfe nicht ihrerseits übertönen, sondern sich vielmehr »still« durchsetzen soll, wie es auf dem Musiktisch abschließend heißt. Doch in Alciatus' Emblem-Sammlung findet sich unter dem Motto *In silentium* (»In die Stille«) das Bild eines Gelehrten, der in seiner Studierstube vor einem Lesepult steht, den Finger auf den Lippen. Die *subscriptio* erläutert, dass der Weise sich vom Unverständigen dadurch unterscheide, dass er meist schweige und nur dann rede, wenn er wirklich etwas zu sagen habe.[170] Auch Dilich hält in der Festbeschreibung von 1598 fest, dass die Gelehrten ein »stilles / sanffmütiges Leben führen und haben sollen«.[171] In Castigliones *Cortegiano* wird der Edelmann angewiesen, in Gesprächen stets aufmerksam und lieber zurückhaltend als kühn zu sein. Keinesfalls solle er fälschlich von sich glauben, sich auszukennen, wenn er es gar nicht so genau wisse.[172] Bis heute trägt bekanntlich Landgraf Moritz den Beinamen ›der Gelehrte‹, doch schon in dem umfangreichen, nach seinem Tod erstellten Erinnerungswerk *Monumentum sepulcrale* (1635/38)[173] fand man im Bild des fürstlichen Gelehrten die geeignetste Form seiner Verherrlichung.[174] Tatsächlich vereinte der vielseitig begabte Fürst neben vielen anderen das Talent zur Musik wie zur Dichtung in sich und verkörperte damit ganz das an Apoll orientierte humanistische Ideal.[175] Im antiken Verständnis sind Gesang und Dichtung ohnehin eins. Dass auch Landgraf Moritz dieser Vorstellung folgte, zeigen seine einleitenden Ausführungen zur Herkunft des Wortes ›Poesie‹: Bei den alten Griechen sei die Bezeichnung für Gesang und Poetik identisch gewesen.[176] Moritz' Lehrbuch zur Dichtkunst[177] entsprach übrigens so genau den Bedürfnissen von Lehrern und Schülern, dass es bis 1752 sechsfach nachgedruckt wurde[178] – ein Beleg nicht nur für Moritz' breites Wissen, sondern auch für seine Gabe, dieses Wissen klar strukturiert weiterzugeben. Neben seinem eigenen literarischen und didaktischen Schaffen ist besonders bedeutsam, dass der Landgraf 1605 die erste deutsche Professur für europäische Nationalsprachen einrichtete, mit der er die Rezeption fremdsprachiger Werke beförderte.[179]

Der Landgraf schrieb auch eine Musiklehre, die jedoch nie in Druck kam.[180] Ewald Gutbier hat darauf aufmerksam gemacht, dass Moritz Poetik und Musiklehre wohl als Pendants konzipiert hatte.[181] Glücklicherweise liegt uns sogar eine vom hessischen Fürsten selbst verfasste Charakterisierung zum Gott Apoll vor; in seinem Französisch-deutschen Lexikon von 1631 bezeichnet er Apoll als »Erfinder der Arzney / Music und Poeterey«.[182] Genau diese Disziplinen vereinte Landgraf Moritz in sich, und in seinem Verständnis waren sie auch nicht voneinander zu trennen: Wenn er nicht gerade an lateinischen Dichtungen schrieb, Psalmen vertonte oder zeichnend Bauten entwarf, experimentierte der Fürst in seinem Labor mit medizinisch wirksamen Substanzen und tauschte sich mit seinen Leibärzten fachkundig aus;[183] Moritz wird vom Engländer Peacham 1622 als »bester Knocheinrichter seines Landes« mit »seltenen Fähigkeiten in der Chirurgie« gerühmt.[184] Zwischen 1602 und 1609 entstand im Landgrafenschloss eine große, gut ausgestattete Apotheke, für die eigens ein Apotheker eingestellt wurde.[185] Der Landgraf erließ 1616 eine Medizinalordnung, die es hessischen Ärzten erlaubte, neu entwickelte Medikamente in Apotheken zu verkaufen.[186] Und schließlich kann man so weit gehen zu sagen, dass für Landgraf Moritz die Musik selbst als Medizin galt. Die beruhigende, heilende Wirkung von Davids Harfe auf den missgestimmten Saul wurde schon bei der Betrachtung von Pleningers Muse Clio angesprochen, und in seiner Funeralschrift wird Moritz mehrfach mit dem biblischen Musikerkönig verglichen.[187] Ein Emblem der Zeit bringt ebenfalls die heilende Kraft der Musik ins Bild: Wie die Medizin aus dem Schlangengift ein Gegenmittel entwickeln könne, so vereinige die Musik Gegensätze zu einem höheren Ganzen.[188] Aus einem Stammbuch von 1622 stammt die Sentenz: »Die Medizin heilt den Körper, die Musik den Geist«.[189] Und Landgraf Moritz selbst erklärt in einem Brief an seinen Onkel, dass er »nach gelegenheit der zeit« – also wenn er einmal dazu kam – gern komponiere, und zwar *pro recreatione animi* (»zur Erquickung der Seele«).[190] Moritz hat wohl Castigliones Ideal gänzlich verinnerlicht, demzufolge die Musik dem Hofmann Erholung und Heilmittel sein solle.[191] Apoll als Gott der Medizin, der Musik und der Dichtung zugleich eignete sich deshalb in jeder Hinsicht als Leitfigur für die landgräfliche Kunstpolitik, wobei Moritz der Musik eine in der fürstlichen Selbstdarstellung bisher ungekannte Bedeutung zumaß. Dazu passend hat Pleninger im Mittelbild des Musiktisches eine wichtige Änderung zu Goltzius' Vorlage vorgenommen: Die Muse mit dem Schlangenstab (*Caduceus*), die zuvor im Hintergrund bei ihren Schwestern stand, ist dicht hinter Apoll herangerückt. Der *Caduceus* wird in diesem Fall ein Symbol der Heilkunst darstellen, als das er üblicherweise von Asklepios getragen wird. Die Nähe von *Caduceus* und apollinischer *Viola da braccio* verbildlicht die gedankliche Verknüpfung von Medizin und Musik, wie sie in Apoll selbst personifiziert ist. Auf Apolls linke Seite, wo Goltzius das grüne Dickicht beginnen lässt, hat Pleninger eine weitere Muse platziert. Ihr Attribut ist nicht mehr zu erkennen, es läge aber nahe, sie entsprechend als Calliope zu identifizieren, die Muse der

epischen Dichtung. Damit erschiene im Zentrum des Mittelbilds das vom Landgrafen formulierte apollinische Dreigestirn von Arznei, Musik und Dichtung – gleichsam als heidnische Trinität.
Moritz wirkte für sein Land erfolgreich in jenen Bereichen, die seiner Person entsprachen, also in Fragen der Bildung und Reformen, nicht aber im großpolitischen Taktieren. Angesichts eines überschuldeten Landes und außenpolitischer Isolation musste er 1627 abdanken und die Regentschaft seinem Sohn Wilhelm überlassen. Der alte Fürst zog sich in sein Schloss in Eschwege zurück und experimentierte, forschte und schrieb – vielleicht erstmals mit der nötigen Ruhe – bis zu seinem Tod im Jahr 1632. In seinem Lexikon, das noch 1631 erschien, beendet er die kurze Charakterisierung des Gottes Apoll mit den Worten: »Also seynd sonsten unterschiedliche Menschen genennet worden.«[192] Hat der sonst stets sparsam und präzise formulierende Landgraf diesen eher überflüssig erscheinenden Zusatz vielleicht angefügt, weil er darauf anspielen wollte, dass er selbst mit Apoll verglichen worden war? Als »der Fürsten Kron, der König der Poeten« wird er im *Monumentum Sepulcrale*, aber auch schon zu Lebzeiten gepriesen.[193]

Bereits mehrfach zitiert, hat sich der Widmungstext der landgräflichen Poetik als zentral für das Verständnis des Musiktisches herausgestellt. Nicht nur zieht Moritz bereits hier König Midas als Negativbeispiel eines »aufgeblasenen Kerls« heran. Mit dem törichten, goldgierigen König verurteilt er auch all jene den *arma* zugerechneten Divertissements – Kampf, Jagd, amouröse Abenteuer und unmäßiges Trinken –, die im Musiktisch als niedere Vergnügungen karikiert sind. Dagegen stellt der Landgraf dann, deutlich abgesetzt durch die betonte Voranstellung der Worte »*nostra sed*«, seine eigene Lebens- und Herrschaftsauffassung der *litterae* im Dienst Apolls und der Musen. Dieser Passus ist so grundlegend für die Betrachtung der Tischplatte, dass er hier noch einmal vollständig wiedergegeben werden soll:

»*Nostra sed Aoniae venatio sobria Musae est,*
Proque fera cerva vera Minerva placet.
Nos iuvat inventes attexere carmina Musis,
Sat fuerit, Musis si placuisse queam.
Musae noster amor, dulces ante omnia Musae:
Noster amor docti turba novena chori.
In cujus medio radianti vertice Phoebus
Increpat argutae fila canora lyrae.«[194]

»Unsere Jagd aber ist die nüchterne der böotischen Musen,
und statt der wilden Hirschkuh gefällt uns die wahre Minerva.
Uns erfreut, den Musengesängen eigene Einfälle einzuflechten,
Es genügte uns, wenn es den Musen gefiel.
O geliebte Musen, über alles liebliche Musen!
O geliebte neunfache Stimmgewalt des kunstgeübten Chores,
in dessen Mitte in strahlender Höhe Phoebus
erschallen lässt die wohlklingenden Saiten seiner hellen Lyra.«

Damit liegt uns aus der Hand des Landgrafen ein Text vor, der die Bildwahl auf dem Musiktisch bis ins Detail vorwegnimmt. Goltzius' »Midasurteil« musste Moritz als verblüffend exakte Umsetzung seiner eigenen Ideenwelt erscheinen. Oder war es sogar umgekehrt? Von der landgräflichen Poetik liegt uns als älteste nur die zweite Ausgabe vor, diese mit dem Erscheinungsjahr 1598. Goltzius fertigte sein »Midasurteil« 1596 an. Es ist also durchaus denkbar, dass Moritz die erste Ausgabe der *Poetices methodice* zeitgleich mit dem Goltzius-Stich verfasste, möglicherweise sogar mit dessen »Midasurteil« vor Augen.
Auf dem Musiktisch dient der Wettstreit Apolls mit Pan als Metapher für einen grundsätzlichen Konflikt, der die Denkwelt des Landgrafen Moritz sehr geprägt haben muss – den Kampf der Intelligenz gegen die Dummheit, der Bildung gegen die Dumpfheit, der Nüchternheit gegen die Trunksucht, der Disziplin gegen die Zügellosigkeit, des klaren Verstands gegen dumpfe Leidenschaften, der Vernunft gegen den Trieb, des Lichts der Erkenntnis gegen das Dunkel der Unwissenheit. Moritz' Lebenshaltung zeigt sich besonders plastisch in seiner Gewohnheit, die Abkürzung seines Namens und Titels – M(oritz) L(andgraf) Z(u) H(essen) – in »Mein[e] Lust zum Höchsten« aufzulösen.[195] Auch wenn der Landgraf als herausragend begabt eingestuft werden muss, war er mit diesen Gedanken natürlich nicht allein, sondern befand sich im Einklang mit der damaligen geistigen Elite. Wie dieses Ringen um den Sieg der Klugheit andernorts verbildlicht wurde, haben nur zwei hier ausgewählte Bildbeispiele bereits zeigen können: Sprangers bzw. Sadelers *Triumph der Weisheit* (Abb. 28) aus dem höfischen Kontext stammend, Goltzius' »Midasurteil« (Abb. 3) aus bürgerlich-gelehrtem Umkreis.
Bleibt noch zu klären, wie die beiden Madrigale auf dem Musiktisch die ambitionierte Aussage des Landgrafen unterstreichen, immerhin nehmen sie einen großen Teil der Bildfläche ein. Landgraf Moritz selbst schreibt in der Musiklehre, die er zusammen mit seinem Tenorsänger Valentin Geuck begann und nach dessen frühem Tod vollendete: »Stücke mit ernstem Text werden Motetten genannt [...]. Durch einen heiteren Text werden Gesänge bestimmt als Madrigale, Villanellen, Tänze, Arien, Dialoghi, Vinetten« und andere, die französische und italienische Liedformen imitierten.[196] Wir haben gesehen, dass einige

andere als »Trinktische« kategorisierte Musiktische gerade jene niederen Bedürfnisse befriedigen, gegen die sich Moritz ausdrücklich verwahrte.[197] Eine zweite Gruppe von geätzten Notentischen diente offensichtlicher der Repräsentation, indem Wappen und Namen der Auftraggeber reich ausgeschmückt vorgestellt werden.[198] Vor allem der Musiktisch des Württemberger Herzogs transportiert in allen Teilen, auch im Gesangstext, das Herrscherlob.[199]

Besonders im Vergleich mit anderen repräsentativen Musiktischen erkennt man, dass im landgräflichen Exemplar die Musik nicht mehr kurioses Beiwerk bleibt, sondern zum inhaltlichen Kern des Programms erhoben wird.

170 Alciatus 1975 (1542), S. 22f.
171 Dilich 1986 (1598), S. 39.
172 »*...cioè che in questo ed in ogni altra cosa sia sempre avvertito e timido piú* [sic] *presto che audace, e guardi di non persuadersi falsamente di saper quello che non sa*«; Castiglione 1965 (1528) I, XLIV, S. 74.
173 Bepler 1997, S. 418f.
174 Sittig 2010, S. 109ff.
175 Calogero 2009, S. 54.
176 »[*Poetica*] *eodem sensu Αοιδοσύνη dicta est; & Musica à veteribus, quia Musici concentus poematis coniuncti fuerunt apud veteres (Αοιδὸς cantor est)*«; Moritz 1598, S. 17.
177 Die erste erhaltene Ausgabe ist bereits die zweite Auflage und stammt aus dem Jahr 1598; Merzbacher 1997, S. 325f.
178 Gutbier 1960, S. 225.
179 Borggrefe 1997, S. 12.
180 Ausst.-Kat. Kassel 1997, Kat. Nr. 325, S. 296f.; Schmidt 2010, S. 291.
181 Gutbier 1960, S. 225.
182 Moritz 1995 (1631), S. 531.
183 Moran 1998, S. 357ff.
184 Ausst.-Kat. Kassel 1997, Kat. Nr. 23, S. 33.
185 Heppe 1995, S. 143.
186 Moran 1998, S. 359.
187 Schmidt 2010, S. 268.
188 Henkel / Schöne 1996, Sp. 1117.
189 »*Medicina corpus, Musica mentem reficit*«; Salmen 1994, S. 237.
190 Landgraf Moritz an seinen Onkel Landgraf Ludwig in Marburg, Oktober 1604, StAM Nachlass Landau Nr. 742, zitiert nach Gutbier 1960, S. 219.
191 Musik als »*riposo de fatiche*« und »*medicina d'animi infermi*«; Castiglione 1965 (1528), S. 77.
192 Moritz 1995 (1631), S. 531.
193 Sittig 2010, S. 112.
194 Moritz 1598, Widmung 1v.
195 Auf dieses Wortspiel weist etwa Kümmel 1996, S. 14 hin; abgedruckt findet sich die Formel »Mein Lust zum Höchsten« im *Monumentum Sepulcrale*, 1640, S. 6; http://diglib.hab.de/drucke/gm-4f-442-1/start.htm?image=000104, http://diglib.hab.de/drucke/gm-4f-442-1/start.htm?image=000104 [3.12.2011].
196 »*Cum serio textu vocantur Motectae* [...] *Jocoso textu praedicti cantiones sunt Madrigali, Villanellae, Balle, Ariae, Dialoghi, Vinette & al*[...]«; Geuck / Moritz 1598, 35r.
197 Im Musiktisch-Katalog die Tische Graz und Nürnberg / Löffelholtz.
198 Im Musiktisch-Katalog die Tische Amberg, Berchtesgaden und weitere der Steinätzerfamilie Sitt mit derselben Grundstruktur.
199 Im Musiktisch-Katalog Tisch Stuttgart.

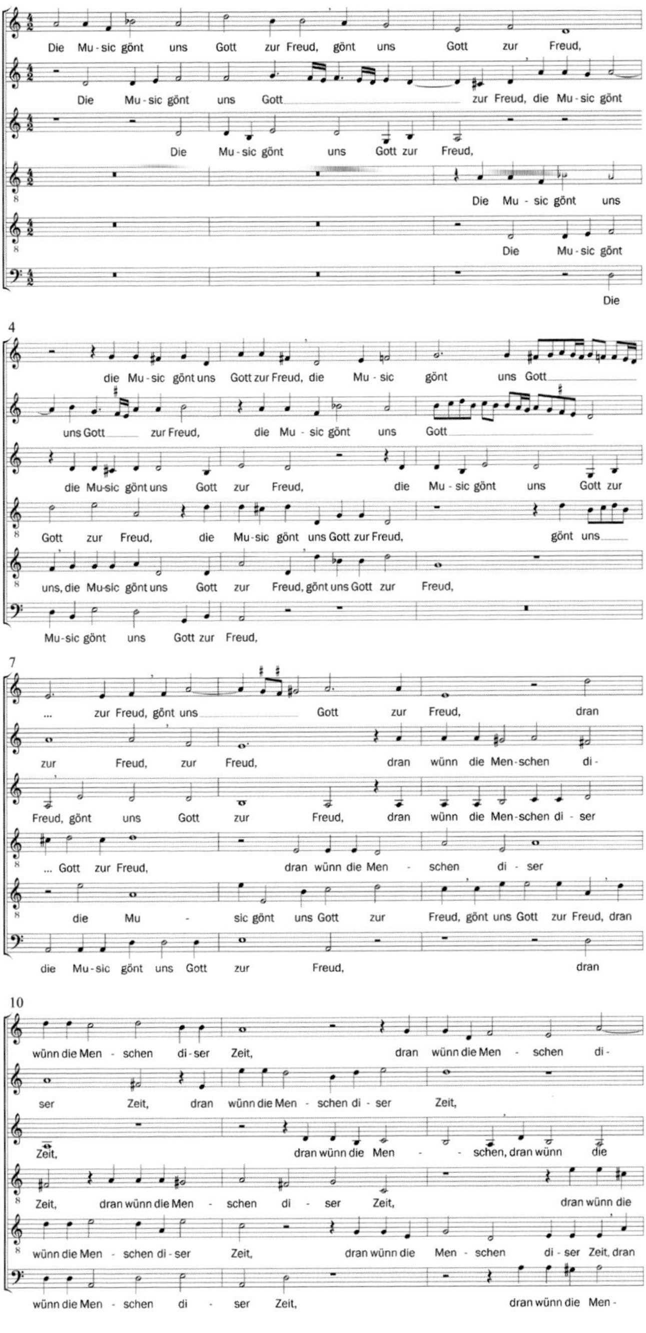

Landgraf Moritz von Hessen (?): »Die Music gönnt uns Gott zur Freud«, Madrigal für sechs Stimmen (Satz: Stephan Herrmann)

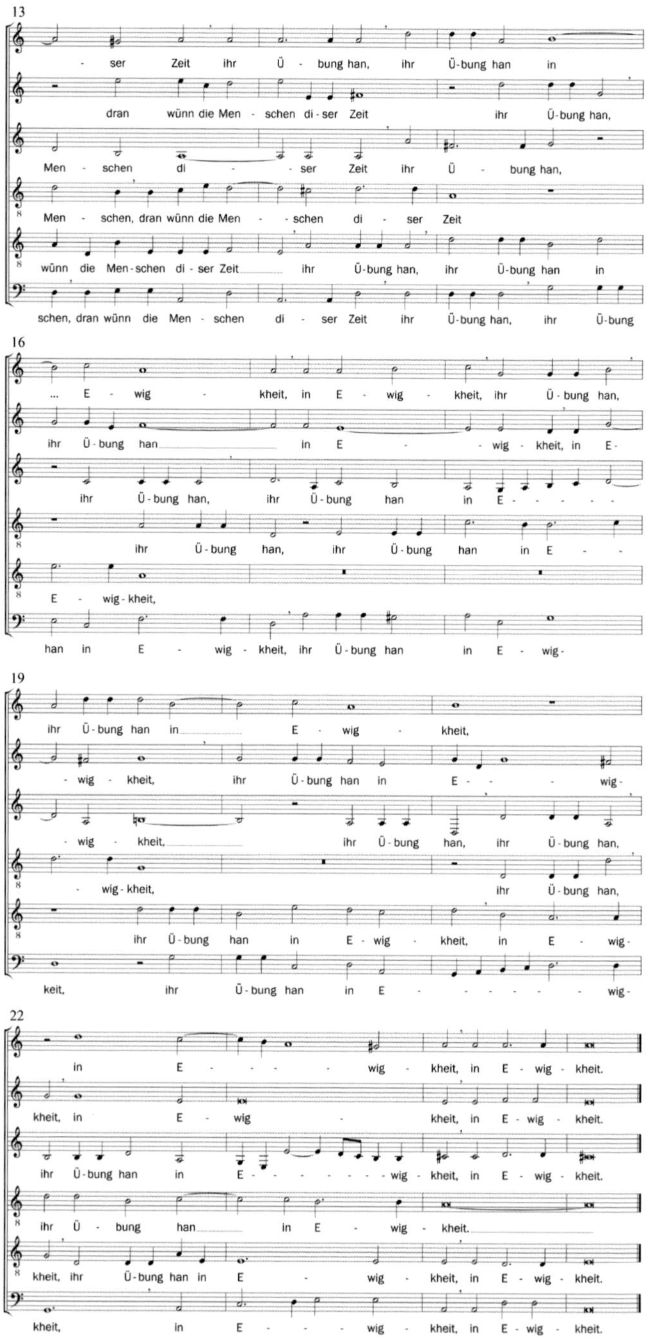
13
- ser Zeit ihr Ü - bung han, ihr Ü-bung han in
dran wünn die Men - schen di-ser Zeit ihr Ü-bung han,
Men - schen di - - ser Zeit ihr Ü - bung han,
Men - schen, dran wünn die Men - - schen di - ser Zeit
wünn die Men-schen di-ser Zeit ihr Ü-bung han, ihr Ü-bung han in
schen, dran wünn die Men - schen di - ser Zeit ihr Ü-bung han, ihr Ü-bung
16
... E - wig - kheit, in E - wig - kheit, ihr Ü-bung han,
ihr Ü-bung han in E - - wig - kheit, in E-
ihr Ü-bung han, ihr Ü-bung han in E - - - - -
ihr Ü-bung han, ihr Ü-bung han in E - -
E - wig-kheit,
han in E - wig - kheit, ihr Ü-bung han in E - wig-
19
ihr Ü-bung han in E - wig - kheit,
- wig - kheit, ihr Ü-bung han in E - - - wig-
- wig - kheit, ihr Ü-bung han, ihr Ü-bung han,
- wig-kheit, ihr Ü-bung han,
ihr Ü-bung han in E - wig - kheit, in E - wig-
keit, ihr Ü-bung han in E - - - - - - - wig-
22
in E - - - - wig - kheit, in E - wig - kheit.
kheit, in E - wig - kheit, in E - wig - kheit.
ihr Ü-bung han in E - - - - - - - wig - kheit, in E - wig - kheit.
ihr Ü - bung han in E - wig - kheit.
kheit, ihr Ü-bung han in E - wig - kheit, in E - wig - kheit.
kheit, in E - - - wig - kheit, in E - wig - kheit.

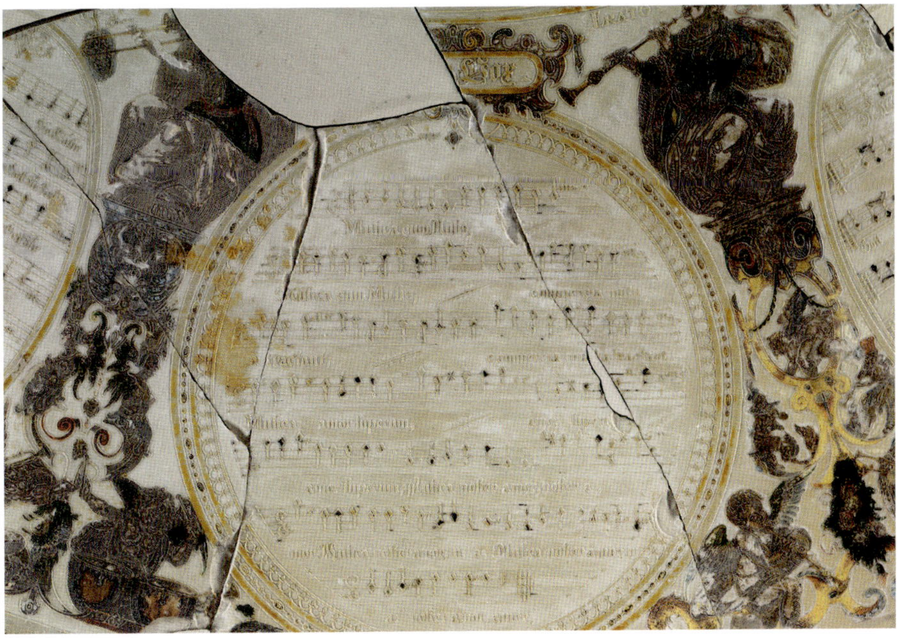

Abb. 33
Musiktisch Kassel, lateinisches Madrigal, Sexta Vox

Die Madrigale

Auf dem Kasseler Exemplar ist das mit lateinischem Text unterlegte Gesangsstück in die runden Felder gesetzt (Abb. 33), das deutsche Lied füllt die ovalen Kartuschen. Dass sich die Noten-›Blätter‹ beider Stücke auf dem Tisch immer abwechseln und nicht je eine Hälfte des Tisches einnehmen, wirkt zunächst verspielt. Doch sollten wirklich sechs Personen eines der Lieder anstimmen, stünden sie im letzteren Fall zu eng nebeneinander am Tisch. Dagegen bietet die alternierende Anordnung größere Abstände, mag also nicht nur aus ästhetischen, sondern auch aus praktischen Erwägungen gewählt worden sein. Der Text des deutschen Liedes lautet:

»Die Music gönnt uns Gott zur Freud,
dran wun(n) [oder wün] die Menschen dieser Zeit
ihr Übung han in Ewigkeit.«

Von Moritz selbst stammt eine Äußerung zur Freude an der Musik, die man im Zusammenhang mit den allmählich notwendigen finanziellen

Kürzungen der Hofhaltung verstehen muss: Insbesondere das Halten der vielköpfigen Hofkapelle kostete mehr Geld, als gut war. Eine zunächst erfolgreiche Maßnahme war der »Musicantenverlagk«, eine zwischen 1598 und 1604 geltende Regelung, nach der ein Teil der Gelder aus der hessischen Salzproduktion für die Besoldung der Hofmusiker verwendet wurde. In diesem Zeitraum waren 27 namentlich bekannte Musiker in wechselnder Besetzung am Hof beschäftigt. Der Landgraf bemühte sich offenbar, die hohen Kosten der Hofmusik durch undurchsichtige Umrechnungen zu verschleiern.[200] In den 1620er Jahren war das Budget schließlich immer knapper geworden, doch Moritz wollte die Hofkapelle lieber ganz abschaffen als sie verkleinern: »Denn so auch nur zwo Persohnen [...] außgethan werden solten, ist die gantze geselschaft verderbet und weder zu ehre noch zur freude mehr dienlich«.[201] Nur das ganze Ensemble funktionierte in der vom Landgrafen gewünschten Weise. In seiner Resignation gibt Moritz uns dennoch einen wichtigen Hinweis auf die beiden Hauptfunktionen der Kapellmusik am Hof: Zum einen sollte sie zu Ehren sowohl des himmlischen Herrschers (im Gottesdienst) als auch des weltlichen Fürsten (bei Festen und Aufzügen) dienen, zum anderen zur Freude bei Tisch und beim Musizieren mit der fürstlichen Familie.[202] Neben diesem Geschenk der Freude an der Musik hat Gott, so das Tisch-Madrigal, dem Menschen die »Übung« in der Musik offenbar als ewige Aufgabe gestellt, deren Vollendung – der vollkommene Klang? – »in Ewigkeit« unerreichbar scheint. Die genaue Bedeutung des Wortes »wun« oder »wün« konnte allerdings nicht geklärt werden. Das Stichwort »Übung« wiederholt das auf dem Musiktisch mehrfach anklingende Thema arbeitsamen Strebens: das notwendige »Studieren« etwa der Orgel, der Fleiß, der bei der Ernte und Jagd gefordert ist, die Mühen, die für Backen und Schmieden nötig sind. So wichtig diese stete »Übung« der Menschen ist, bleibt sie jedoch im ganz irdischen Tun verhaftet. Deshalb ist das deutsche Madrigal, so die These, dem lateinischen untergeordnet; bereits seine kleineren ›Notenblätter‹ legen dies nahe. Dem Landgrafen zufolge sollte der höhere Weg des menschlichen Daseins der der Künste und Wissenschaften sein – im Musiktisch als apollinisch reine Musik übersetzt. Genau davon spricht das lateinische Madrigal, in dem es heißt:

»*MUSICA cum Musis commercia mutua tractant.*
Musica amor superum.
Musica noster amor!«

Die erste Zeile kann wörtlich als »Die Musik treibt mit den Musen (wechselseitige) Geschäfte« übersetzt werden. *Commercium mutuum* ist zudem ein Begriff der Philosophie und meint »Wechselwirkung«.[203] Somit lässt sich der Vers auch lesen als »Die Musik steht mit den Musen in Wechselwirkung«. Hier klingt eine gegenseitige Beeinflussung an, die zu einem neuen Ergebnis führen kann – ähnlich wie bei einer alchemischen Reaktion. Die Musen sind hier also, wie allerorts auf dem Musiktisch, erneut Bezugspunkt. Aus Landgraf Moritz' Besitz hat sich eine 1607 gedruckte Sammlung von Kompositionen aus der Feder des Johannes Le Febure (?-1612) erhalten; der erste der achtstimmigen Gesänge beginnt ebenfalls mit den Worten »*Musica cum musis*«.[204] Doch der Text wird anders weitergeführt, preist nämlich den Mainzer Erzbischof Johannes Schwickhard, dem der Druck gewidmet ist.[205] Auch der musikalische Satz hat nichts mit demjenigen des Kasseler Musiktischs gemeinsam[206] und ist wohl ohnehin erst nach Fertigstellung der Pleninger-Platte entstanden.

»*Musica amor superum*« heißt auf Deutsch wörtlich: »Die Musik ist die Liebe der Höchsten«; mit *superi* sind die Götter oder die himmlischen Mächte gemeint. Ähnlich schreibt Moritz in dem schon erwähnten Trauergesang auf seine 1602 verstorbene Frau Agnes, vor Schmerz sei all seine Musik verstummt,[207] und weiter: »O süßer Gesang, heilige Musik Gottes! (*O dulcis cantus, Musica sancta Dei!*)«.[208] Unter den Emblemen, die musikalische Themen behandeln, wird besonders eines durch viele Jahrzehnte hindurch in den Emblembüchern verwendet; es trägt das Motto *Musicam diis curae esse*, also »Die Musik liegt den Göttern am Herzen«. Die auf einem in freier Natur errichteten Altar liegende, antikische Kithara oder Lyra kann in späteren Varianten durch eine Laute ersetzt sein. Allen Abwandlungen gemeinsam bleibt, dass auf den Saiten des Instruments eine Zikade ihre Flügel spreizt. Wie die *subscriptio* erläutert, ersetzte die ›singende‹ Zikade einst Eunomos eine gerissene Saite, so dass er einen Wettgesang bei den zu Ehren Apolls abgehaltenen Pythischen Spielen doch noch gewann. Der Sänger Eunomos errichtete dem Musengott daraufhin ein Denkmal, das sein Instrument mit der Zikade zeigte.[209] Eine Übertragung des Emblems für den deutschsprachigen Raum ist mit »Die *Musica* gefellt Gott« betitelt (Abb. 34). Wie schon »*Musicam diis curae esse*« ähnelt auch diese Wendung doch sehr dem »*Musica amor superum*« des Kasseler Musiktisches. Das deutsche Emblem[210] hat überdies den Eunomos-Altar in einen ornamentierten Prunktisch verwandelt, der in einen reich ausgestatteten Raum gestellt ist. Nicht nur die sprachliche Nähe der Formulierungen lässt vermuten, dass das sehr

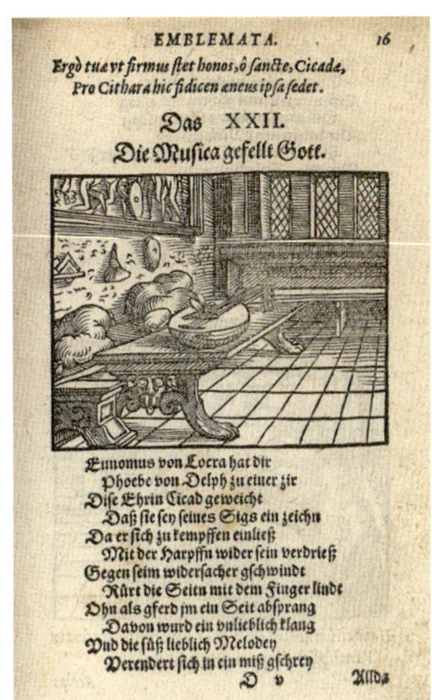
EMBLEMATA. 16
Ergò tua vt firmus ſtet honos, ô ſancte, Cicada,
Pro Cithara hic fidicen æneus ipſa ſedet.

Das XXII.
Die Muſica gefellt Gott.

Eunomus von Locra hat dir
Phoebe von Delph zu einer zir
Diſe Ehrin Cicad geweicht
Daß ſie ſey ſeines Sigs ein zeichn
Da er ſich zu kempffen einließ
Mit der Harpffn wider ſein verdrieß
Gegen ſeim widerſacher gſchwindt
Rürt die Seitn mit dem Finger lindt
Ohn als gferd jm ein Seit abſprang
Davon wurd ein vnlieblich klang
Vnd die ſüß lieblich Melodey
Verendert ſich in ein miß gſchrey
D v Allda

Abb. 34 »Die Musica gefellt Gott«, Emblem in Andreas Alciatus' »Liber emblematum«, 1566, Bayerische Staatsbibliothek München

bekannte Emblem auf den Entwurf des Pleninger-Tisches Einfluss hatte. Auch gleicht der Musiktisch selbst einem derartigen Denkmal für Apoll, weshalb man ihn als moderne Variante des Eunomos-Denkmals verstehen könnte: Landgraf Moritz wäre dann der siegreiche Sänger, der den Musiktisch-›Altar‹ zu Ehren Apolls errichtet hätte.

»*Musica noster amor*« lautet der letzte der drei Verse im lateinischen Madrigal. Dies lässt sich als Aussagesatz, »Die Musik ist unsere Liebe«, oder auch als Anrufung lesen: »O geliebte Musik!« und ähnelte damit der Tradition antiker Dichter und Sänger, die Musen anzurufen. Auch der Landgraf greift im oben vorgestellten Widmungstext seiner Poetik zu dieser althergebrachten Formel: »*Musae noster amor, dulces ante omnia Musae*«.[211] Der zweite Versteil, »über alles geliebte Musen!«, ist ein unverändertes Zitat aus Vergils Georgica II, 475. Um den Ursprung der ersten Vershälfte zu finden, hilft ein Holzschnitt, bei dem dieselben Worte den Rahmen um einen Musenbrunnen bilden. Werner Braun benennt Vergil als Quelle,[212] auch wenn es an der betreffenden Stelle heißt »geliebte Nymphen Libethras«[213] (»*Nymphae, noster amor, Libethrides*«). Demnach sind Musen und Nymphen hier gleichbedeutend. Bei Vergil ruft der Hirte Corydon die Musen um Beistand an, mit dem er dann den Wettgesang gegen Thyrsis gewinnt: »Nymphen Libethras, geliebte, begnadet mich, Lieder zu singen« (Ekl. 7, 21). Diese Worte also wandelt Moritz in seiner Poetik in »*Musae noster amor*« ab, auf seinem Musiktisch möglicherweise dann in »*Musica noster amor*«.

Die Wendung »*Musica noster amor*« scheint um 1600 ein stehender Begriff zu sein, dessen Gehalt alle Gebildeten verstanden: Weit weg von Kassel im lutherischen Meißen predigt Nicolaus Polantus 1604 über den rechten Gebrauch der Musik im Gottesdienst. Seine vehemente Verteidigung der Kirchenmusik gipfelt in den Worten: »Wer köndte der göttlichen freyen Sing und Spielkünste / Nutzen / Tugend / Lust und Herzlichkeit außreden? *Musica noster amor*: Alles was Odem hat / lobe den Herrn / Alleluja.«[214] Und an ganz anderer Stelle, auf dem Titelblatt eines Stralsunder Musikaliendrucks von 1647, erscheint dasselbe Motto wieder. Dort verlaufen die Worte als Spruchband über einen Tisch, um den sich acht Musiker und ihr Dirigent gruppieren (Abb. 35).[215] »*Musica noster amor*« titelt auch ein Madrigal des slowenischen Komponisten Jacob Handl, genannt Jacobus Gallus (1550-91).

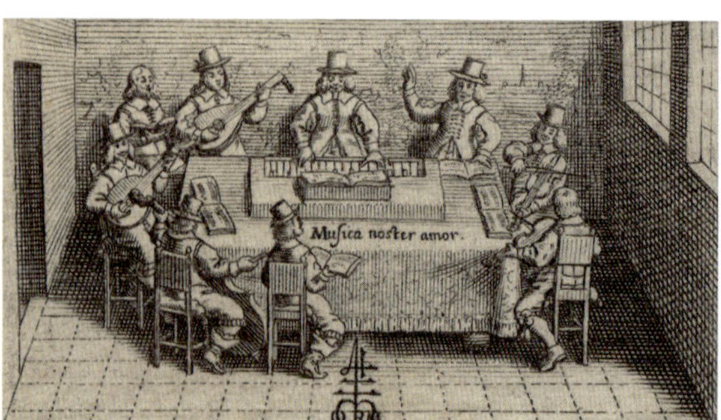

Abb. 35 Musica noster amor, Illustration auf dem Titelblatt von Johann Martin Ruberts »Musikalischer Arien Erster Theil«, 1647, Landesbibliothek und Murhardsche Bibliothek der Stadt Kassel

Denselben Titel führt ein deutsches Lied des Dransfelders Johann Jeep (1581-1644). Also kehrt die Formel »*musica noster amor*« etwa zeitgleich an unterschiedlichen Orten und in verschiedenen Medien wieder. Eine genauere Prüfung müsste klären, welche gemeinsame Quelle Musiktisch, Predigt, Madrigale und Musikillustration haben.

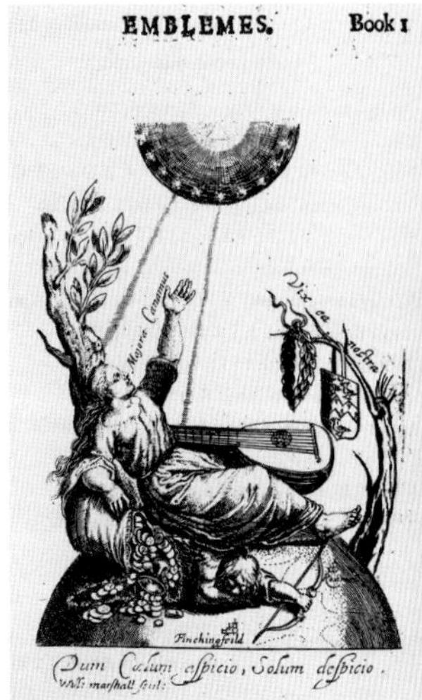

Abb. 36
Amor divinus, Emblem in Francis Quarles' »Emblemes«, 1635

Und welche Form der Liebe ist im Madrigaltext mit »*amor*« gemeint? Im Madrigal wird Amor durch die Wortwiederholungen vielfach genannt, in der zweithöchsten Stimme Sexta Vox sogar dreizehn Mal, ist also deutlich in Worten präsent. Die Formulierung »*amor superum*« verweist schon auf die höhere Bedeutungsebene, auf der auch »*amor noster*« verstanden werden soll – nämlich nicht als niedere menschliche (*amor humanus*) oder gar rein körperliche Liebe (*amor ferinus*, also »von wilden Tieren«). Der Festzug 1596 zeigt diese negativ konnotierte Form der Liebe in der bekannten Gestalt des mit Pfeil und Bogen gerüsteten Cupido: Zum einen steht er im Wagen bei den hier schon beschriebenen Lastern und Affekten »mit auffgelegtem pfeil zu böser begierde«, zum anderen begleitet er »die schöne und geile Fraw Venus« mit einem brennenden Herzen in der Hand (Abb. 13).[216] Weil der trojanische Königssohn Paris Venus (Aphrodite) als schönste Göttin auswählte und nicht Minerva (Athene) oder Iuno (Hera), verfiel er der schönen Griechin Helena, entführte sie und beschwor damit letztlich den Untergang Trojas herauf. Mit dem fatalen Parisurteil wird beim Tauffest die blind machende Verführung Amors vor Augen geführt, weshalb er dort wie in vielen anderen Bildzusammenhängen der Zeit mit einer Augenbinde dargestellt ist. Dagegen muss der lateinische Madrigaltext auf dem Musiktisch *amor divinus* meinen, das Medium zur göttlichen Erkenntnis, das die menschlichen Laster überwindet.[217] Anschaulich gemacht wird *amor divinus* in einem englischen Emblem von 1635 (Abb. 36): Hier wendet sich die weibliche Personifikation der menschlichen Seele mit ihrer Theorbe (Basslaute) der himmlischen Sphäre zu. Sie richtet den vergilischen Aufruf »*majora canamus*«, »Lasst uns Erhabneres besingen!« (Ekl. 4,1) gen Himmel. In ihrer Entrücktheit ignoriert die Frauengestalt den von ihr niedergedrückten Amor, dessen Bogen unbenutzt zur Erde weist. Im Emblem können also weder die niedere Liebe noch der irdische Reichtum, den ein überquellender Geldsack verheißt, die Seele von ihrer liebenden Hingabe an das Göttliche ablenken. Diese Art der vollkommenen Liebe wird in den Schriften der frühen Neuzeit als Meisterin aller Künste bezeichnet, und diese ist in Sadelers Darstellung der siegreichen Weisheit Minerva (Abb. 28) gemeint, wenn es im Epigramm heißt: »Allein AMOR begehrt, die Künste zu erkennen, indem er sie erforscht«.[218] An diesem Schnittpunkt verbinden sich Liebe (zu den Künsten) und die Musik so, wie es der landgräfliche Musiktisch intendiert: Liebe gilt als Basis musikalischer und auch übergeordneter kosmischer Harmonie.[219]

Aus Vergils Hirtengedichten ist eine bestimmte Sentenz zur Liebe in der frühen Neuzeit maßgeblich gewesen: Die ungezählt oft rezipierte Formel »*Omnia vincit amor*« (Ekl. 10, 69), »Amor besiegt alles«,[220] stand für viele frühneuzeitliche Kunstwerke Pate. Die alles überwältigende Macht der Liebe fand man am treffendsten in der Lyrik Petrarcas (1304-1374) beschrieben, für die man sich um 1600 neu begeisterte. Auch Landgraf Moritz folgte dieser Mode und vertonte 24 Petrarca-Gedichte als Villanellen, eine italienische Volkslied-Form.[221] Seine hochgebildete Tochter Elisabeth, die mehrere Sprachen fließend beherrschte, verfasste nach dem Vorbild Petrarcas über 200 italienische Gedichte, Madrigale und Canzonen.[222] Der Petrarkismus um 1600 entwarf ein sehnsuchtsvolles Gegenbild ländlicher Einfachheit zum komplexen, teils einengenden Zeremoniell des Hofes. Mit solcher sinnlich-idyllischen Bukolik haben die *amor*-Anrufungen auf dem Musiktisch jedoch nichts gemein. Wie das berühmte Vergil-Wort stattdessen am landgräflichen Hof verstanden wurde – zumindest in der offiziellen, hofpolitischen Lesart –, belegt glücklicherweise ein schriftliches Zeugnis: Der Kasseler Gelehrte Hermann Fabronius hatte den Auftrag, eine Ausdeutung des vom Landgrafen erdachten Bildprogramms im Eschweger Schloss zu verfassen, die 1625 publiziert wurde. Christoph Jobst begann die dortigen Malereien 1598; 1604 wurden abschließend die kommentierenden Bildunterschriften formuliert.[223] Etwa zeitgleich mit den Eschweger Bildern also entstanden die beiden Pleninger-Tische für Moritz, so dass man berechtigterweise beiden Aufträgen dieselbe Denkungsart zugrunde legen kann. Fabronius schreibt in seiner Erklärung zur Allegorie des Fleißes: »*Omnia vincit amor*. Lust vnd Lieb zum ding / macht all Arbeit gering. Das Gehörig / Sorg / Achtung / wachen / Emsigkeit / Arbeit. Denen zu wider alle vnlust zur Sachen / Vnsorgfeltigkeit / vnachtsam Gemüth / Langsamkeit / Tregheit.«[224] Fabronius' Deutung des Vergil-Worts überrascht, denn die Liebe wird hier als Schwester des Fleißes bezeichnet. Dies erklärt Heiner Borggrefe so, dass die irrational-leidenschaftliche Seite der Liebe offensichtlich für den Calvinismus unbrauchbar gewesen sei. Deshalb entkleide Fabronius Vergil hier aller emotionalen Konnotationen, um die Liebe zum Tätigsein als nützlichen Aspekt der Arbeit zu beschreiben; Vergils *amor* werde moralisierend umgewidmet.[225] Derselbe Gegensatz wird im Musiktisch vorgestellt: Midas steht hier zusammen mit allen Hohlköpfen für die »Tregheit« – sie erschien im Festzug 1596 mit Eselsohren (Abb. 6) –, Ceres und ihr Gefolge für Arbeit und Fleiß, dem entspricht die im deutschen Madrigal angemahnte notwendige »Übung«. Im lateinischen Gesangstext wird die noch höher angesiedelte Hinwendung zum Göttlichen besungen, *amor divinus*: die lautere, rein geistige Liebe, wie die menschliche Seele sie im Emblem (Abb. 36) zum Himmel richtet. Die Musik fungiert dort wie im Musiktisch als Vehikel, als jenes Medium, in dem sich Mensch und Göttliches begegnen können.

Schließlich muss bei der Deutung des Tisches noch eine weitere, in der Kunst um 1600 immer wiederkehrende Formel berücksichtigt werden, nämlich »*Sine Baccho et Cerere friget Venus*« (»Ohne Bacchus und Ceres erstarrt Venus«). Das Dreigestirn des Weingotts, der Erntegöttin und der Göttin der Liebe findet sich nördlich der Alpen in vielen Bildwerken der Zeit, die der weltläufige Landgraf Moritz sicher kannte, beispielweise auch im Werk von Hendrick Goltzius (Abb. 37). Ganz anders als in diesen oft erotisch aufgeladenen Szenen ist auf dem landgräflichen Musiktisch ein als sündig aufgefasster Bacchus einer arbeitsamen Ceres untergeordnet; Venus als sinnliche Liebe erscheint gar nicht erst. Möglicherweise ließ Moritz die seinem calvinistischen Verständnis nach verruchte »geile Fraw«, als die sie im Festzug 1596 auftrat, im Programm des Tisches ersetzen: Auf der Pleninger-Platte komplettiert statt Venus jetzt *amor divinus* das göttliche Trio – in der Gestalt der Weisheit Pallas, prominent im Notentext und schließlich vielstimmig besungen.

Bassus als tiefste und *Discantus* als höchste Stimme markieren die vertikale Achse des Musiktisches. Die *Sexta Vox* lässt sich als zweite (Mezzosopran-) Stimme begreifen, der hier der *Altus* gegenübergestellt ist. Die übrigen Stimmen *Tenor* und *Quinta Vox* weisen in etwa denselben Stimmumfang und dieselbe Höhenlage auf und zeichnen sich durch den *Vagans*-Charakter aus (*vagare* – lat. umherwandern): Beide Stimmen schweifen beweglich über und unter dem *Altus*, kreuzen sich oder können zeitweilig sogar Bass-Funktion übernehmen. Darin spiegelt sich zum einen der besonders große natürliche Tonumfang der menschlichen Tenorstimme. Zum zweiten ist dies ein Relikt der frühen, nur von männlichen Sängern ausgeführten Mehrstimmigkeit, in welcher der durchdringende *Tenor* als Haupt- und Zentralstimme gilt, zu der sich zunächst eine höhere (*Altus*) und eine tiefere (*Bassus*) Stimme gesellten, dann in der Diskant-Praxis auch eine kontrapunktische Oberstimme. Dieser *Discantus* wurde im mehrstimmigen Satz später auch höchste Stimme, also *Soprano*, genannt.

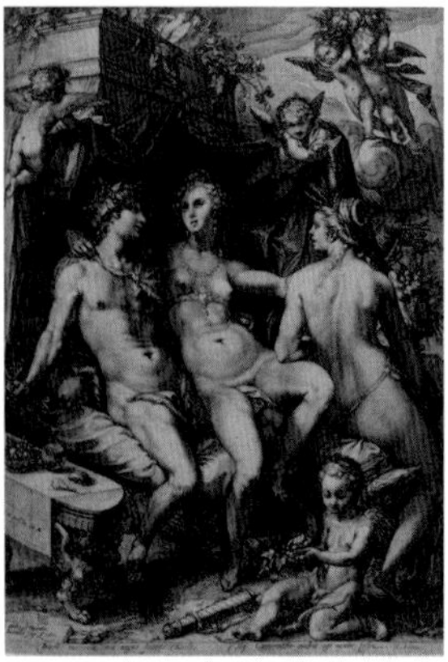

Abb. 37
Sine Baccho et Cerere friget Venus, Jan Saenredam nach Hendrick Goltzius, 1600, Kupferstich, Museumslandschaft Hessen Kassel, Graphische Sammlung

Bei der Anordnung der Musiktisch-Stimmen in die heute gewohnte Notenpartitur musste festgelegt werden, in welcher Reihenfolge die ›vagabundierenden‹ Stimmen *Quinta Vox* und *Tenor* erscheinen sollten. Weil im vorliegenden deutschen Madrigal die Einsatzfolge einem absteigenden Prinzip folgt, wurde hier die zwischen *Bassus* und *Altus* befindliche Tenorstimme als vierte Stimme gesetzt.[226]

Die beiden Madrigale des Tisches sind durch die verwendeten Sprachen Latein und Deutsch nicht einfach unterschieden, sondern das eine dem anderen übergeordnet, dies verdeutlicht auch die Größe der jeweiligen Kartuschen. Während das deutsche Lied fleißiges Üben propagiert und von schlichter Freude spricht, preist das lateinische Madrigal die Musik als göttlich. Die Stimmen von »Die Music gönt uns« liegen insgesamt tiefer als »*Musica cum Musis*«, damit bleiben dessen Klänge gleichsam dem Irdischen verhaftet. Während im deutschen Gesang viele absteigende Tonlinien Schwere vermitteln, schwingen sich die Stimmen des lateinischen Madrigals energisch hinauf. Entsprechend ist »*Musica cum Musis*« vorrangig in schnelleren Vierteln und Achteln notiert mit häufigen Punktierungen, die dem Stück tänzelnde Leichtigkeit verleihen. Dagegen ist der Hauptteil des deutschen Madrigals, in dem die ewige menschliche »Übung« besungen wird, in statischeren halben und sogar ganzen Notenwerten komponiert; die langen Haltenoten drücken die Dauer und Mühe der diesseitigen Arbeit aus. Falls Landgraf Moritz nicht selbst der Komponist der beiden Gesänge sein sollte,[227] hat er anderweitig – wie im Fall von Goltzius' Stich – zwei Stücke entdeckt, die perfekt die Aussage des ›Gesamtkunstwerks‹ Musiktisch umsetzen. Anders als auf allen anderen Musiktischen sind die Notenzeilen kurz und dadurch für die Sänger besonders lesefreundlich gehalten; auch dies ist ein Hinweis auf die umfassende Mitgestaltung des Musikprofis Moritz.

Angesichts des sprachlichen, formalen, inhaltlichen und musikalischen Kontrastes der beiden Vokalstücke reizt es, auch hier an eine Art Wettbewerb zu denken. Denn das Thema des Wettstreits kehrt im Tisch-Programm ja in Bild wie Text immer wieder: Ganz unmittelbar wird ein solcher Wettkampf im Mittelbild gezeigt; dann spielt der lateinische Madrigaltext zum einen auf den Wettgesang der Hirten in Vergils Eklogen, zum anderen auf den Sieg des Sängers Eunomos bei den Pythischen Spielen an; und ein weiterer Wettstreit wird in der Bildumschrift nur angedeutet, nämlich jener sprichwörtliche zwischen Vergil und den Dichtern Bavius und Maevius. Tatsächlich können die Madrigale sogar in ihrer sechsstimmigen Anlage an die Form des vergilischen Wechselgesangs (*carmen amoebaeum*) erinnern. Denn in der bereits zitierten siebten Ekloge tragen Corydon und Thyrsis – »so wollten's die Musen« – jeder sechs Strophen vor, um von Daphnis zum Sieger des Wettstreits gekrönt zu werden; als unerreichter Dichterfürst wird dabei Apoll beschworen. Könnten die beiden Madrigale des Musiktisches nicht ebenfalls auf den antikischen Wechselgesang anspielen? Dann bekäme sogar die abwechselnde Anordnung der von den Musen flankierten Madrigal-Blätter noch eine hintersinnige Note – und zweifellos steht auch auf dem Musiktisch das leuchtende Vorbild Apolls für alle Musik und Dichtung stets vor Augen. Wie in Vergils Dichtung ist aber der Wettstreit der Madrigale auf dem Musiktisch nur fingiert, denn die Kunstform des Wechselgesangs dient dort wie hier nur dazu, den Siegeszug der *vera ars* vor Augen zu führen.

200 Schmidt 1995, S. 109ff.
201 Zitiert nach Schmidt-Beste 2004, S. 111.
202 Ähnlich beschreibt schon Dilich die Funktionen der Musik: »Gott darmit zu loben« und »deß Menschen Hertz / in so vielen unruhen vnnd sorgen zu erquicken«; Dilich 1986 (1598), S. 40.
203 »...das Verhältnis zweier Gegenstände oder Teile von Gegenständen, vermöge dessen sie gegenseitig im Verhältnis von Ursache und Wirkung stehen«; Meyers Großes Konversations-Lexikon, Bd. 20, Leipzig 1909, S. 454.
204 *Fasciculus sacrarum cantionum...*, Frankfurt 1607, Landes- und Murhardsche Bibliothek Kassel, 4° Mus 48 [1-8].
205 »*Musica cum Musis, dum vendicat utraque primas...*«
206 Für den freundlichen Hinweis auf diese Komposition und deren Abgleich mit dem Musiktisch-Madrigal danke ich Stephan Herrmann.
207 Ich danke Hartmut Broszinski für den freundlichen Hinweis auf dieses Gedicht.
208 *Monumentum sepulcrale* 1640, *Threni* S. 8; http://diglib.hab.de/drucke/gm-4f-442-1/start.htm?image=00106, http://diglib.hab.de/drucke/gm-4f-442-1/start.htm?image=00106 (5.12. 2011).
209 Ausführlich zum Kitharöden-Wettstreit und seinen neuzeitlichen Verarbeitungen Hammerstein 1994, S. 89ff.
210 Es ist beispielsweise dem Titelblatt zu Bd. 1 von Athanasius Kirchers »*Musurgia universalis*« (1650) beigegeben; vgl. Hammerstein 1994, Abb. 72.
211 Moritz 1598, Widmung 1v.
212 Braun 1994, S. 32 und Abb.
213 *Libethra*: ein den Musen heiliger Quell; Vergil 1988, S. 54.
214 Polantus 1605, S. 34.
215 Horstmann 2008, S. 110, Abb. 368.
216 Dilich 1986 (1598), S. 23, 36.
217 Vgl. Irmscher 1999, S. 113ff., S. 261.
218 »*Solus eas [artes] quaerens noscere gestit AMOR*« (Übersetzung I.B.).
219 Calogero 2009, S. 158ff. und Abb. 62, S. 79.
220 Ausführlich zur Rezeption von »*Omnia vincit amor*« vgl. Irmscher 1999, S. 113ff.
221 Die Petrarca-Villanellen des Landgrafen werden in die Jahre 1593/94 datiert; Schmidt-Beste 2004, S. 114.
222 Ausst.-Kat. Kassel 1997, Kat. Nr. 183, S. 157; Kat. Nr. 318, S. 293.
223 Fusenig 2000, S. 62f.
224 Fabronius 2000 (1625), S. 151.
225 Borggrefe 2000, S. 30.
226 Musikhistorische Ausführungen und Notensatz von Stephan Herrmann.
227 Landgraf Moritz als Komponisten vermuten Spengler o.J. und Leifhelm in Moritz 2009 (1605).

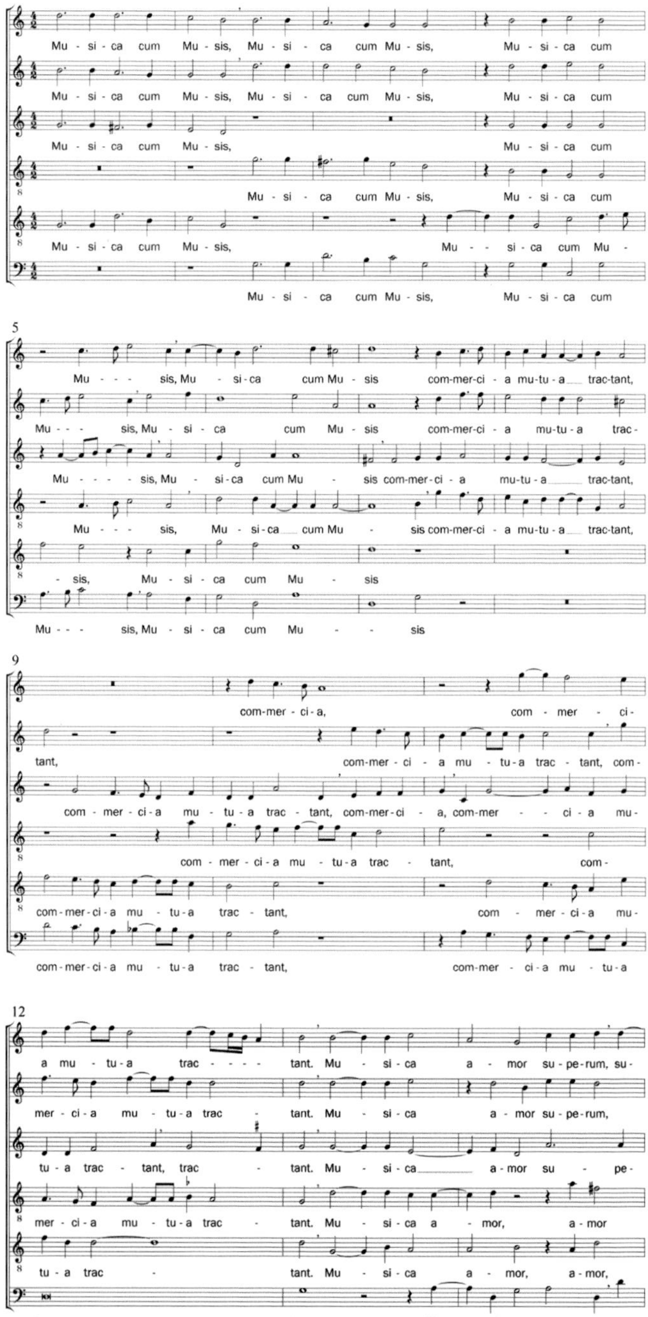

Landgraf Moritz von Hessen (?): »Musica noster amor«, Madrigal für sechs Stimmen (Satz: Stephan Herrmann)

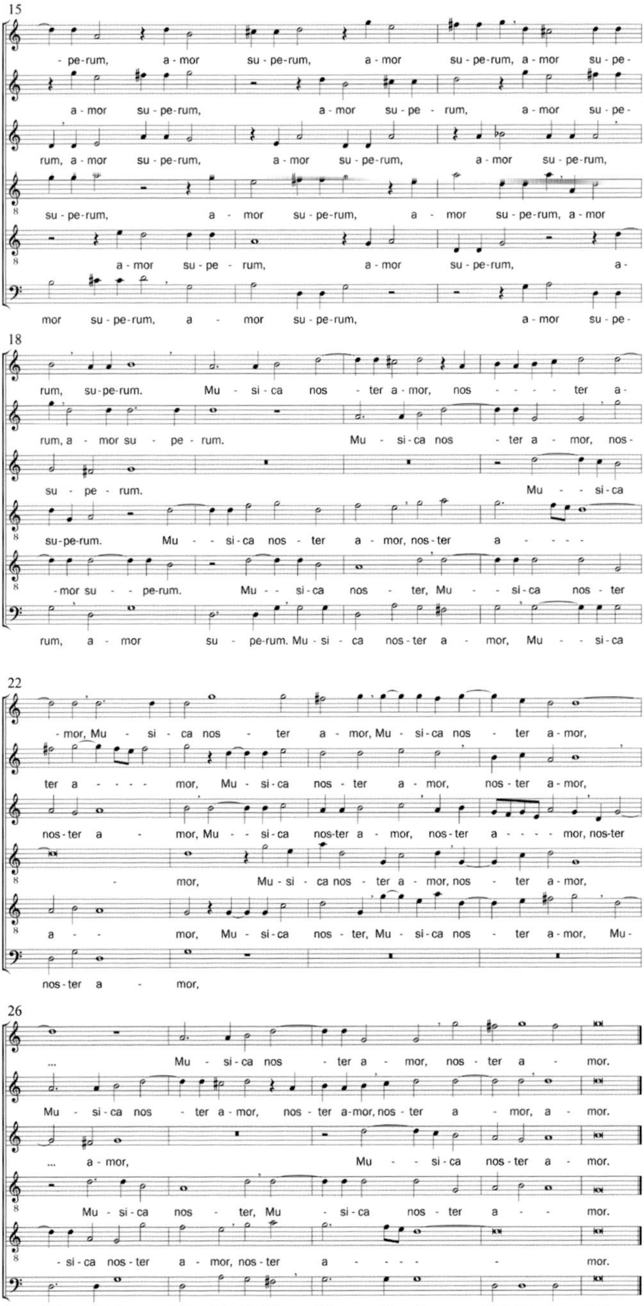
15
- pe-rum, a - mor su - pe-rum, a - mor su - pe-rum, a - mor su - pe -
a - mor su - pe-rum, a - mor su - pe - rum, a - mor su - pe -
rum, a - mor su - pe-rum, a - mor su - pe-rum, a - mor su - pe-rum,
su - pe-rum, a - mor su - pe-rum, a - mor su - pe-rum, a - mor
a - mor su - pe - rum, a - mor su - pe-rum, a -
mor su - pe-rum, a - mor su - pe-rum, a - mor su - pe -
18
rum, su-pe-rum. Mu - si - ca nos - ter a - mor, nos - - - - ter a -
rum, a - mor su - pe - rum. Mu - si - ca nos - ter a - mor, nos -
su - pe - rum. Mu - si - ca
su-pe-rum. Mu - si - ca nos - ter a - mor, nos - ter a - - - -
- mor su - - pe-rum. Mu - - si - ca nos - ter, Mu - - si - ca nos - ter
rum, a - mor su - pe-rum. Mu - si - ca nos - ter a - mor, Mu - - si - ca
22
- mor, Mu - si - ca nos - ter a - mor, Mu - si - ca nos - ter a - mor,
ter a - - - - mor, Mu - si - ca nos - ter a - mor, nos - ter a - mor,
nos - ter a - mor, Mu - - si - ca nos-ter a - mor, nos - ter a - - - - mor, nos-ter
- mor, Mu - si - ca nos - ter a - mor, nos - ter a - mor,
a - - mor, Mu - si - ca nos - ter, Mu - si - ca nos - ter a - mor, Mu -
nos - ter a - mor,
26
... Mu - si - ca nos - ter a - mor, nos - ter a - mor.
Mu - si - ca nos - ter a - mor, nos - ter a - mor, nos - ter a - mor, a - mor.
... a - mor, Mu - - si - ca nos - ter a - mor.
Mu - si - ca nos - ter, Mu - si - ca nos - ter a - - mor.
- si - ca nos - ter a - mor, nos - ter a - - - - - mor.
Mu - si - ca nos - ter a - mor, Mu - si - ca nos - ter a - mor.

Die Freien Künste

Man muss sich klar machen, dass erst das späte 19. Jahrhundert die *artes* in verschiedenste Disziplinen neu gliederte. In der frühen Neuzeit waren Wissenschaften und Künste nach antikem Vorbild als *artes liberales* geordnet. Zu den sieben Freien Künsten gehörten drei sprachliche, *Trivium* genannt – Grammatik, Rhetorik und Dialektik. Im *Quadrivium* waren die vier mathematischen Wissenschaften zusammengefasst – Arithmetik, Geometrie, Astronomie und Musik. Erst nach dem vorbereitenden Studium des *Triviums* und des *Quadriviums* konnte man sich den höheren Fakultäten zuwenden, nämlich Medizin, Jura und Theologie. Im Verständnis der Zeit fielen alle fürstlichen *artes*, also alle künstlerischen, forschenden und damit friedliebenden Bestrebungen des Fürsten in dem schon erwähnten Begriff der *litterae* in eins. Darunter wurde die Musik am Hof des Landgrafen Moritz besonders hoch gehalten; der Musiktisch ist nur ein Ausdruck dieser Hinwendung. Interessanterweise wählte sich der hessische Fürst als seine persönlichen Kammerdiener stets Musiker, darunter auch den Tenor Valentin Geuck, mit dem zusammen er die Musiklehre schrieb.[227] Die beiden fast gleichaltrigen Männer verband eine standesübergreifende, eher persönliche Beziehung.[228] Man male sich einmal aus, wie Moritz und Geuck beim morgendlichen Ankleiden vielleicht um die Wette sangen...

In der frühen Neuzeit kannte man drei Stufen der Beschäftigung mit der Musik: *musica practica* meinte die Ausübung, möglich als *musica instrumentalis* oder *vocalis*. Auf dem Musiktisch repräsentieren, abgesehen vom Wettstreit im Mittelbild, die Musen das Musizieren mit Instrumenten. Dagegen ist die Vokalmusik nirgends verbildlicht, sondern allein im Medium der Notenschrift präsent. Dies dürfte dafür sprechen, dass die beiden Stücke als reine Gesänge gedacht waren, auch wenn man einzelne oder alle Stimmen mit zur jeweiligen Tonlage passenden Instrumenten hätte besetzen können. Wichtig zu ergänzen ist an dieser Stelle, dass Landgraf Moritz in seinem Französisch-deutschen Lexikon »*musique*« ausschließlich mit »singkunst« übersetzt und »*musicien*« mit »Sänger«,[229] den Gesang also offenbar als ursprünglichste Form, als Inbegriff der Musik verstand. Sie galt ihm als Medizin sowohl leiblicher als auch seelischer Art, dies bezeugt Moritz' enger Bezug zur biblischen Figur des David, der mit seinem Gesang König Saul heilte.[230] Zugleich verweisen die Madrigale des Musiktisches aber auch auf den schöpferischen Umgang mit Klängen, auf die Komposition. Sie wurde, weil man hier ähnlich einem Dichter kreativ tätig war, in der frühen Neuzeit *musica poetica* genannt.

Den höchsten Rang nahm die *musica theoretica* ein, eine »blosse Wissenschaft«, »die allein in *speculando* und tieffem Nachsinnen bestehet / und nur die *rationes* und *proportiones* oder Art und Weiß der Music betrachtet«.[231] Musik gehörte zu den mathematischen Wissenschaften, und musiktheoretische Schriften wurden darunter eingeordnet, wie man an alten Signaturen noch erkennen kann.[232] Auf diese theoretische Seite der Musik deuten die beiden wohl vielschichtigsten Elemente im Bildprogramm des Musiktisches hin, die Tafelgeräte im Bereich der Ceres (Abb. 22): Der Ziehbrunnen als Symbol des Wassers erinnert daran, dass der Begriff der Musik in Mittelalter und früher Neuzeit vom ägyptischen Wort »*moys*« für Wasser hergeleitet wurde, was noch Mozart geläufig war. Pleningers andere Miniatur, die Schmiede, verknüpft zwei Entstehungslegenden zur Musik: Zum einen galt der biblische Schmied Tubal zusammen mit seinem Bruder Jubal als Stammvater der Musik, weshalb die allegorische Darstellung der Musik in der viel zitierten *Margarita philosophica* von 1504 sowohl Wasser als auch eine Schmiede zeigt.[233] Zum anderen ruft Pleningers Tischgerät die Legende wach, dass Pythagoras, der große Mathematiker der Antike, die verschiedenen Tonhöhen des Schmiedehammers vernahm und daran die Zahlenverhältnisse musikalischer Intervalle entdeckte. Pythagoras galt deshalb als Erfinder der Musiktheorie; auf ihn berief man sich, um die *musica theoretica* in das *Quadrivium* einzureihen.[234] Entsprechend zeigt das Frontispiz der Schrift *Musurgia universalis* (1650) des Universalgelehrten Athanasius Kircher zur Rechten eine weibliche Personifikation der Musik, ihr gegenüber Pythagoras, und dieser verweist den Betrachter auf die Schmiede-Szenerie in der Mitte.[235]

Auf dem Musiktisch hat Pleninger Goltzius' Stichvorlage der Rundform des Mittelbilds angepasst; zwangsläufig mussten dafür die Randbereiche der Szenerie zusammengerückt werden. Dabei ergibt sich, dass nun die Armillarsphäre Uranias, bei Goltzius frei im Vordergrund liegend, jetzt so dicht an die Laute Terpsichores angenähert ist, dass letztere sie teilweise verdeckt. Das metallene Modell mit den ineinander geschachtelten Hauptkreisen des Himmels[236] verschmilzt optisch und auch im übertragenen Sinne mit dem edlen Saiteninstrument, das der Muse der Lyrik angehört. In der Musik glaubte man nämlich, den kosmischen Klang der Sphären einfangen zu können. Zugleich galt die Musik als das (Heil-)Mittel, um die menschliche Seele – als Mikrokosmos verstanden – mit dem Makrokosmos in Gleichklang zu bringen.[237] Dasselbe harmonische System beschreibt schon Castiglione, dieser wiederum mit Bezug auf die antiken Philosophen: Die Welt sei aus Musik zusammengesetzt und die Himmelsbewegungen erzeugten Harmonien; da der

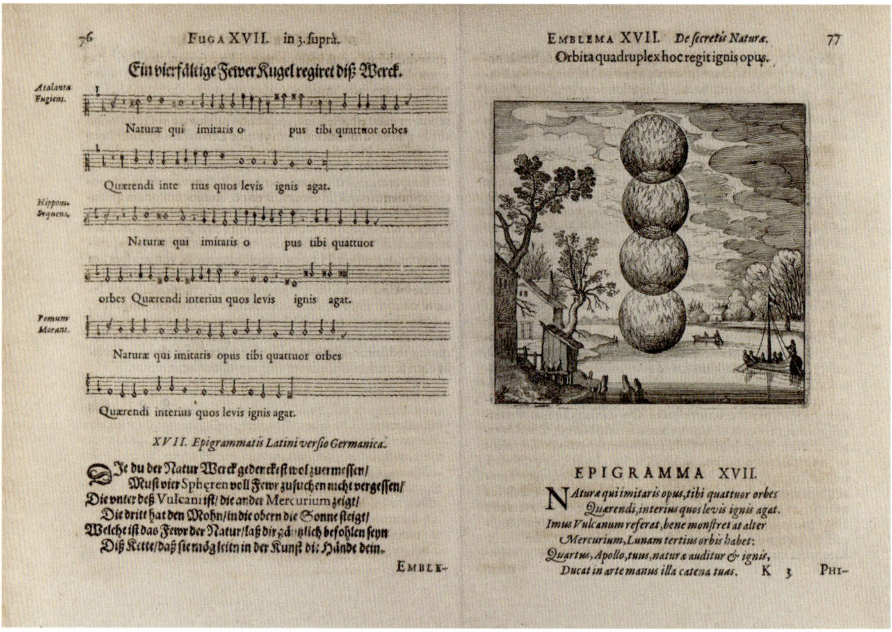

Abb. 38 »Eine vierfältige Feuerkugel«, Fuge und Emblem (Matthäus Merian) aus Michael Maiers »Atalanta fugiens«, 1618

menschlichen Seele dieselbe Struktur zugrunde liege, erfreue die Musik und erwecke sogar gleichsam die Tugenden im Menschen.[238]
Die theoretische Beschäftigung mit Musik war für den Landgrafen der Alchemie ähnlich, denn beide Forschungsrichtungen wenden den Blick auf Gesetzmäßigkeiten und Harmonien. Das Bild musikalischer Harmonie gebrauchen auch die Rosenkreuzer, um das Ziel des Einklangs des Mikrokosmos mit dem Makrokosmos zu beschreiben, »...also die gantze grosse Welt in einem kleinen Menschen were..., alles in gleichem tono und Melodey mit Gott, Himmel und Erden«.[239] Alchemie wie Musik haben im Sinne des hessischen Fürsten das Potential, hohe moralische Ziele zu erfüllen. Für die Verschmelzung von alchemistischem und musiktheoretischem Gedankengut steht als berühmtestes Druckwerk die 1618 erschienene *Atalanta fugiens* von Michael Maier, den Landgraf Moritz nominell als Leibarzt bestellte. Hier sind die ambitionierten alchemistischen Stiche von Matthäus Merian d.Ä. kurzen dreistimmigen Fugen gegenübergestellt (Abb. 38).[240] Ein anderer *Leibmedicus* des Landgrafen, der Mathematiker und Alchemist Johannes Hartmann, forderte die Hinzunahme der »Chymiatrie« in die Freien Künste; 1609 führte Landgraf Moritz an der Universität Marburg die Chemie als neues Fach ein und verlieh Hartmann die dazugehörige Professur. In seiner Antrittsvorlesung preist der Dozent den Landgrafen

als weisen Fürsten in der Tradition der Antike, durch den die Chemie »ihre Geltung wieder erhalten« habe.[241] 1607 verfasste Landgraf Moritz ein Lobgedicht auf Hartmann, das vielfach die musikalischen Fähigkeiten des Mathematikers und Alchemisten preist;[242] anscheinend vereinte Hartmann ähnliche Talente in sich wie Moritz selbst.

Im 18. Jahrhundert verstand man den mathematischen Charakter der Musikkunst offenbar noch, denn 1757 bewunderte man Pleningers Kasseler Musiktisch und den zeitgleichen kosmologischen Tisch als »merkwürdige Denkmale von den großen Bemühungen des Durchlauchtigsten Fürsten in mathematischen Wissenschaften«.[243] Vor allem das zentrale Element des Musiktisches, Apoll mit seinem Streichinstrument, weist über die konkrete Begebenheit des Wettstreits hinaus: Das edle Saiteninstrument steht in Moritz' Bewusstsein nicht nur klanglich am höchsten, sondern der Gott des theoretischen Verstands (*logos*) verkörpert hier jenes Ziel höchsten Wissens, auf das Landgraf Moritz all sein Tun richtete. In der Gestalt des Apoll bündeln sich alle Werte, für die der Fürst eintrat, verbildlicht im flammenden Nimbus, dem Licht der Erkenntnis. Zwar wählte auch Kaiser Rudolf II. in Bildwerken häufig Apoll als Bezugspunkt, doch spielten an seinem Hof anstelle der Musik die Bildkünste eine herausragende Rolle; es entsprach schlicht seinem Status, dass er eine der größten Kapellen in Europa unterhielt.[244] Dagegen sah der hochmusikalische Moritz gerade in dieser Kunst das geeignete Medium zu höherem Wissen.

Die Kraft des Guten in der Musik illustriert auch ein figurenreich gezeichneter und ausführlich beschriebener Triumphzug des Instrumentenbauers Hanns Haiden, der mit Landgraf Moritz in Kontakt stand. Die Schrift aus dem Jahr 1607, auf die Birgit Kümmel im Zusammenhang mit dem Musiktisch zu Recht hingewiesen hat,[245] thematisiert »der Musica Tugendt und Eigenschafft«; leider sind nur Teile der Illustrationen erhalten. Diese zeigen gewisse Parallelen zum Musiktisch, etwa dass Haiden zufolge neun Musen den Triumphwagen der Musik begleiteten oder dass an das Ende des Zuges die Unwissenheit und »Mydas mit den Esels Ohren« verbannt waren. Auch Haidens Referat der antiken Vorstellung, dass die himmlische Sphärenmusik der sieben Planeten den sieben Oktaven gleiche und Musik deshalb positiv auf die menschliche Moral wirken könne,[246] hat Landgraf Moritz sicher geteilt. Doch der Fürst sah in der himmlischen Musik keine bloße Gnade, sondern die höchste Zielvorstellung für den Menschen. Haiden beschreibt die Heil bringende Wirkung der Musik als vom Himmel zur Erde herab kommend; die Menschen als deren Empfänger bleiben eher passiv. Dagegen enthält das Programm des Musiktisches die Mahnung zu eigenem tätigem Dasein (Ceres) und künstlerisch-geistiger Aktivität (Pallas), angetrieben

vom Willen nach Erkenntnis (*amor divinus*). Moritz kehrt Haidens Konzept gleichsam um und fordert die Menschheit dazu auf, im irdischen Dasein aktiv das hohe Ziel der vollkommenen apollinischen Musik anzustreben. Hierin treffen sich zwei Denkwelten, die beide für den hessischen Fürsten wichtig waren, der Calvinismus und die Alchemie. Hier wie dort ging es – stark verkürzt – darum, dass Auserwählten Einsicht in die göttliche Wahrheit gewährt werden sollte. Diese letzte Erkenntnis stellte man sich als wieder hergestellte Einheit der Welt vor, die durch den Sündenfall entzweit worden war. Im alchemistischen Sprachgebrauch zielte man zunächst auf die Wiederherstellung der Einheit von Leib und Seele, um dann Mikrokosmos (Mensch) und Makrokosmos (Welt) wieder in Einklang zu bringen.[247] Die alchemischen Versuche sollten die gespaltene Materie wieder zusammenführen, um im letzten den ›Stein der Weisen‹ zu erhalten. Wichtig war bei allem Forschen und Experimentieren neben einem umfassenden Wissen auch ein lauteres Ansinnen: »Es ist diese Theorie, die Handeln und Moral im Einklang sieht, welche hoch gebildete Menschen wie Landgraf Moritz so fesselte«.[248]
Lebenslang versuchte Landgraf Moritz, diesen hohen Ansprüchen gerecht zu werden. Seine Persönlichkeit bildete er, der in erstaunlich vielen Feldern Hervorragendes leistete, so erfolgreich aus, dass der Engländer Henry Peacham in seinem Werk *The Compleat Gentleman* von 1622 Landgraf Moritz als Musterbeispiel preist – bezeichnenderweise im Kapitel »*Of Musicke*«.[249] Der hessische Fürst galt als ein international angesehener Forscher im Bereich der Alchemie, der in seinem eigenen, überaus gut ausgestatteten Labor Versuche mit medizinisch wirksamen Substanzen machte.[250] Es gelang ihm, führende Vertreter dieser Wissenschaft vom Kaiserhof abzuwerben, darunter den berühmten Michael Maier, den er 1618 als Leibarzt einstellte.[251] Dabei erlaubte Moritz seine reformierte Glaubensrichtung, tiefgehender die Natur zu beforschen, ohne sich damit dem Vorwurf auszusetzen, die göttliche Ordnung in Frage zu stellen.[252]
Die Ziele der Alchemisten lagen weit über dem bloßen Goldmachen – auf dem Musiktisch personifiziert im törichten Midas. Der Sonnengott Apoll hingegen wird in alchemistischen Darstellungen mit dem wahren ›Gold‹ der Erkenntnis gleichgesetzt. Die musizierenden Musen umringen Apoll als die sieben Metalle, wie eine Abbildung in der 1627 erschienenen Alchemie-Sammlung *Musaeum Hermeticum* zeigt.[253] Deshalb scheint es legitim, auch auf dem Musiktisch die Gestalt Apolls als golden erstrahlendes Erkenntnisziel im Sinne der Alchemisten zu verstehen.[254]
Ziehbrunnen und Schmiede im Bereich der Ceres scheinen auf dem Musiktisch ebenfalls in Verbindung mit der Alchemie zu stehen. Denn

eine zeitgleiche alchemistische Darstellung zeigt zusammen mit der Erzgewinnung die Haspel eines Brunnens als Hinweis darauf, dass mit dessen Wasser das geschürfte rohe Metall zunächst gereinigt werden muss. Hierbei handelt es sich um eine Schrift des bisher nur als Moritz' Hofbildhauer bekannten Wilhelm Vernuken, die Hartmut Broszinski kürzlich entdeckt hat.[255] Die Alchemisten glaubten, dass in ihren Experimenten die Materie in zwölf Schritten der Transmutation zur Vollkommenheit gebracht werden könne. Entsprechend strebe der Mensch nach der Reinheit seiner Seele, die als »Gold« bezeichnet wurde.[256] Auch auf dem Musiktisch findet sich eine deutliche hierarchische Ordnung in drei Abschnitten zu je vier Figuren, und zwar vom ungehobelten Bacchus bis zur kultivierten Pallas, von niederen leiblichen zu den höheren geistigen Bedürfnissen. Vielleicht also sahen Eingeweihte im Musiktisch auch die alchemistischen zwölf Stufen mit dem golden erstrahlenden Apoll als Offenbarung.[257] Tatsächlich konnte sogar die Auferstehung Christi als letztes Ergebnis der Transmutation verstanden und dargestellt werden, wie eine alchemistische Schrift in Moritz' Bibliothek belegt, die der Pfarrer Valentius aus Ottrau bei Alsfeld 1529 verfasste.[258] Daher erscheint es besonders bedeutsam, dass Pleninger im Mittelbild des Musiktisches eine entscheidende Änderung an Goltzius' Fassung vornahm: Apoll trägt jetzt ein Lendentuch; bekrönt mit einem Strahlenkranz, schillert diese zentrale Figur zwischen Musengott, Gold der Erkenntnis und auferstandenem Christus – ein überzeitliches Hoffnungsbild des Landgrafen.

Man mag sich fragen, warum auf dem Musiktisch das alchemistische Gedankengut nicht offensichtlicher zu sehen sei; die Ergebnisse dieser Geheimwissenschaft wurden aber nur mit großer Vorsicht weitergegeben und keinesfalls einem breiteren Publikum zugänglich gemacht.[259] Der Musiktisch war auch ohne Assoziation mit der Welt der Alchemie verstehbar und bot, wie gesehen, ausreichend gelehrte Anspielungen für eine eingehende Betrachtung. Wer aber Landgraf Moritz auf seinen Gedankenwegen bis zum Ende zu folgen vermochte, konnte in der Platte, deren Relief ja selbst durch rätselhafte chemische Prozesse entstanden war, eine Metapher für den ›Stein der Weisen‹ erblicken.[260] Wenn dann ein kleines Sänger-Ensemble – am ehesten wohl der Landgraf mit seinen Freunden – die auf dem Tisch dargebotenen Musikstücke anstimmte, entfaltete sich die darin beschriebene Wirkung vollends: Knifflig komponiert, waren die Madrigale zunächst einmal rein technisch eine Herausforderung, eine echte musikalische »Übung«. Castiglione führt in seinem *Cortegiano* einen Katalog von erwünschten musikalischen Fertigkeiten auf, darunter auch die des Vom-Blatt-Singens.[261] Der Musiktisch war also eine Art Prüf-Stein für die Gäste des Landgrafen, denn er offenbarte schnell, ob sie diesem Anspruch gewachsen waren. Meisterten sie das Absingen in gewünschter Weise, verbanden sich die einzelnen Töne zu Melodien und alle sechs Stimmen zu einem Gesamtklang. Die geglückte Polyphonie war mehr als die bloße Summe aller Töne; sie lässt sich sogar, alchemistisch aufgefasst, als Ergebnis einer Transmutation begreifen. Selbst Musik Ausübende werden dies kennen: Im gelingenden Musizieren öffnet sich in seltenen, kostbaren Augenblicken gleichsam der Himmel; die Grenze zwischen Hier und Dort scheint aufgehoben. Dieser geradezu magische Moment könnte als Produkt der alchemischen Wechselwirkung (*commercia mutua*) zwischen der von Menschen gemachten Musik und den himmlischen Musen gemeint sein – ein Moment höherer Einheit, eben wie ihn die Alchemie anstrebte. Sichtbar gemacht wird diese Synthese darin, dass die rundherum gruppierten Sänger sich mit dem inneren Kreis der auf dem Tisch dargestellten, musizierenden Musen vereinen[262] und gleichsam zum glühenden apollinischen Kern der Erkenntnis verschmelzen.

227 Gutbier 1960, S. 218.
228 Ausst.-Kat. Kassel 2010, S. 8.
229 Moritz 1995 (1631), S. 129.
230 Borggrefe 1997, S. 18.
231 Scheyrer 1663, S. 0.
232 Beispielsweise trägt in der Forschungsbibliothek Gotha eine Schrift von 1553 mit dem Titel »*Musica poetica defintionibus & divisionibus breviter delineata*« die Signatur Math. 4° 565. Landgraf Moritz' Manuskript seiner Musiklehre ist in der Landes- und Murhardschen Bibliothek Kassel eingeordnet unter 8° Ms.math. et.art 5.
233 Wasser und Schmiede als Kürzel für die Herkunft der Musik bei Schmid 1994, S. 250f. mit Abb.
235 Vergo 2005, S. 182.
236 Vgl. die landgräfliche Armillarsphäre von etwa 1575 in Ausst.-Kat. Kassel 1997, Kat. Nr. 424, S. 394f.
237 Borggrefe 1997, S. 18.
238 »*...sia stato opinione di sapientissimi filosofi il mondo esser composta di musica e i cieli nel moversi far armonia, e l'anima nostra pur con la medesima ragion esser formata, e però destrarsi e quasi vivificar le sue virtù per la musica*«; Castiglione 1965 (1528) I, XLVII, S. 78.
239 Anonym 1998 (1614), S. 76.
240 Ausst.-Kat. Kassel 1997, Kat. Nr. 383, S. 350f; Gutknecht 2003, S. 51ff.; Schmidt 2010, S. 296.
241 Moran 1987, S. 140.
242 *Monumentum sepulcrale* 1640, *Mauritiana* S. 21ff.; http://diglib.hab.de/drucke/gm-4f-442-1/start.htm?image=00119 (5.12.2011).
243 Stegmann 1757, S. 16.
244 Lindell 1988, S. 82.
245 Kümmel 1996, S. 154ff.
246 Holl 1986, S. 15, 19f.
247 Forshaw 2006, S. 211.
248 Broszinski 2011, S. 3.
249 Ausst.-Kat. Kassel 1997, Kat. Nr. 23, S. 32f.
250 Moran 1987, S. 134.
251 Ausst.-Kat. Kassel 1997, Kat. Nr. 381, S. 348f.
252 Borggrefe 1997, S. 18.

253 Wamberg 2006, S. 47f. und Abb. 2.4.
254 Vgl. die prächtigste alchemistische Bilderserie des 16. Jhs., »*Splendor solis* oder Sonnenglanz« (Erstdruck 1598); Broszinski 1994.
255 4° Ms. chem. 60[1,3, Ausst.-Kat. Kassel 2011, Kat. Nr. 15, S. 17; Broszinski 2011, S. XVII ff.; Katalog Kassel 2011, Bd. 1, S. 209ff.
256 Irmscher 1999, S. 259.
257 Meinel beobachtet, dass in seltenen Fällen die Musik als Allegorie der alchemischen Transmutations-Vorstellung gesehen wurde; Meinel 1986, bes. S. 224f.
258 4° Ms. chem. 82, Ausst.-Kat. Kassel 2011, Kat. Nr. 16, S. 18; Katalog Kassel 2011, Bd. 2, S. 347ff.
259 DaCosta Kauffmann 1997, S. 374.
260 Dieselbe Assoziation hatte, unabhängig von vorliegender Untersuchung, schon einmal Hartmut Broszinski geäußert in seinem am 9.7.2005 gehaltenen Vortrag zur Edition des Lautenbuchs der Elisabeth von Hessen (Lautenbuch 2005). Für die freundliche Überlassung seines Typoskripts danke ich ihm herzlich.
261 Castiglione erwartet das Musizieren »*sicuro a libro*«; Castiglione 1965 (1528), S. 77.
262 So auch beschrieben bei Schmidt 2010, S. 290.

Der gute Herrscher

Ein Fürst der frühen Neuzeit war, bei allem was er tat, stets Regent; den modernen Begriff des Individuums oder der Privatheit gab es so nicht. Moritz folgte Castigliones Aufforderung an die (männlichen!) Adligen, sich ihren hohen Stand nicht allein durch Geburt, sondern durch Bildung, geschulten Charakter und gute Sitten zu sichern. Diesem Ideal verpflichtet, versuchte Moritz als Regent Hessens, das Beste für die Wohlfahrt seines Landes zu erreichen. In Fabronius' Erklärungen zum Bildprogramm des Eschweger Schlosses zeigt sich Moritz' hohe herrscherliche Verantwortlichkeit, so wenig erfolgreich seine Politik aus späterer Sicht erscheinen mag. Die ab 1598 entstandenen, bis auf wenige Reste nicht erhaltenen Eschweger Ausmalungen hatte der Landgraf wohl selbst konzipiert. Zum einen gemahnten traditionelle Motive wie Tugendallegorien an die Bedingungen guter Herrschaft, andererseits führten alttestamentliche Historien vor Augen, wie eine gerechte, harmonische Gesellschaft entstehen könne.[263] Im Bezug zum Musiktisch Pleningers interessiert besonders die Eschweger Tugend der Mäßigkeit (*Temperantia*), die die niederen Affekte zügelte und die man heute vielleicht als Disziplin bezeichnen würde: Dieser Personifikation waren neben Astronom und Geometer mehrere Musikanten zugesellt, die laut Fabronius »alle auff Mässigkeit / Ziel vnd Abmessung« deuten.[264] Wieder wird hier der mathematische Charakter der Musik hervorgehoben, der zugleich das sittlich Gute symbolisiert. Das rechte Maß als moralische Richtlinie fand man um 1600 generell in der Musik versinnbildlicht, die man auf ausgewogene, nachvollziehbar mathematische Verhältnisse zurückführte.[265] Mäßigung in diesem Sinne war eine der Herrschertugenden, die Moritz seinem ältesten Sohn Otto (1594-1617) mit auf den Weg gab; der Landgraf schrieb ihm eigens eine *Philosophia practica*, gedruckt 1604, die dem Prinzen die gewünschte »Vernunftlehre guter Lebensweise« nahe bringen sollte.[266] Die Deckenausmalung im zweiten Fürstensaal von Schloss Eschwege versammelte alle vier Herrschertugenden, neben der genannten Mäßigung (*Temperantia*) waren dies die Klugheit (*Prudentia*), Gerechtigkeit (*Justitia*) und die Stärke (*Fortitudo*). Der der Fortitudo beigeordnete Weinstock sollte Fabronius zufolge den Fürsten vor übermäßigem Trinken warnen: »Der Wein vnnd Weiber bethören die Weisen« und hätten sogar Alexander den Großen besiegt, »welcher zuvor viel Königreich vberwunden hat«.[267] Das ähnlich argumentierende Programm des Musiktisches kann man also gleichfalls als Appell an die Tugenden des Herrschers verstehen; dabei ist die Warnung vor Maßlosigkeit und Eitelkeit offensichtlich. Dagegen könnte die Erwähnung des Künstlers Apelles in den Versen daran erinnern, dass der gebildete Alexander der Große – im Gegensatz zum einfachen Schuster – den berühmten Maler hoch schätzte; in dieser Hinsicht erfüllte also der griechische Fürst die Erwartungen, die an ihn gestellt wurden.

Moritz verfasste mehrere Lehrwerke – wohl auch die Musiklehre – für den Gebrauch an der von ihm 1595 gegründeten Hofschule, dem späteren Rittercollegium *Collegium Mauritianum*, eingerichtet für seine Söhne und andere junge Adlige. Der Gastwirtssohn Heinrich Schütz durfte als hochbegabter Kapellknabe ebenfalls den dortigen Unterricht besuchen. Hier war die theoretische und praktische Musik integraler Bestandteil des Lehrplans.[268] Dem Landgrafen war der Musikunterricht so wichtig, dass er ihn aus seiner Privatschatulle bezahlte.[269] Man nimmt an, dass in die Statuten der Hofschule von 1618 viele Vorgaben aus Castigliones *Cortegiano* eingeflossen sind.[270] Mit Berufung auf die antiken Autoritäten Platon und Aristoteles empfiehlt Castiglione, bereits Jugendliche in der Musik zu unterrichten. Dabei unterscheidet auch er qualitativ zwischen der »oberflächlichen« hörbaren Musik und der theoretischen musikalischen Beschäftigung, die moralische Wirksamkeit besitzt: Musik festige bei den Heranwachsenden ihr gutes Wesen, so dass es sich zur Tugend hin entwickle. Erst der Umgang mit Musik befähige den Geist, Glück zu empfinden, so wie sportliche Übungen den Körper ertüchtigten.[271] Dörte Schmidt legt eine Skizze vor, in der der Landgraf die Studieninhalte des Rittercollegiums nach ramistischem Prinzip in immer genauere Untergruppen geordnet hat (Abb. 39). Schmidt glaubt, die Musik sei aufgeführt als die »Kunst, die dem Gehörsinn zugeordnet ist«.[272] Doch geht es Moritz um die Beschreibung von Phänomenen, die er nach ihrem Vorkommen aufgliedert. Unter die Aufzeichnung physikalischer, das heißt auf Natur und Mensch bezogener Erscheinungen (*corporalia*) fallen die musikalisch-akustischen, überdies ganz unten angesiedelten Reize.[273] Deshalb bedeutet der Bereich der *musica* meines Erachtens hier die Schulung und Aufzeichnung sinnlicher Wahrnehmung, etwa im Sinne von Gehörbildung (*studia audientis*). Musik in jenem erkenntnistheoretischen Sinne, wie sie im Musiktisch und anderen landgräflichen Zeugnissen gepriesen wird, dürfte in Moritz' Schema zu den *studia metaphysica* gehören. Diese stehen weit oben als Gegenbegriff zu den physikalischen, innerweltlichen Phänomenen. Erklärend setzt Moritz hinzu, dass er zu den *studia metaphysica* jene Künste rechne, die sich auf Magisches, Göttliches und Okkultes bezögen (*hinc referuntur artes magicae* [...] *divinae & occultae*). Offensichtlich waren diese Künste nur hochgebildeten Eingeweihten vorbehalten, gerade weil der Landgraf sie

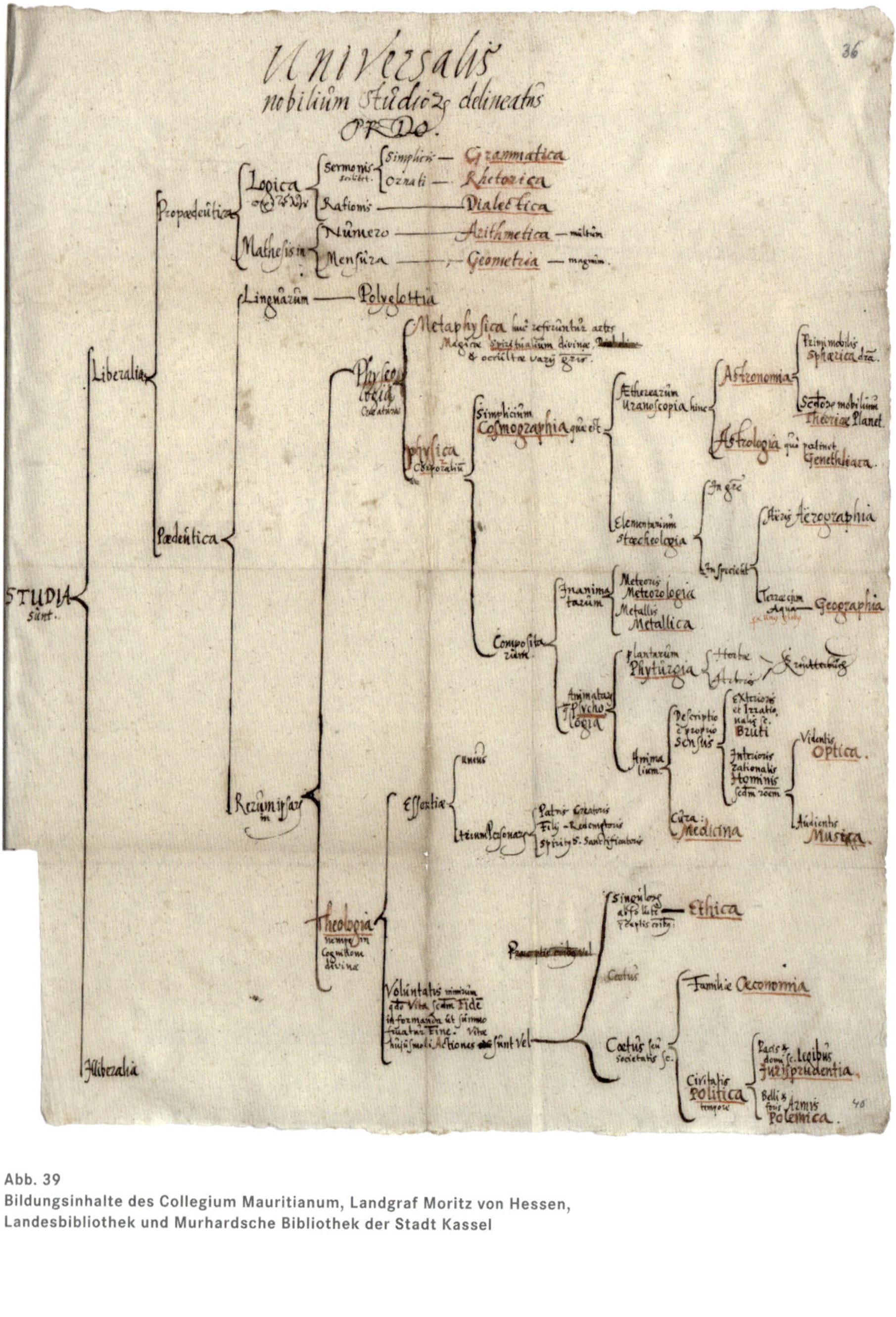

Abb. 39
Bildungsinhalte des Collegium Mauritianum, Landgraf Moritz von Hessen, Landesbibliothek und Murhardsche Bibliothek der Stadt Kassel

in seiner Studienübersicht für die jungen Adligen des Rittercollegiums nicht näher ausführt. Einmal mehr zeigt Moritz' Schaubild eine konsequente Hinwendung zur Lehre des französischen Calvinisten Petrus Ramus (1515-1572), die schon unter der Regierung seines Vaters Wilhelm ihren Anfang nahm. Kern des ramistischen Prinzips ist die eigene Anschauung der Erscheinungen (Empirie) und ihre methodische Ordnung. Damit hat Kassel sich viel früher als die meisten anderen Höfe bewusst von der bisher prägenden, auf Aristoteles gründenden scholastischen Weltsicht abgewandt.[274]

Mit dem *Collegium Mauritianum* ist eines jener bildungspolitischen Elemente benannt, mit denen Landgraf Moritz sein Land voranzubringen gedachte; die Musik mit ihrer moralischen und Erkenntnis bringenden Potenz war dabei immer wieder sein Leitgedanke. Dörte Schmidt hat kürzlich Landgraf Moritz' wiederholte Bezugnahmen auf Apoll thematisiert.[275] Dem hinzuzufügen sind drei weitere aussagekräftige Beispiele: Auch Moritz' Poetik (1598) sind, wie in frühneuzeitlichen Schriften üblich, zum Beleg seiner Autorität mehrere Lobgedichte vorangestellt. Angesehene Gelehrte verfassten diese Epigramme auf die hohe Dichtkunst des Landgrafen, so auch der damalige Mathematik-Professor Johannes Hartmann:

»*Hassia sis felix, tibi enim Parnassus in uno*
Principe cum Musis floridus astra petit.«[276]

Hessen, sei glücklich!, denn für dich ragt der blühende Parnass
unter dem einen Fürsten gemeinsam mit den Musen in die Himmelshöhe.

Wieder wird das landgräfliche Wirken in traditioneller Weise gepriesen als höheres Streben im Dienste von Phoebus, wie Apoll auch genannt wird.

Im Jahr 1605, in das der Musiktisch datiert, wurde nach antikem Vorbild der »Ottoneum« genannte Theaterbau errichtet. Wohl entworfen vom landgräflichen Hofbildhauer Vernuken, krönt eine Apollo-Statue die hintere Fassade.[277] Der Musengott, der Dichtung und Musik in sich vereint, war für die Dramen und Singspiele der ideale Pate. Das apollinische Erbe führte Landgraf Moritz auch hier aktiv fort, denn nicht wenige der aufgeführten Werke hatten er und seine Tochter Elisabeth selbst verfasst. Neben Aufführungen in deutscher wurden solche in italienischer, französischer und englischer Sprache gegeben. Der Landgraf verpflichtete dauerhaft eine englische Schauspielertruppe – zehn bis vierzehn Akteure in wechselnder Besetzung –, in der mehrere fähig sein sollten, auch zu singen und verschiedene Musikinstrumente zu spielen. Der Landgraf sah im Schauspiel, dem antiken Dichter Horaz nachfolgend, neben der Unterhaltung ein Mittel zur moralischen Bildung: »...damit aus fremder Sitt von fern ein jeder sich erkennen lern«, so die ehemals über einem der Eingänge des Theaterbaus angebrachten Verse aus Moritz' Feder.[278] Dies erinnert an die Funktion der Geschichtsschreibung, sowohl auf dem Musiktisch wie auch beim Festzug 1596 repräsentiert von Clio mit der Harfe. Fritz Wolff macht deutlich, dass man das Theater als einen Baustein in Moritz' bildungspolitischem und reformerischem Konzept sehen muss: »Vergegenwärtigt man sich, dass die Bemühungen des Landgrafen um das Theater in die gleiche Zeit fallen wie die Gründung der universitätsähnlichen Hochschule, die intensive Arbeit an eigenen theologischen, enzyklopädischen und linguistischen Publikationen, die Einrichtung der ersten Druckerei in Kassel (1597), die Stiftung des Mäßigkeitsordens (1601) und vor allem die Vorbereitung der kirchlichen Verbesserungen, so wird deutlich, dass sich dies ganz im melanchthonianischen Sinne in ein umfassendes Programm einer Gesellschaftsreform durch Erziehung zur wahren Bildung und zum rechten Glauben einordnet«.[279]

Im »Renthof« genannten ehemaligen Kasseler Karmeliterkloster war das *Collegium Mauritianum* untergebracht. Am nördlichen Flügel zur Hofseite hin befindet sich ein Wandbrunnen,[280] den Holtmeyer um 1600 datiert (Abb. 40). Er vermutet in der Nischenfigur eine Darstellung Apolls, weil die Umrandung des Brunnenbeckens verschiedene Musikinstrumente und aufgeschlagene Notenhefte im Relief zeigt.[281] Die Identifikation der Skulptur ist aufgrund gravierender Schäden erschwert und genauso strittig wie die Frage, ob die in der Nische etwas überdimensioniert wirkende Figur überhaupt ursprünglich dort ihren Platz hatte.[282] Auch wenn die jetzige Skulptur nicht die ursprüngliche sein sollte, steht die dezidiert musikalische Ikonographie des möglicherweise von Wilhelm Vernuken geschaffenen[283] Brunnens fest: An die Ecken des Beckens sind programmatisch aufgeschlagene Notenhefte gesetzt, vor einem schmalen Sims hängen, illusionistisch an einen Ring geknüpft, verschiedene Blasinstrumente. An der Frontseite des Brunnens sind dies die Signal gebenden Zink[284] und Trompete, das Zentrum aber nimmt eine schräg gestellte Rebec ein, die Vorläuferin der heutigen Violine. Heuer sieht in den Musikinstrumenten einen Verweis auf »die vom Landgrafen Moritz [...] mit besonderer Liebe gepflegte Theaterkunst«.[285] Jedoch fehlen die typischen Kürzel für die darstellende Kunst, nämlich tragische oder komische Masken. Vielmehr dürften die Musikinstrumente und Noten hier die *musica practica* symbolisieren. So setzte Moritz mit diesem repräsentativen Brunnen noch einmal öffentlich sichtbar den Akzent auf die Musik im Bildungskanon seines Rittercollegiums. Den jungen Adligen musikalischen Unterricht zukommen zu lassen bedeutete für Moritz nicht weniger, als Ohr und Geist zu kultivieren und die Elite des Landes so empfänglicher für die gewünschten Tugenden und Werte zu machen. Bildhaft drückte der Landgraf diese Strategie gestalterisch mit einem Brunnen aus – seit jeher Metapher für geistige Nahrung und Erkenntnis: Zur Taufe von Moritz' und Agnes' Erstgeborenem Otto 1594, deren Feier wegen des bitterkalten Winters vergleichsweise bescheiden ausfiel, hatte man den Musenberg Helikon errichten lassen, umringt von den neun Musen. Auf dem Gipfel stand das Pferd Pegasus, das, wie Dilich referiert, mit einem Hufstampfer die Musenquelle Caballinus schuf. Nachdem man »den gantzen Abendt viel stunde lang ein lieblich gethon und Music umb den Berg« gehört hatte, entzündete sich die ganze Inszenierung zu einem großen Feuerwerk.[286]

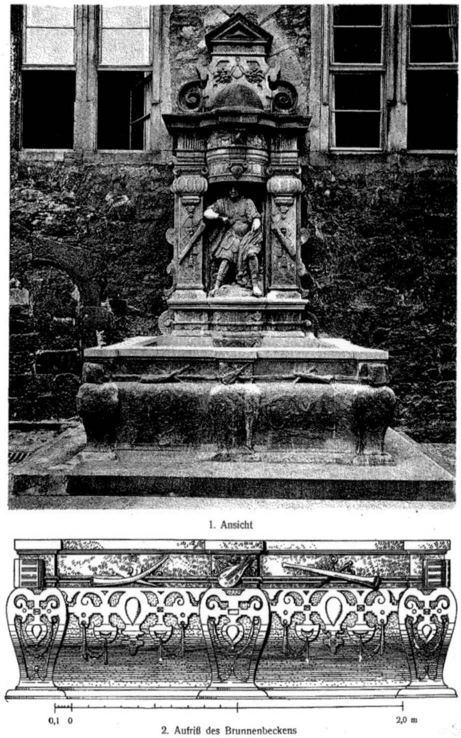

Abb. 40 **Brunnen mit Notenbüchern und Instrumenten, Wilhelm Vernuken zugeschrieben, um 1600, Renthof, Kassel**

Der Musiktisch steht mit der Zentralfigur Apoll in dieser Bildtradition, führt aber zusätzlich Midas als Gegenbild eines unwürdigen Fürsten vor. Der Gelehrte Georg Sabinus erläutert in seinem 1555 publizierten Kommentar zu Ovids Metamorphosen, dass die Figur des goldgierigen Königs allen Herrschenden als warnendes Beispiel zu dienen habe. Sabinus beklagt, dass die meisten Fürsten so ungebildet seien wie Midas; auf sie sei nämlich dessen Geschichte gemünzt. Nur wenige gebe es, die bereit gewesen seien, all ihren Reichtum für die Weisheit hinzugeben. Daraufhin nennt der Autor leuchtende Vorbilder wie den biblischen König Salomo, aber auch den neuzeitlichen Herzog von Urbino,[287] an dessen Hof übrigens Castiglione die fiktiven Gespräche in seinem *Cortegiano* ansiedelt. Sabinus kritisiert also nicht grundsätzlich den Reichtum der Landesherren, sondern dass sie ihre finanziellen Mittel für niedere Zwecke einsetzten. Stattdessen fordert der Gelehrte, dass die Fürsten mit ihren Reichtümern Wissenschaften und Künste fördern sollten – in Bildung investieren, würde man heute sagen. Im Einklang mit diesem Herrscherideal ließ Moritz durch Pleninger auf dem kosmologischen Tisch (Abb. 4) eine Inschrift anbringen, die in dem Ausruf gipfelt:

»Mögen anschwellen an Reichtum die anderen, seien es Könige, seien es Fürsten, Du werde (was wenige besitzen) gerühmt durch allerlei Künste.«[288] Künste auszuüben, Wissen zu mehren, Erkenntnisse zu gewinnen und für das Wohlergehen des Landes anzuwenden – damit ist man wieder bei der schon beschriebenen, mit der Kurzform *litterae* bezeichneten Herrschaftsauffassung angelangt. Der Landgraf, »göttlich begabt«, wird in den Versen angerufen als »Adler in einer Wolke«; möglicherweise wird hier auf ein Emblem rekurriert, in dem der aufsteigende Adler, rein gewaschen und tugendhaft, niemals vom Blitz getroffen werde.[289] Pleningers kosmologischer Tisch, der hier nur in Ansätzen besprochen werden konnte, entfaltet die ganze Breite der innerweltlichen Erscheinungen, die Moritz als *physica* bezeichnet: Er verbindet eine Landkarte Hessens mit dem Immerwährenden Kalender und einem auf Kassel ausgerichteten Astrolab, ergänzt um die vier Elemente, Jahreszeiten und Temperamente.[290] Kümmel begreift die Steintafel treffend als »Demonstrationsmodell kosmischer und territorialer Ordnung«.[291] Vielleicht ist Pleningers geätzte Landkarte sogar als Vorausschau auf Moritz' baldiges Projekt zu sehen, die Kartierung Hessens durch seinen Geographen Wilhelm Dilich ab 1607 – Bild gewordener Ausdruck des Herrschaftsanspruchs des Landgrafen.[292] Dem kosmologischen, auf messbare Welterkenntnis gerichteten Tisch gegenüber steht der Musiktisch, der die Musik als Medium zu innerer, moralischer Erkenntnis preist.

Warum nun ließ der Landgraf diese beiden kostbaren Werke fertigen, und warum zu diesem Zeitpunkt? Ende des Jahres 1604 gelang es Moritz nicht mehr, die Kosten für seine Hofkapelle durch den Musikantenverlag zu rechtfertigen. Möglicherweise wollte er mit dem Musiktisch vor Augen führen, welchen hohen Stellenwert die Musik trotz allem weiterhin für sein Selbstverständnis haben würde. Offenbar sah er dafür in der multimedialen Gattung Musiktisch ein geeigneteres Repräsentationsmittel, als ein reiner Text oder eine isolierte musikalische Komposition es hätten sein können. Die Bildkünste waren für den calvinistischen Landgrafen ja nur unter Vorbehalt – nämlich durch Inschriften versachlicht – für die Herrscherrepräsentation nutzbar. Dagegen kannten die Fürsten im lutherischen Stuttgart oder katholischen Graz diese selbst auferlegte Beschränkung nicht. Aus Moritz' Sicht eignete sich stattdessen die Musik als legitimes Medium,[293] vor allem weil sie, als *musica theoretica* verstanden, anerkanntermaßen unter die *artes liberales* gerechnet wurde. Genau auf diese mathematisch-wissenschaftliche Potenz der Musik wird auf Pleningers Tischplatte vielfach Bezug genommen. Die Gestaltung des Musiktisches folgt zwar einerseits den calvinistischen Normen, indem etwa das

Mittelbild eine Umschrift erhält, schöpft andererseits aber mit ihrer sinnenfrohen Detailfülle deren Grenzen weit aus. Keinesfalls wollte Moritz die Bildkünste »auf paralleler Ebene mit den menschlichen Lastern platziert«[294] sehen, sondern erkannte, dass die Gattung Musiktisch eine – selbst ihm als Leitfigur des Calvinismus – erlaubte multimediale Kunstform war, die noch dazu in einzigartiger Weise seine Wertvorstellungen transportierte: Apoll als Vorbild des Fürsten, die Wissenschaften und Künste als Schlüssel zu einem neuen Gesellschaftsideal, die Musik als Verbindung innerweltlicher und überzeitlicher Menschheitsfragen.[295] Indem eine geistige Elite in intimem Rahmen den *amor divinus* besang, öffnete sich bereits ein Stück weit Einblick in eine göttliche Erkenntnis – ein performativer Akt, der weit über das schlichte Herrscherlob etwa des Stuttgarter Tisches hinaus weist. Insofern ist Borggrefes Einschätzung zweifelhaft, dass die Musik hier dem bloßen »menschlichen Vergnügen« diene, wogegen Moritz der Malerei als politischem Instrument stärkeres Gewicht zugemessen habe.[296]

Die »Verbesserungspunkte«, Moritz' Verordnung zur landesweiten calvinistischen Gottesdienstform, traten 1605 in Kraft, also im Vollendungsjahr beider Pleninger-Platten. Der Calvinismus war für Moritz die Glaubensform, die das Streben nach Wissen (*amor divinus*) einerseits und ein moralisch gutes Leben andererseits nicht – wie Teile der katholischen Kirche – als Widerspruch begriff, sondern als wechselseitige Bedingung vorsah. Erst das Wissen um die Zusammenhänge von Kosmos und Mensch würden zu einer gerechten und harmonischen Gesellschaft führen.[297] Die Gelehrten der reformierten Partei sahen den hochgebildeten Moritz als ihren politischen Protagonisten.[298] Der Landgraf, selbst »fürstlicher Forscher«,[299] wollte nicht weniger als eine »Reform der gantzen weiten Welt«, eine auf Bildung gegründete Neuordnung der Lebensbedingungen schaffen.[300] Es genügte nicht mehr, sich in humanistischer Manier allein auf antike Autoren zu stützen. Die geistige Elite durchdachte in allen Teilen Europas um 1600 vielerlei gesellschaftliche Neuerungen und Staatsutopien wie etwa Campanella in seinem »Sonnenstaat« oder Francis Bacon in »*Nova Atlantis*«.[301] Auch Karel van Mander, Goltzius' Mentor, entwarf das Sehnsuchtsbild eines befriedeten Holland, in dem die Dichtung und die Künste blühen sollten.[302] Ähnliches fordern die Rosenkreuzer-Manifeste von 1614 und 1615, die der Landgraf unterstützt, wenn nicht mitgestaltet haben muss, da er sie in der Kasseler Hofdruckerei Wessel veröffentlichen ließ: eine Verwissenschaftlichung der Gesellschaft als Weg zu einer gerechteren Weltordnung.[303] In der *Fama fraternitatis*, 1614 erschienen, fordern die anonymen Autoren eine Reform der Wissenschaften und

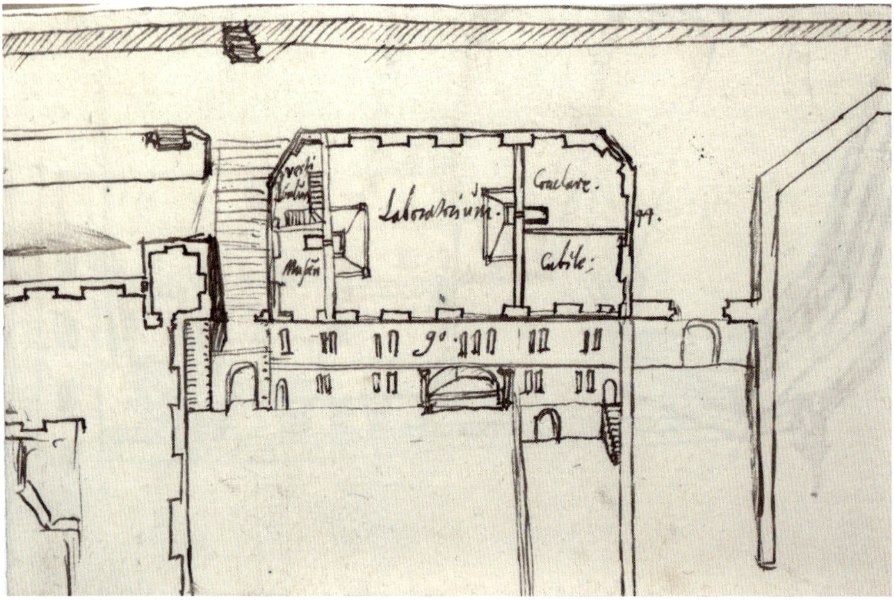

Abb. 41 Skizze für einen Schloss-Anbau, Erdgeschoss mit Laboratorium, Landgraf Moritz von Hessen, Landesbibliothek und Murhardsche Bibliothek der Stadt Kassel

richten sich damit gegen die katholischen Bestrebungen, den Fortschritt in der Erforschung der Welt zu kontrollieren.[304] Vor diesem Hintergrund kann man Apolls strahlende Erscheinung im Zentrum des Musiktisches als Licht der Erkenntnis verstehen, die Moritz mit modernen wissenschaftlichen Methoden zu erlangen versuchte.

Sichtbares Zeichen dafür, dass sich seine Landesherrschaft auf Forschung und Künste gründete, hätte jener Flügel werden können, den Moritz als Erweiterung des einstigen Landgrafenschlosses plante: Die von ihm selbst zwischen 1605 und 1627 angefertigten Skizzen zeigen einen zweigeschossigen Anbau zur Fulda hin; darin sah Moritz zu ebener Erde ein großes »*Laboratorium*« vor, ergänzt um zwei Räume, die mit *Cubile* (Lager oder auch Schlafstatt) und *Conclave* (verschließbares Zimmer) bezeichnet sind (Abb. 41).[305] Broszinski weist eigens darauf hin, dass der große Experimentierraum repräsentativ konzipiert war.[306] Diesem offiziösen Charakter entspricht, dass Moritz neben das Labor ein Zimmer mit der Bezeichnung »*Museum*« setzte, also eine Kunstkammer[307] oder ein herrschaftliches Studierzimmer.[308] Im Obergeschoss, dem *piano nobile* des geplanten Flügels, skizzierte der Landgraf eine repräsentative Raumfolge, beschriftet mit »Treppe«, »Vorgemach« und »Sahl«, dazu eine größere »Stube« und zwei kleinere »Cammern« (Abb. 42). Dass diese Räume lediglich dazu dienen sollten, hochstehende Gäste aufzunehmen,[309] scheint fraglich. Raumnot herrsch-

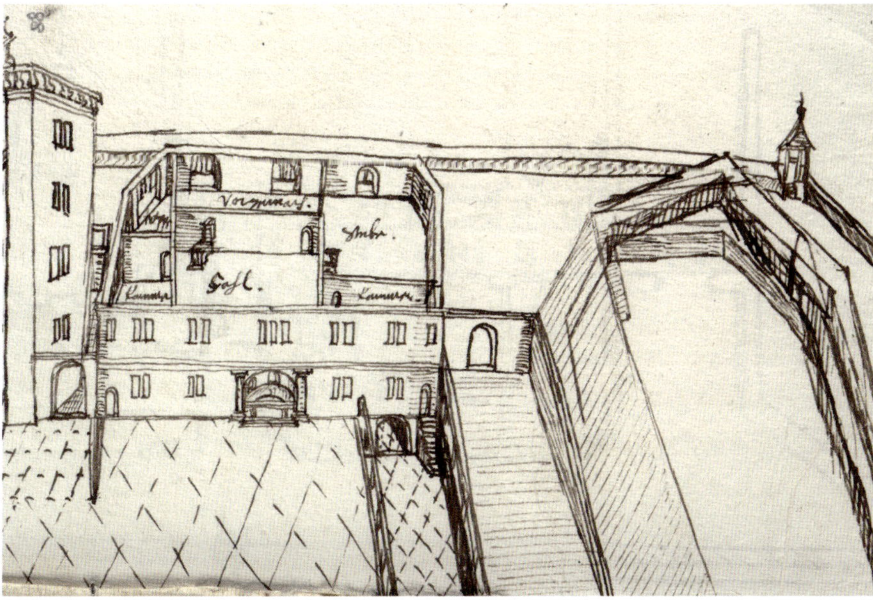

te im Schloss nicht, und auch für Labore und Sammlungen fand der Landgraf andernorts in Kassel Platz. Im Lusthaus in der Fulda-Aue etwa besaß Moritz ein »schreibstuebichen«, in dem er bei Bedarf übernachten konnte, umgeben von seiner Musikinstrumenten-Sammlung.[310] Eine Erweiterung des Schlosses jedoch, also des Regierungssitzes selbst, hat Zeichencharakter. Deshalb sollte man Moritz' Entwurf als wichtige architektonische Aussage zu seinem Selbstbild verstehen: Wenn er im Erdgeschoss des Anbaus seinen herrscherlichen Tätigkeitsschwerpunkt – Sammeln und Erweitern des Wissens – gebündelt darstellen wollte, wäre das darüber liegende Appartement folgerichtig ihm selbst als »fürstlichem Forscher«[311] am ehesten zugekommen. Die beiden geätzten Prunktische gleichsam als Symbole der *physica* und *metaphysica* hätten sich in diesem neuen baulichen Kern seiner Herrschaft des Wissens gut ausgenommen.

Abb. 42
Skizze für einen Schloss-Anbau, Obergeschoss mit Saal, Landgraf Moritz von Hessen, Landesbibliothek und Murhardsche Bibliothek der Stadt Kassel

Landgraf Moritz sah in der Musik die würdige Schwester aller höheren Künste, sei es Alchemie, Mathematik, Medizin oder Theologie. Pleningers Werkpaar konnte seinen Standpunkt in der Reform-Diskussion und seine Vision für die Zukunft effektvoll zur Darstellung bringen. Der kosmologische Tisch preist in eher traditioneller Weise die Tugenden des Landgrafen, Wissen zu mehren und Studien zu fördern, der Musiktisch dagegen vermittelt in höchst artifizieller Form das Bildungsstreben des Landgrafen. Im Festzug 1596 erschien Moritz noch selbst als idealer

Herrscher Evergetes im mit Sonnen besetzten Gewand, um den sich ein Klangraum der ihn umgebenden Musikanten aufbaute;[312] der kosmologische Tisch ehrt Moritz namentlich mit panegyrischen Versen, im Musiktisch nun tritt die Person des Fürsten gänzlich hinter dem propagierten Bildungsideal zurück: Ein maßvolles, tätiges Leben und die stete Übung des Verstandes führen letztlich zum Triumph des Wissens. Hier scheint bereits das Goldene Zeitalter unter der Herrschaft Apolls[313] auf, jene Wissenschaftsgesellschaft,[314] die sich Landgraf Moritz als ambitioniertes Ziel seines Wirkens gesetzt hatte.

263 Borggrefe 2000, S. 26.
264 Fabronius 2000 (1625), S. 180.
265 Ausst.-Kat. München 1999, S. 38.
266 Merzbacher 1997, S. 324. Erbprinz Otto, nach dem der Landgraf sein Theater benannte, verstarb 1617 mit erst 23 Jahren, so dass der nachgeborene Wilhelm 1627 Moritz' Nachfolge antrat.
267 Fabronius 2000 (1625), S. 175; Fusenig 2000, S. 84.
268 Ausst.-Kat. Kassel 2010, S. 11; Schmidt 2010, S. 290f.
269 Ausst.-Kat. Kassel 1997, Kat. Nr. 82, S. 72.
270 Ders., Kat. Nr. 80 u. 81, S. 71f.
271 »*...non tanto per quella superficial melodia che si sente, ma per esser sufficiente ad indur in noi un novo abito bono ed un costume tendente alla virtú* [sic], *il qual fa l'animo piú* [sic] *capace di felicità, secondo che lo esercizio corporale fa il corpo piú* [sic] *gagliardo*«; Castiglione 1965 (1528), S. 78.
272 Schmidt 2010, S. 293 zu *Collegium Mauritianum* 2° Ms. Hass. 57[1.
273 Als eine Untergruppe im »Studium der Lebewesen« (*studia animalium*) unter der »Beschreibung aus eigener Anschauung« (*descriptio ē proprio sensūs*).
274 Borggrefe 1997, S. 15f.
275 Schmidt 2010, S. 286ff.
276 Moritz 1598, 4v.
277 Ausst.-Kat. Kassel 1997, Kat. Nr. 339, S. 315f.
278 Wolff 1997, S. 311ff., Zitat S. 312.
279 Ders., S. 313.
280 Ich danke Joachim Baier, der mich auf die musikalische Ikonographie des Brunnens hingewiesen hat.
281 Holtmeyer 1923, S. 791.
282 Kramm vermutet in der Figur überraschenderweise »ein Werk der Barockzeit«; Kramm 1936, S. 380; »unpassend, geradezu eingezwängt« wirkt auf Hoffmann die Platzierung der Statue: Hoffmann 1990, S. 59.
283 Hoffmann 1990, S. 60; Heuer 2000, S. 173 ff.
284 Blasinstrument aus Holz oder Elfenbein mit Tonlöchern.
285 Heuer 2000, S. 175.
286 Dilich 1986 (1598), S. 3.
287 Mundt 2008, S. 87.
288 Kümmel 1996, S. 113.
289 Henkel / Schöne 1996 (1967), Sp. 776f.
290 Ausst.-Kat. Kassel 1997, Kat. Nr. 280, S. 238.
291 Kümmel 1996, S. 132.
292 Baumgärtner 2011.
293 Zur Sonderbehandlung der Musik im calvinistischen Kassel Schmidt 2010, S. 283f.
294 Kümmel 1996, S. 156.
295 Vgl. Schmidt 2010, S. 295f.
296 Borggrefe 2000, S. 29.
297 Ders., S. 26.
298 Sittig 2010, S. 125.
299 Moran 1987, S. 131.
301 Borggrefe 2000, S. 18.

302 Raspe 2003, S. 155f.

303 Während Borggrefe sich ausdrücklich dafür ausspricht, dass Moritz selbst die Rosenkreuzer-Manifeste verfasst habe, hält sich Broszinski mit einer eindeutigen Zuweisung zurück, da es keinerlei Belege für einen Kontakt des Landgrafen mit der Bruderschaft gebe; vgl. Borggrefe 2000, S. 16 mit Ausst.-Kat. Kassel 2011, S. 2 und Katalog Kassel 2011, S. XXVI f.

304 Borggrefe 1997b, S. 343.

305 Heppe meint, dass eine im Laboratorium tätige Person im *Cubile* schlafen und im *Conclave* hätte wohnen sollen (Heppe 1995, S. 128); Broszinski dagegen vermutet im *Cubile* ein Kohlenlager und im *Conclave* den Schlafraum des für die mitunter mehrtägigen Experimente verantwortlichen Wächters (Ausst.-Kat. Kassel 1997, Kat. Nr. 394, S. 362).

306 Die Rauchzüge der beiden Feuerstellen sind außerhalb des Laboratoriums eingezeichnet wie in einem repräsentativen Raum; Ausst.-Kat. Kassel 1997, Kat. Nr. 394, S. 362.

307 Ebd.

308 Kümmel 1998, S. 198f.

309 Heppe 1995, S. 128 mit Abb.

310 Wedel 1895 (1606), S. 705.

311 Moran 1987, S. 131.

312 Schmidt 2010, S. 288.

313 Zum Sieg des *amor divinus* und zum Goldenen Zeitalter Irmscher 1999, S. 113ff., 204.

314 Borggrefe 2000, S. 18.

Umgang mit einem Fragment: Restaurierung und Rekonstruktion

Anne Harmssen, Christoph Hellbrügge, Dietmar Wohl

Die aktuelle Instandsetzungs- und Restaurierungsmaßnahme mit der Rekonstruktion des im Zweiten Weltkrieg zerstörten Bergfrieds der Löwenburg gab den Anlass, sich auch mit der Restaurierung des Steintisches von Andreas Pleninger zu beschäftigen.[315] Als ehemaliger Standort des prächtigen Musiktischs wird im Mobiliar-Inventar von 1816 das Speisezimmer genannt, welches sich im Erdgeschoss des Bergfrieds befand. Nach der Rekonstruktion des Bergfrieds soll die fast vollständig vorhandene Innenausstattung gemäß dieses Inventars wieder in die entsprechenden Räume der Löwenburg zurückkehren, und die Raumensembles sollen wiederhergestellt werden.

Der 1605 datierte Tisch ist im Zweiten Weltkrieg stark beschädigt worden und in dreißig Teile zerbrochen. Viele kleinere Bruchstücke fehlen gänzlich, braune Verfärbungen im Steinmaterial sind offensichtlich, und die farbige Bemalung ist durch Feuchtigkeit, unzureichende Lagerung und chemische Zersetzungsprozesse verfärbt, verschmutzt und in ihrer originalen Farbigkeit nicht mehr nachvollziehbar. Die prächtige Vergoldung fehlt fast völlig, die Darstellung des Midas-Urteils im Zentrum der reich verzierten Oberfläche ist durch Farbverluste, einen verbräunten Überzug und weißliche Ablagerungen nahezu unlesbar (Abb. 43). Der Tischfuß und eine hölzerne Einfassung der Platte gelten heute als verschollen. Einzige Zeugen der damaligen Einrichtung sowie des Erscheinungsbildes des Tischfußes sind eine Schwarz-Weiß-Postkarte von vor 1945 mit dem in preußischer Zeit umgestellten Mobiliar des Raumes[316] und zwei Inventarbucheinträge von 1816 und 1910. So heißt es im Mobiliar-Inventar von 1816: Speisesaal, Raum 54: »[...] ein großer runder Tisch von Marmor. Der mittlere Theil mit Figuren, die Umgebung [...] gegen die Musick dargestellt und sehr kunstreich ausgearbeitet, die äußere Einfassung schwarzgebeiztes Holz. Das hiesige Tischgestell von grau geadertem Marmor«. Im Inventar von 1910 wird der Tisch erneut vermerkt, hier aber dem Raum 3, dem Vorzimmer zum Schlafzimmer im Erdgeschoss, zugeordnet. Zu lesen ist: »Ein Tisch, rund, mit Steinplatte, Fußgestell von grau geadertem Marmor, die Mitte der Platte mit eingeätzten Figuren und Einfassung der Platte von schwarz gebeiztem Holz, 160 Dchm.« Bei dem auf der Postkarte abgebildeten Untergestell handelte es sich um einen Dreifuß aus Stein, welcher stilistisch nicht der Entstehungszeit um 1600 zuzuordnen sein dürfte.

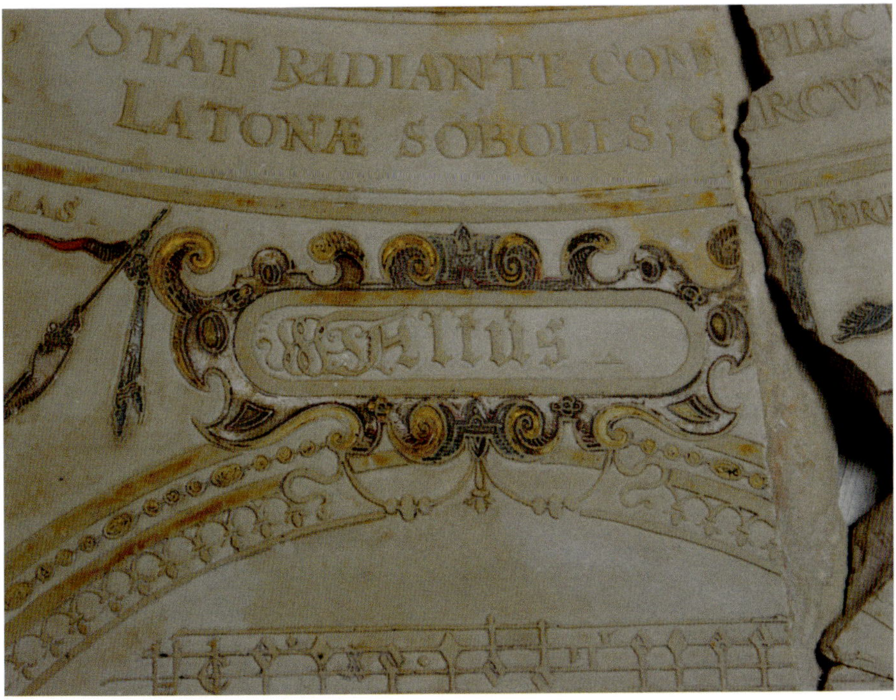

Abb. 43
Kleine Reste der ehemals prächtigen Vergoldung. Die ockerigen Verfärbungen sind Reste des Anlegemittels der Vergoldung.

Die Restaurierungsmaßnahme[317] hatte die allgemein formulierte Zielsetzung, aus den überlieferten Fragmenten wieder einen Tisch entstehen zu lassen, welcher in dem zukünftigen Speisesaal der Löwenburg seinen Platz finden sollte. Als primäre Frage stellte sich, in welcher Form dieses Ziel erreicht werden kann und ob der Wunsch nach einer Wiederherstellung mit dem modernen restaurierungs-ethischen Ansatz in Einklang zu bringen ist. Sollte es möglich sein, die Fragmente zusammenzufügen und wenn ja, wie sollte mit den zahlreichen, zum Teil auch großen Verlusten im Stein und in der Polychromie umgegangen werden? Welche Gestalt kann ein zu rekonstruierender Tischfuß erhalten? Sollte er, laut Inventar, aus geädertem Marmor und wie im historischen Foto belegt, mit einem Dreifuß nachgebildet oder, in Anlehnung an die historische Formgebung, als moderne Variante aus anderem Material rekonstruiert werden? Auch stellte sich die Frage, wie eine schwarzgebeizte Holzeinfassung, die auf dem Foto hinsichtlich ihrer Form und Maße nur annäherungsweise nachvollziehbar ist, in Holzsorte und Farbigkeit dem nunmehr fragmentarischen, durch Alterung verfärbten Erscheinungsbild der heutigen Tischplatte anzupassen sei. Das Ziel der Restaurierungsmaßnahme für den Kasseler

Musiktisch war definiert, aber das ästhetische Gesamterscheinungsbild zu Beginn der Maßnahmen noch schwer fassbar. Die Herangehensweise wurde im Verlauf der Restaurierungsarbeiten von den Verantwortlichen diskutiert und, falls notwendig, im Arbeitsprozess revidiert und neu definiert.[318]

[...] sehr kunstreich ausgearbeitet, [...]

Das Relief des Musiktisches wurde von Andreas Pleninger in einer aufwendigen Ätztechnik erzeugt und anschließend vielfarbig bemalt und vergoldet. Die Oberfläche der Tischplatte aus Solnhofener Kalkstein wurde zunächst poliert und verdichtet. Dabei wurde das sogenannte »Kleesalz« (Kaliumhydrogenoxalat) eingesetzt, das aus Sauerklee gewonnen wird – daher der Name – und auch für den sauren Geschmack von Rhabarber und Sauerampfer verantwortlich ist. Bringt man dieses Salz gemeinsam mit Wasser auf Kalkstein-Oberflächen auf und reibt es kräftig, wird der Stein nicht nur verdichtet und poliert, sondern es findet auch eine chemische Reaktion mit dem Kalk statt, bei der eine hochgradig wasserfeste Schicht entsteht (Calciumoxalat). Diese verdichtete Oxalatschicht bestimmt den etwas gelblicheren Farbton, den der Kalkstein dadurch erhält. Auf die glatte Steinfläche wurden anschließend mit einer fettigen Flüssigkeit alle die Partien, die als erhaben hervortreten sollten, hier also die grafischen Linien der filigranen Figuren, Ornamente und Notenkartuschen, aufgemalt. Nach dem Anbringen eines Randes rund um die Platte, der wahrscheinlich aus Bienenwachs bestand, konnte in das entstehende flache Becken eine Säure eingegossen werden. Diese löste den Kalkstein an den Stellen, die nicht von der fettigen Flüssigkeit, dem sogenannten »Ätzgrund« oder auch »Ätzreserve«, bedeckt waren auf, und es entstanden die vertieften Flächen des Reliefs. Die fettige Substanz konnte danach – ähnlich wie bei der Drucktechnik der Radierung – mit einem Lösemittel wieder entfernt werden. Die tiefgeätzten, herausgefressenen Partien wurden ebenfalls mit einer Kleesalzlösung behandelt, was aus der kräftigeren Färbung dieser Flächen geschlossen werden kann. Eine Politur

Abb. 44 Reste des ehemals intensiven Blei-Zinn-Gelbtons

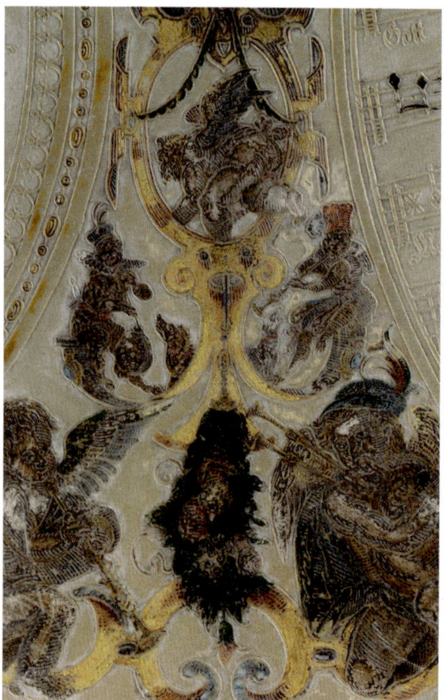

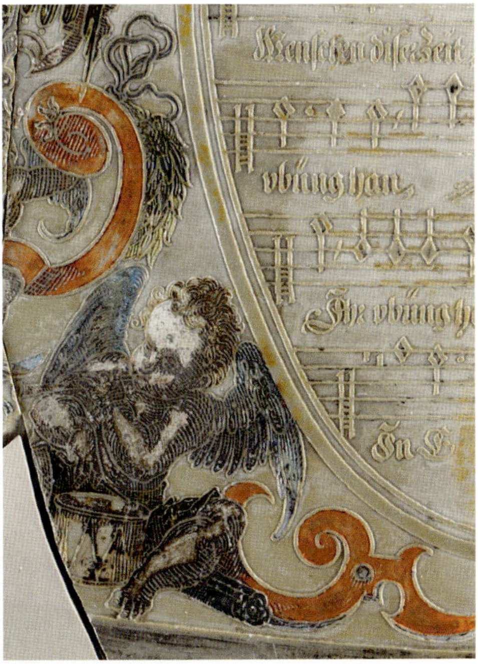

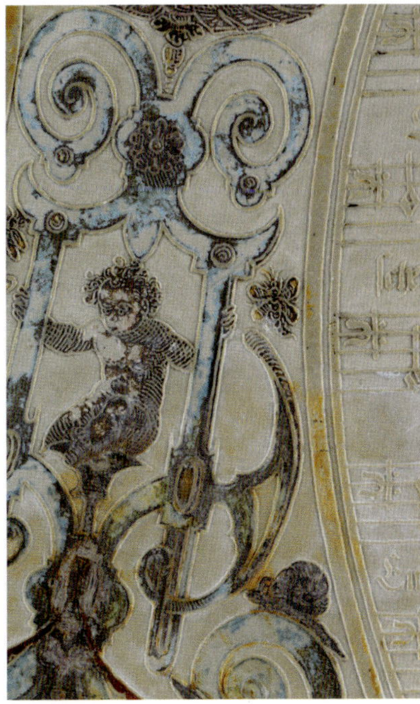

Abb. 45, 46
Reste der roten Zinnober-Bemalung

Verblasste Reste des ehemals leuchtenden Blautons

dieser geätzten Bereiche entfiel, und man darf annehmen, dass die sehr schmalen, vertieften Flächen zwischen den Linien für den mechanischen Poliervorgang zu schwer zu erreichen waren.

Das fertige Relief wurde dann in einer kräftigen Farbigkeit bemalt. Die Analysen der verwendeten Pigmente, die Zeidler durchführen ließ,[319] lassen sich folgendermaßen zusammenfassen: Das Weiß für Inkarnate, für helle Unterlegungen und für Ausmischungen zur Aufhellung der Malfarben besteht aus Kreide und Bleiweiß, als Gelbpigmente liegen Bleizinngelb und Ocker vor (Abb. 44). Die roten Bereiche sind meist mehrschichtig aufgebaut, indem auf eine orangefarbene Mennige-Unterlegung Zinnober aufgetragen wurde und stellenweise als dritte, dunklere Rotschicht ein roter Farblack folgte (Abb. 45). Das blaue Pigment ist Azurit, teilweise mit Smalte ausgemischt, und liegt auf einer weißen Unterlegung (Abb. 46). Als Grünpigment ließ sich ein Kupferpigment nachweisen, bei dem es sich um künstliches Malachit (Berggrün) handeln könnte. Ein weiteres Erdpigment für die warmen Brauntöne konnte nicht näher bestimmt werden, es dürfte aber ein gebranntes, rötliches Pigment verwendet worden sein. Als Schwarzpigment findet sich Beinschwarz. Die Untersuchung vor der jetzt durchgeführten Restaurierung zeigte, dass die Bemalung der Tischplatte auch heute noch mit Wasser angequollen werden kann, so dass von der Verwendung eines wasserlöslichen Bindemittels, wahrscheinlich eines tierischen Leims, ausgegangen werden muss und Ölfarben ausgeschlossen werden können. Auf die anschließende, in einer sehr kräftigen Farbigkeit ausgeführte Bemalung des Tisches wurde zum Abschluss ein Leimüberzug aufgetragen.

Restaurierung der polychromen Oberfläche

Die Verwendung eines wässerigen Bindemittels für die bunte Bemalung der Platte erklärt, warum bei einer früheren sicher mit Wasser durchgeführten Reinigung die Bemalung erheblich beschädigt wurde. Der unterschiedliche Umfang der Verluste auf den einzelnen Bruchstücken spricht für eine Reinigung nach der Bergung aus dem Kriegsschutt der Löwenburg. Etwas rätselhaft bleibt die Beobachtung, dass selbst die vollkommen wasserunlösliche, aber nicht so stark polierte Oxalatschicht auf den tiefliegenden Flächen dabei angegriffen wurde und weiße, oxalathaltige Ablagerungen an den Kanten des Reliefs zurückblieben. Da diese auch auf der Malerei zu finden sind, können sie keinesfalls vom Herstellungsprozess der Tischplatte stammen. Die einzige Erklärung

Abb. 47 Weißliche, unlösliche Oxalat-Ablagerungen auf der Oberfläche

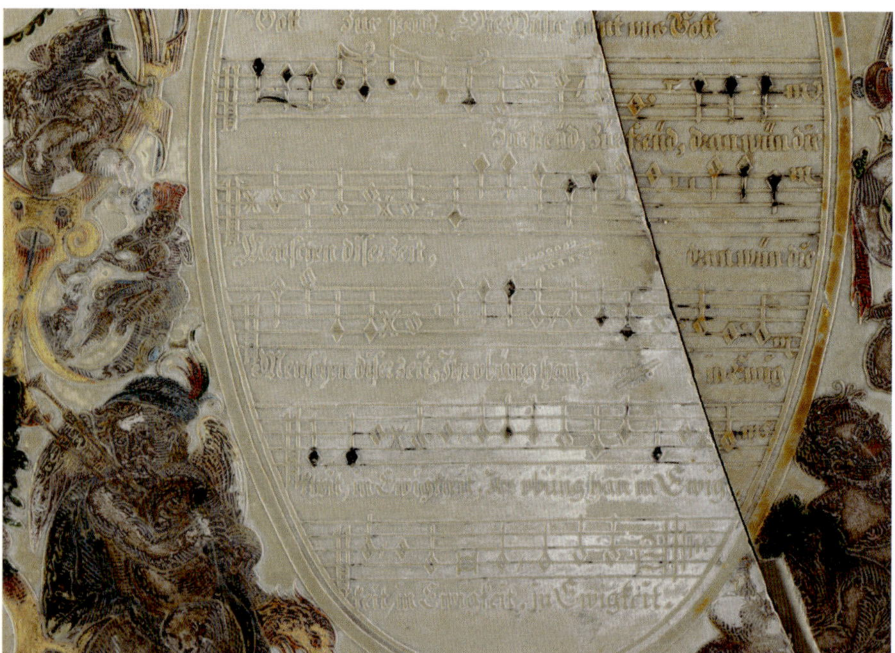

scheint die Verwendung von Kleesalz oder Oxalsäure bei der Reinigung zu sein. Diese Ablagerungen sind vollkommen unlöslich und daher kaum zu entfernen (Abb. 47). Die ehemals sehr kräftige Farbigkeit der Malerei ist leider heute kaum noch zu erkennen, weil der Leimüberzug, der auf die vollendete Malerei aufgetragen wurde, erheblich verbräunt ist. Die Analyse des Überzugs ergab Proteine als Inhaltsstoffe.[320] Mit großer Wahrscheinlichkeit handelt es sich hier um einen mit Zucker oder Honig versetzten tierischen Leim, wie er seit dem Spätmittelalter häufig verwendet wurde (sogenannter »Mundleim«).[321] Bei der Alterung des ehemals farblosen Überzugs entstanden braune Abbauprodukte, die heute die Farbigkeit der Tischplatte bestimmen.

Der uneinheitliche Zustand der Steinoberfläche, wie er im Zuge einer Reinigung wohl unmittelbar nach den Kriegszerstörungen erzeugt wurde und dabei eine grau wirkende Oberfläche hinterließ, sollte bei der Restaurierung soweit wie möglich korrigiert werden. Die Ursache dieser Veränderungen sind Lufteinschlüsse, bedingt durch das Auslaugen der Oberfläche bei der Reinigung. Eine Verdrängung der Luft durch das Einbringen von Stoffen mit einem höheren Brechungsindex kann in einem solchen Fall das fehlende Tiefenlicht wiederherstellen. Ein filmbildender, also relativ dicker Überzug kam hier nicht in Frage, da er den Materialcharakter der Steinoberfläche zu sehr verändert hätte. Als geeignet erwies sich die Behandlung der Oberfläche mit einer stark verdünnten Acrylharzlösung. Vor Auftrag dieser Lösung wurde die sehr saugfähige Farbfassung mit einem Konservierungsmittel, welches andere Lösungseigenschaften als die des Acrylharzes aufweist, behandelt.[322] Auf diese Weise sollte das Eindringen der Acrylharzlösung in die Malerei verhindert werden. Durch das schichtweise und partielle Auftragen des Acrylharzes sollten nicht nur die unterschiedlichen Helligkeitsstufen der steinernen Bruchstücke aneinander angeglichen und eine ästhetische Angleichung von Flecken vorgenommen werden, sondern auch die Vergrauung der Oberfläche reduziert und eine bessere Lesbarkeit der Malerei erzielt werden. Alle Versuche, die braunen, vermutlich aus Eisenoxid bestehenden und in den Stein eingedrungenen Flecken zu entfernen, blieben ohne Erfolg. Denkbar erscheint, dass sich beim Kontakt der Oxalate auf der Tischoberfläche mit Rost und Wasser das wasserlösliche Eisenoxalat gebildet hatte und tiefer in den Kalkstein eingedrungen ist (Abb. 48). Die weißen, wasserunlöslichen Oxalat-Ablagerungen konnten nicht ohne Beschädigung des Leimüberzuges auf der Malerei entfernt werden und verblieben aus diesem Grund auf der Oberfläche.[323] Eine weitergehende Retusche der bemalten Oberfläche, welche die Darstellung unter Umständen wieder besser ablesbar werden lässt, sollte erst nach Verklebung der dreißig Bruchstücke und der Ergänzung der Fehlstellen erfolgen.

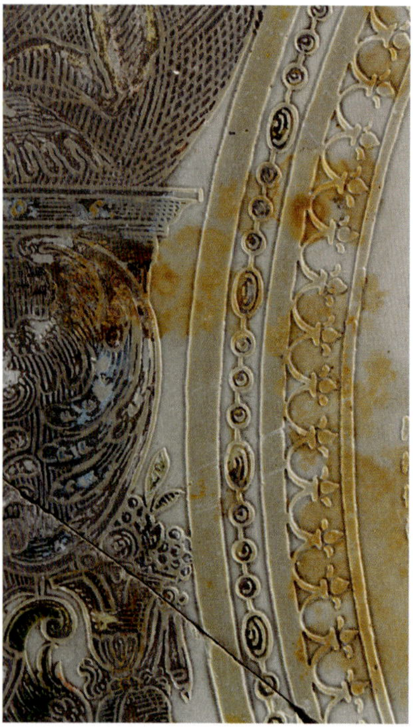

Abb. 48 Braune Verfärbungen im Steinmaterial

Klebung der Bruchstücke

Der Begriff »Plattenkalk« vermittelt prägnanter als die Bezeichnung »Solnhofener Kalkstein« die Spaltfähigkeit und die empfindliche Neigung des Materials zu Abplatzungen und Ausbrüchen. Im Rahmen der bisherigen Beschäftigung mit der Tischplatte von Pleninger ist bereits auffällig gewesen, dass eine Zusammenlegung der Bruchstücke aus dem Grund nicht erfolgt war, weil es die Stoßempfindlichkeit der Kanten und die unebene Rückseite nicht zuließen. Zugleich war ersichtlich, dass ein Klebstoffauftrag an den Bruchkanten ein passgenaues Zusammenfügen der Teilstücke verhindert und nach einer Lösung gesucht werden musste, die eine anders geartete Fixierung ermöglichen würde. Die empfindlichen Einzelstücke bedurften einer stabilen und starren Fixierung, die nur auf einer dafür geeigneten Trägerplatte denkbar war. Eine Trägerplatte aus Stein, welche für diese Maßnahme erst einmal materialgerecht erschien, wurde aus Gewichtsgründen verworfen. Als geeignete Alternative verblieb aufgrund ihrer Eigenschaften (geringes Gewicht, Haltbarkeit und Steifigkeit) eine Aluminum-Wabenplatte. Aus statischen Gründen wurden zwei Platten eingesetzt.[324] Die zweite Platte wurde unter die erste geklebt, dabei kleiner im Durchmesser, um die Mächtigkeit der Gesamtkonstruktion für den Betrachter nicht bemerkbar zu machen. Diese Trägerkonstruktion wird später zum Teil durch die hölzerne Einfassung verdeckt.

Für die Verklebung der Bruchstücke auf der Trägerplatte wurde vorab der Einsatz eines geeigneten Klebstoffs intensiv diskutiert. Da im Rahmen aller Restaurierungsmaßnahmen in der Regel nach reversiblen Materialien gesucht wird, die es unter Umständen auch nach Jahrzehnten ermöglichen, eine Restaurierung wieder rückgängig zu machen, wurde hier die Verwendung von Epoxidharz als Klebemittel lange abgewogen, aber schließlich zugunsten des langzeitstabilen Materials entschieden. Um für die anstehende Verklebung eine ebene obere Fläche der Tischplatte bei spaltrauer Unterseite zu erreichen, war zunächst angedacht, die Unebenheiten der Unterseite durch Stützschrauben auszugleichen, dann die zusammengefügte Platte von oben zu fixieren, zu drehen und anschließend die Rückseite mit den Trägerplatten zu verkleben. Als geeigneter erwies sich aber die Montage auf einer Glasplatte, welche die Ebenheit der Tischplatte garantieren sollte. Die Teilstücke wurden für das Zusammensetzen mit der bemalten Oberfläche auf die Glasplatte gelegt, so dass die rauen Rückseiten sichtbar nach oben gerichtet waren. Die heterogene Struktur der Rückseiten sollte damit beim Zusammenfügen kein Problem mehr sein, denn die Glasplatte ermöglichte eine Kontrolle der Passgenauigkeit der Ebenen und Übergänge an den Kantenverläufen. Die Bruchstücke mussten für die präzise Auslegung auf der Glasplatte vorbereitet werden, indem an den Stirnflächen Mörtelreste entfernt und die schaligen Ablösungen der Rückseiten abgetragen wurden. Darüber hinaus wurden einige erhabene Kalkknollen auf der Rückseite abgeschliffen, um den Spalt zwischen Tischplattenrückseite und Wabenplatte und damit die erforderliche Menge an Epoxidharz zu minimieren (Abb. 49).

Während der Auslegung der Bruchstücke zeigte sich, dass die eigentliche Oberseite der Tischplatte nicht durchgängig so plan war wie angenommen, sondern dass im Original eine leichte Biegung der Oberseite vorliegen musste. Auf der planen Glasplatte ergab sich somit ein geringer »Schuhsohleneffekt«. Es wurden daher durch transparente Unterlagen vorhandene Niveauunterschiede ausgeglichen, wobei die erkennbare leichte Biegung belassen wurde, um nicht das verlässliche Niveau der Glasplatte komplett zu verlassen. Ferner ergab sich auch keine durchgängige Passgenauigkeit an den Bruchkanten zueinander. Eine Reihe von mehreren zusammengesetzten Bruchstücken zeigte, dass durch die Addition der minimalen Spaltbreiten die Ausmaße schließlich länger waren als ein monolithisches Gegenstück. Nach Anordnung auf der Glasplatte und möglichst optimaler Einpassung zueinander wurden die Bruchstücke umlaufend durch eine temporäre Rahmenkonstruktion aus Holz und gegeneinander durch flache, kurze Holzleisten, die mit reversiblem Schmelzkleber aufgesetzt wurden, vorläufig fixiert (Abb. 50). Dies geschah, um Verschiebungen zu vermeiden, die eventuell entstanden wären, da die Einzelstücke teils mit einigem Nachdruck zueinander in Position zu bringen waren. Die endgültige Fixierung sollte mit einer rückseitigen Epoxidharz-Verspachtelung der Bruchlinien und mit Mörtelfüllungen im Bereich der Fehlstellen erlangt werden. Vor dem Antragen des Mörtels wurden einige Fehlstellen vorläufig mit Sand befüllt, der später durch das Umdrehen der Tischplatte wieder leicht entfernt werden konnte. Dies

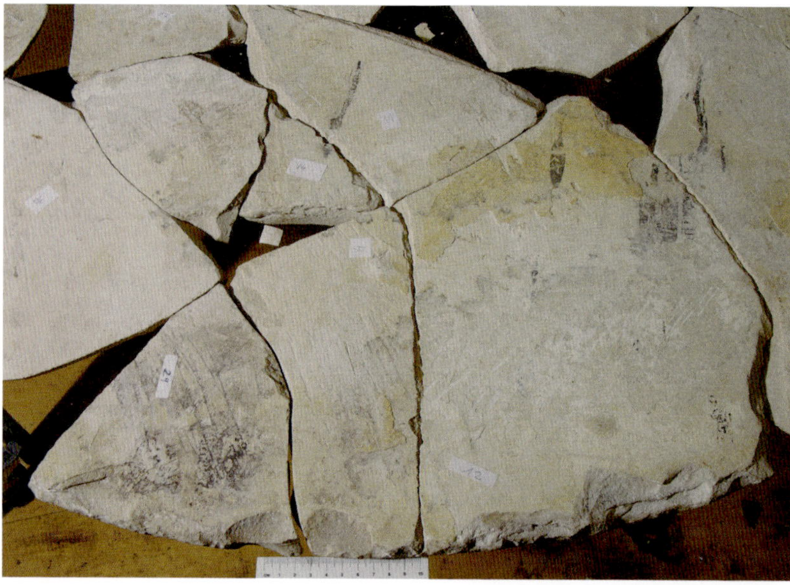

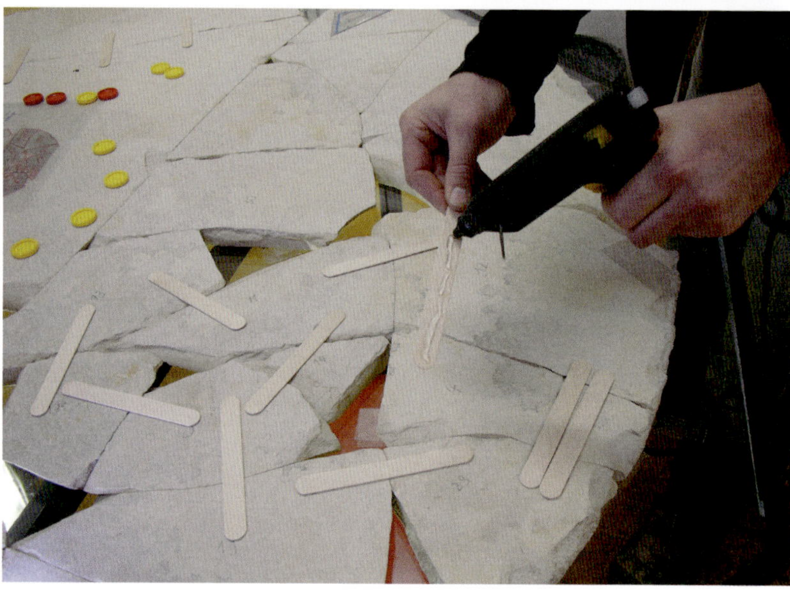

Abb. 49, 50
Die Bruchstücke werden in Vorbereitung der Verklebung mit der bemalten Seite nach unten auf die Glasplatte gelegt.

Die Holzleisten werden zur vorläufigen Fixierung der Bruchstücke mit Schmelzkleber auf der Rückseite angebracht.

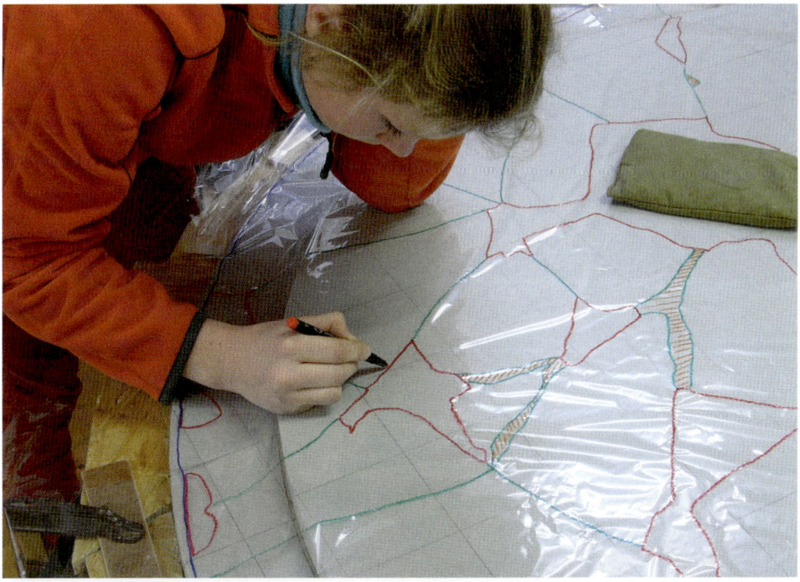

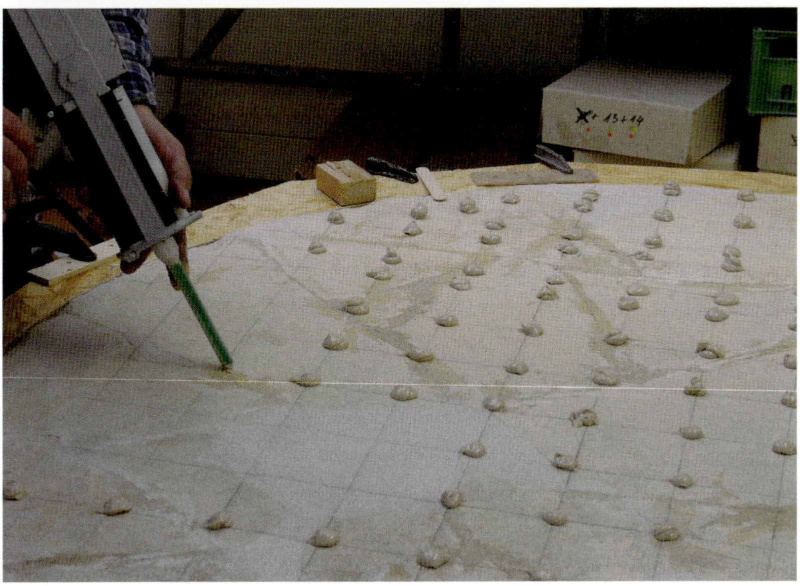

Abb. 51, 52
Die Kartierung der Bruchstücke und Rasterung für die Klebepunkte wird auf die Rückseite der Stützplatte übertragen.

Setzen von Klebepunkten auf der Rückseite der Tischplatte

sollte ermöglichen, die nun nach unten gerichtete Tischplattenvorderseite frei von Mörtel zu halten. Das Epoxidharz haftet nur schwach am Kalkstein, da es nur in die erste Kornlage eindringt. Dies ist im Sinne einer Reversibilität zwar von Vorteil, aber um die Adhäsion zwischen Steinplatte und Epoxidharzklebstoff geringfügig zu verbessern, ist die Rückseite der Platte einmalig und flüchtig mit einem Steinfestigungsmittel eingelassen worden. Vorversuche hatten ergeben, dass die Intensität der Klebung damit verbessert und dennoch die Reversibilität der Klebung gewahrt werden kann. Die Klebung der Aluminiumträgerplatten auf die Steinfläche erfolgte nicht vollflächig, sondern durch Klebepunkte, die in einem Raster angeordnet sind (Abb. 52). Auf diese Weise konnte das Epoxidharz reduziert eingesetzt werden. Zwischen den Klebpunkten verblieben Abstände zwischen originaler Steinrückseite und Aluminium-Wabenplatte, sodass die Reversibilität damit erhöht wurde. Die exakte Positionierung der einzelnen Bruchstücke, der Fehlstellen im Stein und auch des Klebepunkt-Rasters wurde auf die Rückseite der Wabenplatten mit Hilfe der von der Tischplattenrückseite erstellten grafischen Kartierung übertragen (Abb. 51). Damit ist eine Dokumentation dem Objekt direkt beigegeben und kann, sollte dies in der Zukunft vonnöten sein, den Weg einer Trennung von Original und Trägerplatte aufweisen. Nach der Klebung konnte die mit den Wabenplatten verklebte Tischplatte umgedreht werden und erstmalig das Ergebnis der bis dahin durchgeführten Aktion begutachtet werden (Abb. 54). Nur zwei kleine, kaum merkliche Stellen mit sehr geringen Abweichungen sind festzustellen.

Ergänzung von Fehlstellen

Ein von Altersspuren und Teilzerstörung gekennzeichnetes Kunstwerk wie der Steintisch von Pleninger verlangt im Hinblick auf die wiederhergestellte Funktion notwendigerweise Ergänzungen. Die Denkmalpflege und Restaurierung haben verschiedene Methoden zum Umgang mit fragmentarischen Zuständen. So steht im Vordergrund die Bewahrung des historischen Bestands, bei dem das Fragment in seiner Ästhetik akzeptiert wird. Eine weitere Möglichkeit geht darüber hinaus und nimmt Einfluss auf das uns überlieferte Erscheinungsbild. Durch die restauratorischen Zutaten wird aus dem Fragment wieder ein »lesbares Ganzes«, wobei das Spektrum von einer minimierten Retusche bis hin zu rekonstruierenden Elementen weit gefächert ist. Beim Schließen der Fehlstellen der Tischplatte sollte der Bewahrung des in fragmentarischer Gestalt überlieferten Bestands der Vorzug gegeben werden, allerdings mit der Einschränkung, komplett fehlende Stücke im Stein zu ergänzen und im Niveau der Tischoberfläche anzugleichen.

Diese Maßnahme erschien allen Entscheidungsträgern notwendig, um die Darstellung auf der Tischplatte wieder besser lesbar zu machen, aber dennoch nicht den fragmentarischen Zustand zu verbergen. Es musste eine neutrale Ergänzungsmethode gefunden werden, welche nur die größeren Fehlstellen schließt, aber im Kontrast zu der unvollständigen dreidimensionalen Originalstruktur und unretuschierten Polychromie steht. Kleinere Abplatzungen im Stein sollten analog zu den Verlusten der Farbfassung belassen werden (Abb. 53).

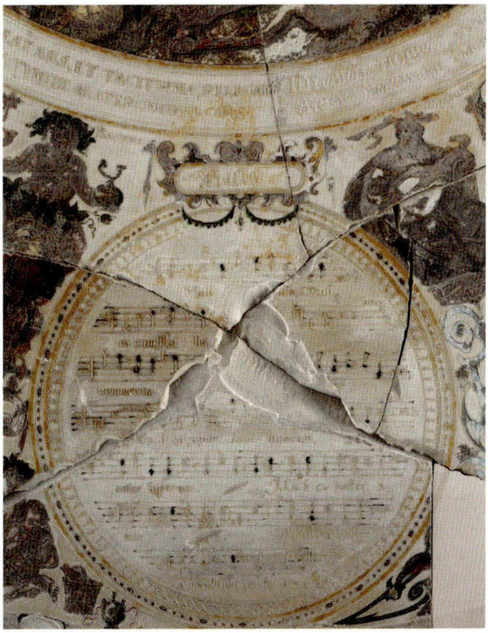

Abb. 53
Fehlstellen, die nur oberflächlich abgebrochen sind, sollen so belassen werden.

Als geeignetes Ergänzungsmaterial kam Solnhofer Kalksandstein in Frage, das Material, aus dem auch die Tischplatte besteht. Mit Hilfe von Schablonen wurden die Konturen der Fehlstellen abgenommen, die Formgebung auf dünne Kalksandsteinplatten übertragen und die Ergänzungen anschließend durch Schleifen und Fräsen hergestellt (Abb. 55; 56). Um die Flächigkeit der neutralen Steinintarsien wieder etwas aufzubrechen, wurden außer der farblichen Anpassung des Steins auch einige Konturlinien, wie die durch Fehlstellen unterbrochenen ovalen Notenkartuschen oder das Mittelbild mit der Darstellung des Midasurteils, durch das Sandstrahlverfahren glänzend herausgearbeitet. Auf diese Weise konnten diskontinuierliche Formen und Linien optisch geschlossen werden (Abb. 57). Wegen der lebendigen, in feinen Nuancen wechselnden Farbigkeit des Solnhofer Kalksteins war es notwendig, die Intarsien farblich an die gealterte Steinfarbigkeit des Originals anzupassen. Die Dichte des Steinmaterials erwies sich allerdings bei der Retusche zunächst als hinderlich. Verschiedenste Versuche und grundsätzliche Überlegungen führten letztlich zur Verwendung eines »Farbstofffirnis«,[325] der in Anlehnung an den Überzug der Farbfassung ausgeführt wurde. Die eingefärbten Ergänzungsstücke wurden mit Hilfe von epoxidharzgebundenem Sand zur Höhennivellierung in den Fehlstellen fixiert. Beim Einpassen der Steinintarsien verblieb zwangsläufig ein schattiger Spalt zum Original, welcher im Sinne des fragmentarischen Erscheinungsbildes zwar intendiert war, aber dennoch in einigen Bereichen optisch störend wirkte.

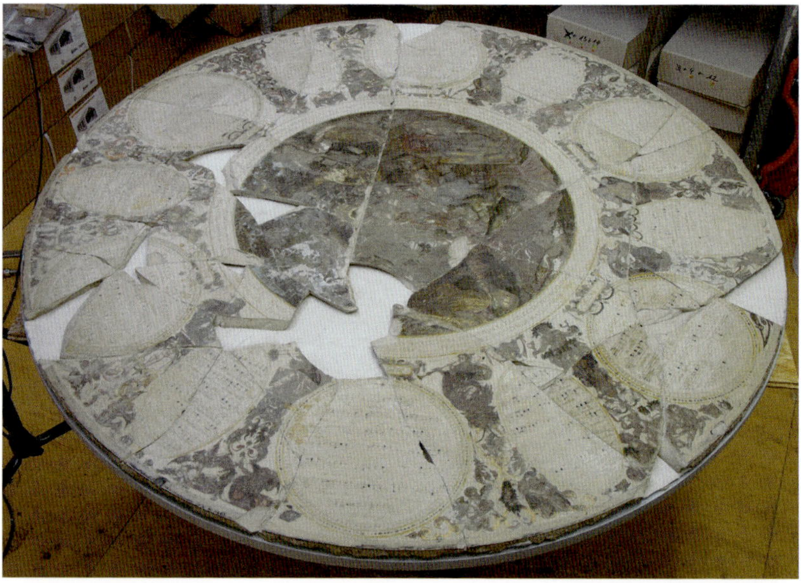

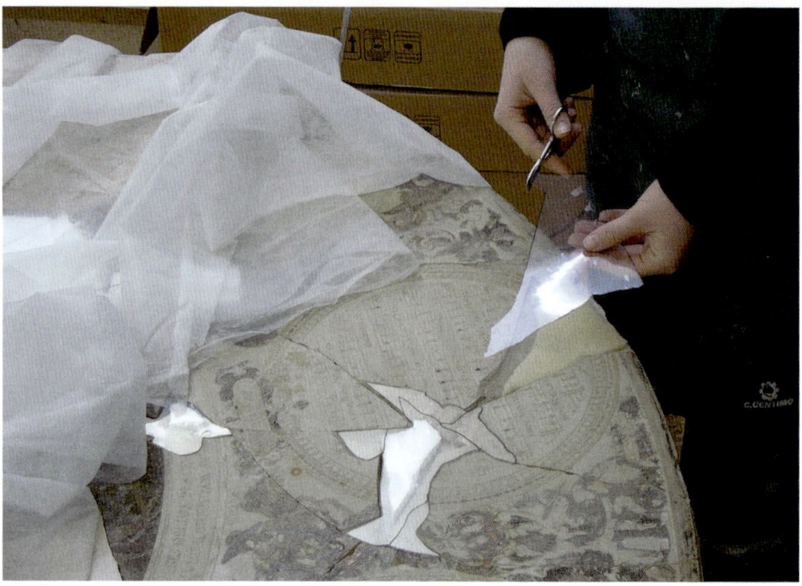

Abb. 54, 55
Die Tischplatte nach der Verklebung auf der Aluminium-Wabenplatte

Anfertigung von Schablonen als Vorbereitung zur Intarsienherstellung aus Solnhofener Kalksandsteinplatten

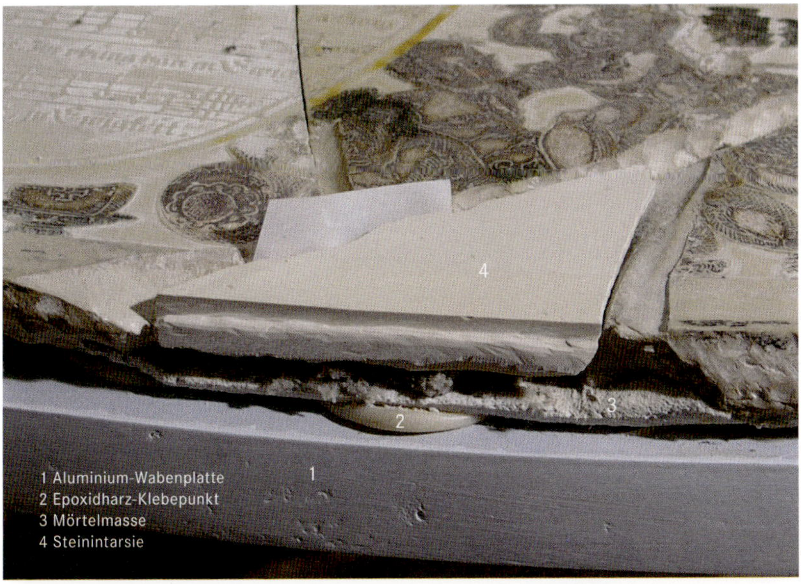

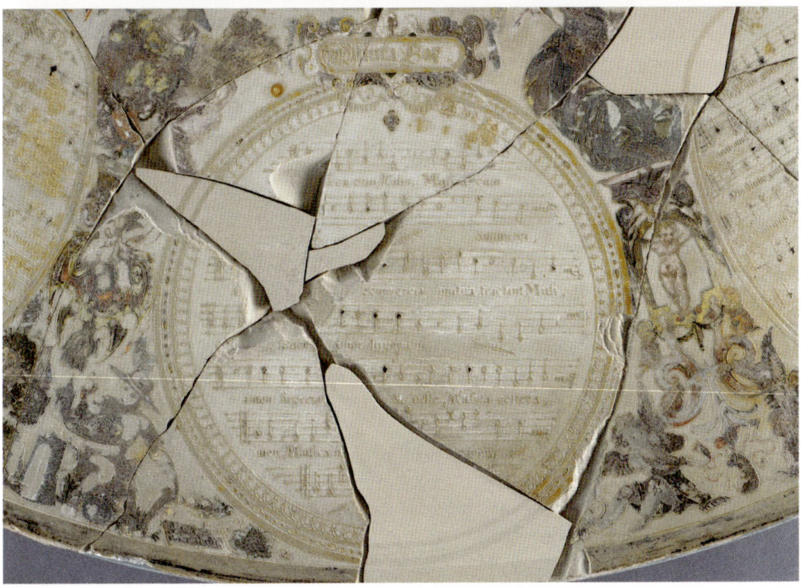

Abb. 56, 57
Seitenansicht mit eingesetzter Steinintarsie

Steinergänzungen mit glänzenden Konturlinien

Hier galt es, diese Schattenkanten, vor allem in den Tiefen der spitzablaufenden Randbereiche der Fehlstellen, etwas unauffälliger zu gestalten. Sie wurden lediglich in den Tiefen mit einem mineralischen Mörtel gefüllt, damit sie sich nicht weiterhin als dunkle Löcher bemerkbar machten. In den Bereichen, in denen der Mörtel direkt an den Originalstein grenzt, wurden temporär Silikonpapierstreifen eingelegt, die nach Trocknung des Mörtels entfernt wurden und eine schmale, optisch durchaus wahrnehmbare Trennlinie zurückließen. Jede Ergänzung behielt somit visuell wie real ihre Grenze zum Original in Form eines geringen Spaltes.

»[...] die äußere Einfassung schwarzgebeiztes Holz.«

Der ebenfalls verloren gegangene Rahmen der Tischplatte sollte anhand des historischen Fotos, mit dessen Hilfe die Maße der ehemaligen Einfassung relativ exakt ermittelt werden konnten, rekonstruiert werden. Das Inventar macht keine Aussagen zur verwendeten Holzart, daher fiel die Wahl des Holzes für die Nachbildung aus ästhetischen Gründen und aufgrund ihrer Materialeigenschaften auf die sehr feinporige Elsbeere, ein Holz, das historisch betrachtet häufig auch aufgrund seiner guten Bearbeitungsqualitäten für feine Holzarbeiten Verwendung fand. Die hölzerne Tischeinfassung setzt sich aus 16 formgefrästen Einzelstücken zusammen, die durch Holzdübel miteinander verbunden und auf Stoß verleimt sind. Das Holz wurde – wie im Mobiliar-Inventar 1816 vermerkt – schwarz gebeizt, mit einem Schellacküberzug versehen und seidenmatt poliert. Trotz der augenscheinlichen Modernität bildet diese neue Rahmenfassung farblich einen gelungenen Abschluss zu der durch Alterung versehrten Tischplatte.

»Das hiesige Tischgestell von grau geadertem Marmor«.

Die Entscheidung, wie das neu anzufertigende »Tischgestell« aussehen soll, muss unter Einbeziehung aller den zukünftigen Aufstellungsort ästhetisch und atmosphärisch bestimmenden Faktoren getroffen werden. Das zukünftige Speisezimmer im Bergfried der Löwenburg wird über den Haupteingang durch ein Vorzimmer betreten werden, welches laut Mobiliar-Inventar 1816 reich mit einem Gemäldezyklus von Carel van Mander ausgeschmückt war. Die Hängung der mittelformatigen Gemälde, eingefasst mit schmalen Rahmenleisten, hat man sich dabei heute in dem kleinen Vorraum eng und wandfüllend vorzustellen. Durch diese Farbenpracht empfangen ging der Besucher weiter in den runden Speisesaal: »Vom Haupteingang aus dem Vorgang zum Speisesaal. Worin eine Flügelthür nach der Haupttreppe. Ein Glasthür nach dem kleinen Hof und fünf Fenster [...]. Die Wände Boiserie, marmoriert.« Die noch erhaltenen Teile der beschriebenen hölzernen Wandvertäfelung weisen eine grüne Marmorierung als Erstfassung auf, welche in dem zukünftigen Raum wieder rekonstruiert werden wird. Wohl in der Raummitte des Speisezimmers stand »eine große runde Speisetafel; darauf [...] ein Teppich von Goldleder.«[326] Entlang der Außenwände befanden sich zwischen den Fenstern »zwölf Armlehnstühle mit Bildhauerarbeit, die Rücken und Sitze mit Rohr geflochten und ganz vergoldet. Die Armlehnen gepolstert & mit gelbem ind. Seidendamast bez.«[327] Acht bronzirte Jagdtrophäen mit Hirschköpfen; an jeder zwey Lichtarme« schmückten die Wände darüber. »Ein Kronleuchter von Holz, auf gothische Art geschnitzt und bronzirt; mit 8 Lichtarmen und messingenen Dillen, an einem Gehänge mit 2 Glocken« hatte seinen Platz vermutlich mittig über der Speisetafel hängend. Über den genauen Aufstellungsort des Kasseler Liedertisches hingegen ist dem Inventar nichts zu entnehmen, aber es wird vermutet, dass dieser in einer der Fensternischen seinen Platz gefunden hat. Der Blick der Besucher wird beim Betreten des nicht sehr großen Speisezimmers also auf eine Fülle unterschiedlichster Objekte gezogen, so dass der Musiktisch vermutlich erst richtig wahrgenommen werden kann, wenn man unmittelbar davor steht. Ein Blick von der Ferne auf das gesamte Erscheinungsbild des Tisches wird kaum möglich sein.

Zur Diskussion im Hinblick auf die Rekonstruktion des Tischfußes stehen zwei verschiedene Herangehensweisen zur Debatte. Zum einen ist die exakte Nachbildung des zwar nicht für die Renaissance typischen, aber den Liedertisch um 1816 zierenden Dreifuß möglich, welcher noch nachvollziehbar auf der Postkarte von vor 1945 abgebildet ist. Eine Rekonstruktion im Sinne des nachweislich historischen Vorbildes wäre möglicherweise eine konsequente Herangehensweise. Dennoch stellt auch die Nachbildung eines Gestells in moderner Adaption eine Alternative dar, die gerade im Hinblick auf den fragmentarischen Erhalt und die neutrale Fehlstellenergänzung der Tischplatte erwogen werden muss. Da auch zum Schutz der empfindlichen Polychromie eine Glasplatte aufgelegt werden wird, eine zwingende Präventivmaßnahme, die gegen Berührung und erneute Verschmutzung schützen soll, wird das Erscheinungsbild der 400 Jahre alten Oberfläche bereits grundsätzlich durch diese moderne Hinzufügung atmosphärisch vollkommen verändert wahrgenommen werden. Vor der endgültigen Entscheidung soll ein in Anlehnung an die Formgebung des historischen Tischfußes hergestelltes Holzmodell helfen, einen Eindruck zu vermitteln, wie eine endgültige Lösung, sei es historisierend oder modern, in Marmor aussehen könnte (Abb. 58, 59).

Resümee

Die offensichtliche Trennung von Original, Ergänzung und Rekonstruktion spiegelt den Leitfaden dieser Restaurierung wider; hier ist sie, wenn auch in einer sehr akademischen Herangehensweise, ästhetisch zufriedenstellend gelöst worden.

Zugestandenermaßen ist das ein Weg, der der ideellen Akzeptanz bedarf. Jedoch konnte ein stringentes Konzept verwirklicht werden, bei dem die Konservierung der originalen Substanz im Vordergrund stand und durch neutrale Ergänzungen das fragmentarische Erscheinungsbild geschlossen wurde. Die Entscheidung, welche Form der Tischfuß erhalten wird, steht noch aus. Die Tendenz, einer modernen Gestaltung den Vorzug zu geben und damit dem Betrachter zu ermöglichen, das authentische Zeitzeugnis von späteren Veränderungen zu unterscheiden, erscheint im Umgang mit diesem Fragment als richtiger Weg.

315 Die Instandsetzungs- und Restaurierungsmaßnahme der Löwenburg begann 2013 und wird mit der Rekonstruktion des Bergfrieds 2015 ihren Fortgang nehmen. Der Wiederaufbau des Bergfrieds wird voraussichtlich drei Jahre dauern, so dass beim derzeitigen Stand der Planung anzunehmen ist, dass mit der Inneneinrichtung der Räumlichkeiten nicht vor 2019 begonnen werden kann.

316 Siehe Abb. S. 15, im Beitrag von I. Baier.

317 Die Restaurierung wurde durchgeführt von Dietmar Wohl, Münster (Farbfassung) und Dr. Christoph Hellbrügge, Ascheberg (Steinkonservierung). Die Rekonstruktion der Holzeinfassung übernahm Eberhard Brüger (Tischlermeister), Museumslandschaft Hessen Kassel. Die Restaurierung konnte nur mit einer großzügigen Spende des Museumsvereins Kassel e.V. verwirklicht werden.

318 Die Entscheidungsträger von Seiten der Museumslandschaft Hessen Kassel waren Dr. Astrid Wegener, Leiterin der Schlossmuseen, Anne Harmssen, Leiterin der Abteilung Restaurierung, Barbara Häcker, Diplom-Restauratorin für archäologisches Kunstgut und Stein.

319 Zeidler, wie Anmerkung 1, S. 51-60.

320 Siehe Zeidler, wie Anmerkung 1, S. 62.

321 Diese Zusammensetzung kann nur vermutet werden, weil das Aussehen und Lösungsverhalten von alten Proben solcher Zubereitungen, die der Autor vor 20 Jahren anfertigte, augenscheinlich sehr ähnlich ist.

322 Celluloseether in Alkohol.

323 Es war möglich, die Oxalat-Ablagerungen mit einem Laser zu verdampfen, allerdings nicht ohne eine Versprödung des Leimüberzuges zu provozieren.

324 Platte jeweils 2,5 cm stark.

325 Farbstoff-Firnis: Paraloid B72 /Toluol-Firnis und Lackbeizen.

326 Mobiliar-Inventar von 1816, S. 13 ff.

327 Diese standen so, wie die Postkarte von vor 1945 zeigt.

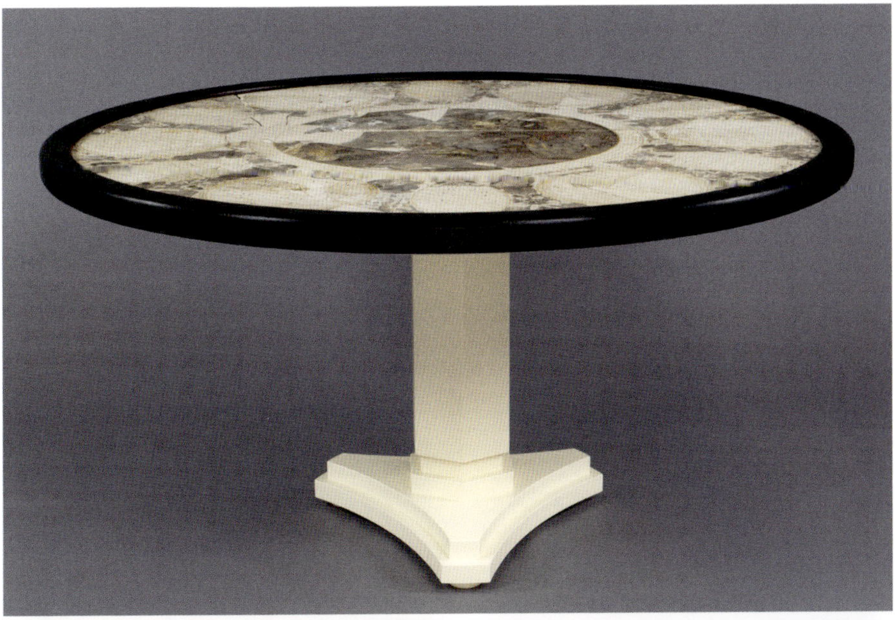

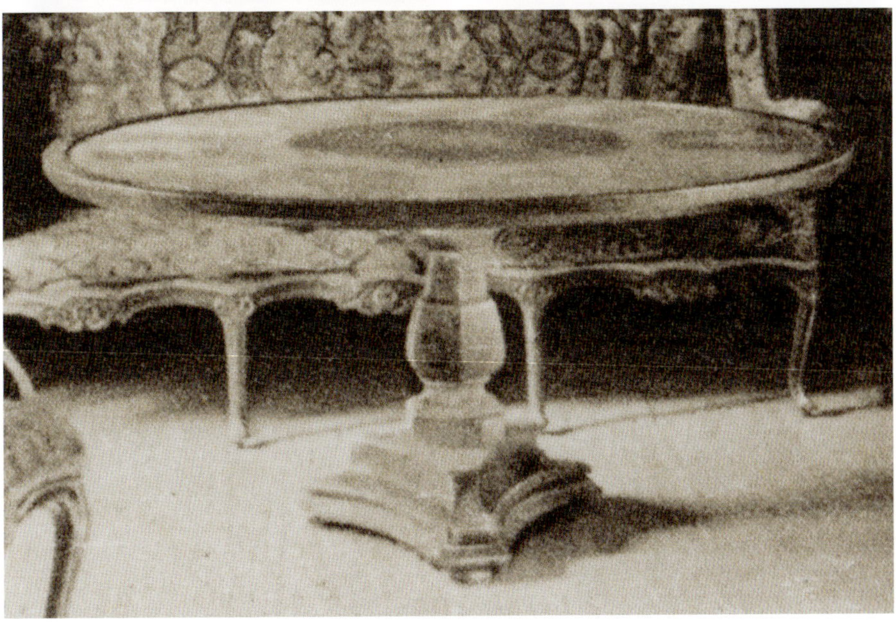

Abb. 58, 59
Restaurierte Tischplatte mit neu angefertigter Holzrahmung und provisorischem Fuß

Detail aus einer Postkarte von vor 1945 mit Wiedergabe des Pleninger Steintisches (vgl. Abb. 5)

Katalog

Amberg

Städtisches Museum
N 2856

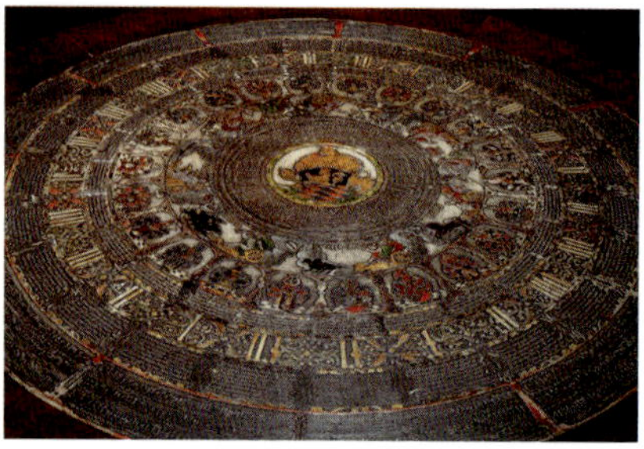

Caspar von der Sitt / Hans Leonhard Deinfelder, datiert 1591, Solnhofer oder Kelheimer Kalkstein, geätzt, Ölfarbe, Vergoldung, Durchmesser 128 cm, breite Holzeinfassung und einbeiniger Fuß nicht original

Widmungsinschrift: »Den Ehrnuesten, Fürsichtigen, Erbarn und weisen Burgermeistern und Rath der Churfl. Statt Amberg, vnsern gebiettenden Geherren, haben wir hieunde benante, diese Rundtaffeln zu ehrn gemacht«
Komponist der sechsstimmigen zweiteiligen Motette unbekannt
Text der Motette: »Weil du herr Christ an disem ortt versamlet hast durch dein Göttlich wort ein Christlich kirch und Regiment, welch dich ehrt, lobt und vest bekendt So bittn wir durch die gnade dein, Wölst bleiben bey diesem heüfflein klein. Verlass sie nit, o trewer Gott, Steh ihnen bey in aller Noth damit gefördert wird dein ehr und erhalten die reine lehr, das auch bleib in der Kirch und Schul, friedt und genad bey dem Rathstuel.«
Stimmenbezeichnungen: Discantus, Secundus Discantus, Altus, Tenor, Secundus Tenor, Bassus

Im Zentrum der Platte prangt das Wappen der Stadt Amberg, umschrieben vom obigen Widmungstext. In konzentrischen Kreisen folgen darauf ein Immerwährender Kalender, die sieben Wochentage als Planetengötter und der Tierkreis, Familienwappen der Bürgermeister und Ratsherren, 24 vierzeilige Stundengebete und eine gereimte »Geistliche Historia«. Im äußersten Ring sind in zwölf Felder die sechs Stimmen einer zweiteiligen Motette gesetzt; die Notenlinien bilden die Rundung des Tisches ab. Anlass zur Stiftung der Platte war möglicherweise die Ratswahl von 1591; die geistlichen Texte könnten, so Klaus Martius, den Ratsherren als Bestärkung gedient haben, in ihrer lutherischen Ausrichtung den calvinistischen Einflüssen standzuhalten.

Literatur: Wallner 1912, S. 282-338; Kluge 1997; Katalog Augsburg 2003, Kat.Nr. 4.35, S. 276; Martius 2004.
Noten: Anonym 2009.

Berchtesgarden

Schlossmuseum
M IIIa 121

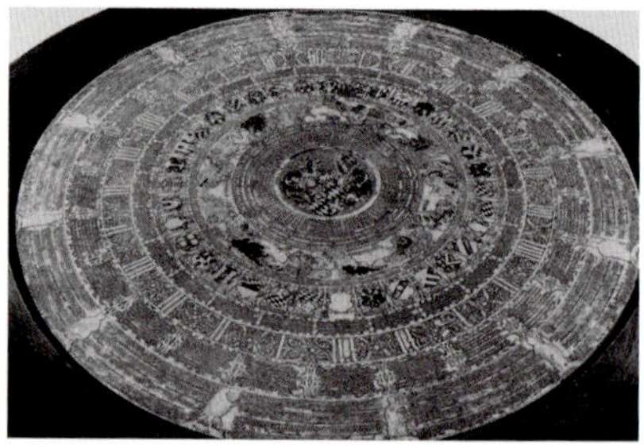

Caspar von der Sitt, Signatur: »Caspar von der Sitt derzeit Burger zu Passaw verfertiget 1591«, Solnhofer oder Kelheimer Kalkstein, geätzt, Ölfarbe, Vergoldung, Durchmesser 127 cm, breite Holzeinfassung und vierbeiniges, gedrechseltes Gestell aus jüngerer Zeit

Widmungsinschrift: »Dem Durchleüchtigen Hochgebornen Fürsten und herrn Herrn Wilhelmen Pfaltzgrafen bey Rhein, Hertzog in Nidern und obern Bayren etc. ist diese Rundtaffeln, darauf ihrer H.D. sampt derselben Fürstenthumb, 34 Stätt Wappen, auch 144 Teutsche Verß und schöne Geistliche Gesang, zu ehrn gemacht, im Jahr 1591«
Komponist der sechsstimmigen zweiteiligen Motette als Giovanni Pierluigi da Palestrina identifiziert (Wallner 1912)
Text der Motette: »*Solve jubente Deo, terrarum Petre catenas qui facis ut pateant, coelestia regna beatis. Quodcumque ligaveris super terram, erit ligatum / solutum et in coelis, et in quodcumque solveris super terram, qui facis ut pateant, coelestia regna beatis.*«
Stimmenbezeichnungen: Discantus, Altus, Sextus, Tenor, Quintus, Bassus

Die Berchtesgadener Platte weist dieselbe Flächengestaltung auf wie das zeitgleiche

Amberger Exemplar: Das mittige Wappen ist nun dasjenige Herzog Wilhelms V. von Bayern, auf den Planetengötter- und Tierkreis folgen hier 34 Städtewappen. Von den 15 christlichen Sinnsprüchen finden sich 11 auch auf der Amberger Tafel; die »Geistliche Historia« ist bei beiden Werken identisch. Sitt hatte für diesen Tisch keinen Auftrag, sondern wollte ihn dem Herzog gegen ein Geldgeschenk verehren. Die Gabe wurde vom Hof zunächst abgelehnt. Auf Sitts Einwand hin, die Titel und Wappen auf der Platte seien »kheinem andern Potentaten Conveniens oder annemblich«, kaufte Wilhelm V. das Stück schließlich doch (Zitat aus Wackernagel 2003).

Literatur: Wallner 1912, S. 154-207; Kluge 1997; Wackernagel 2003, S. 121-124; Sauerländer 2008, Kat.Nr. 3371 (3340), S. 1049-1050.
Noten: Palestrina 2009 (1591).

Eferding (Österreich)

Schloss Starhemberg
K 1940/79

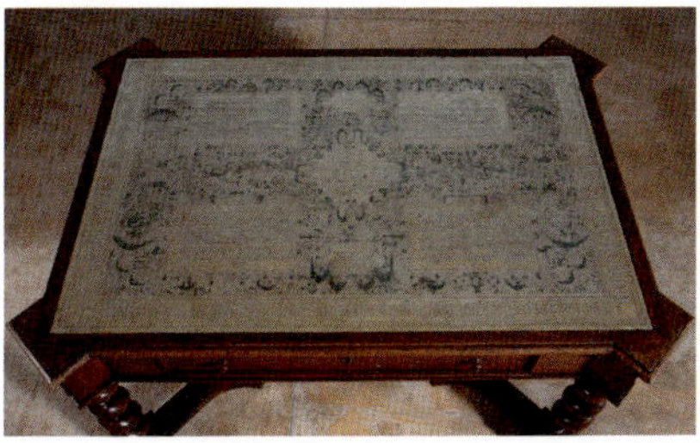

Andreas Pleninger (zugeschrieben), Signatur A.P., datiert 1579, 1580 Datierung auf den geätzten Medaillons, die an den Zargen des hölzernen Tischgestells angebracht sind (Durchmesser jeweils 13 cm), Solnhofer oder Kelheimer Kalkstein, geätzt, farbig gefasst, H 79,3 x B 124 cm, moderner Holzrahmen, zwei der vier Medaillons sind mit der Jahreszahl 1580, demselben Wappen und der Umschrift versehen: »Hans Adam Jörger, zu Tollet, Reuth, vnd Ottoshaim Freyherr auff Kroispach, Erblandhofmaister in Ö[sterreich] ob der Enß«, ein weiteres Medaillon zeigt das Wappen von Jörgers erster Frau († 1573), Umschrift: »Polixena Fraw Jörgerin, geborne Streinin«, Jahreszahl 1580; das vierte Medaillon mit dem Wappen der zweiten Frau Jörgers, Umschrift: »Genofeüa Fraw Jörgerin, geborne Keüenhülerin«, Jahreszahl 1580

Komponist der vierstimmigen Motette unbekannt
Text der Motette: »*Quid estis pusillanimes et contristamini qui fame laboratis, an nescitis iustitiae ut sol fami relaxatas habenas possit denuo cohibere? Ipse enim dat escam omni carni et implet omne animal benedictione*« (Was seid ihr kleinmütig und betrübt euch, die ihr Hunger leidet, oder wisst ihr nicht, dass die Sonne der Gerechtigkeit die Lockerung der dem Hunger auferlegten Zügel verhindern kann? Sie nämlich gibt Speise allem Fleisch und erfüllt jedes Lebewesen mit Segen, Übersetzung Kieslinger 1961)
Stimmenbezeichnungen: Cantus, Altus, Tenor, Bassus
Umlaufendes Schriftband: »Der Eltest soll reden, dann es gebüret Im, als der erfarn ist. / Vnd Irre die Spilleuth nicht, vnd wen man lieder / singet, so wasche nit darein, vnd spare dein weysheit zur andern / Zeit. Wie ein Rubin in seinem Gold leucht, also zieret ein gesang das mahl. Wie ein Smaragt in / schönem Gold stehet, also zieren die lieder beim gueten wein.« (Ecclesiasticus, Jesus Sirach 32/3 u. 5)
Kartuschen zwischen den Notenfeldern: »Der Mensch lebet nit allain im Brod, sonder von einem Jedem Wort, so auß dem Mund Gottes gehet« (Mt. 4, 4) und »Herr du gibst samen zu nutz dem Menschen dass du Brod aus der erden bringest vnd der wein deß menschen hertz vnd sein gestalt schön werde vom öll vnd das brod deß menschen hertz stercke« (Ps. 104, 14f.)

Auf der längsrechteckigen Platte entfaltet sich um die zentrale Rosette mit Zirkelornament ein reiches Rankenwerk, vor das die vier Notenfelder gesetzt sind. Die beiden hohen Stimmen sind, mit einem Bibelvers zwischen sich, zur unteren Seite ausgerichtet, die beiden tiefen zur oberen. Das am Rand umlaufende Schriftband wendet an jeder Tischseite die Richtung, beginnend links unter dem Discantus. Dasselbe Schriftband, allerdings mit etwas anderer Type, befand sich auf der nicht erhaltenen Tafel der Nürnberger Familie Löffelholtz von 1575 (siehe Genaueres unter Nürnberg). Kieslinger nimmt an, dass der Adlige Hans Jörger den 1579 fertiggestellten Tisch ein Jahr später für sein Schloss Tollet (bei Grieskirchen / Österreich) erwarb und die Medaillons nachträglich anbringen ließ. Wenig vorstellbar scheint, dass der Steinätzer (Pleninger?) ein solch aufwendiges Werk tatsächlich ohne Auftrag erstellt haben soll. Vielmehr könnte der ursprüngliche Auftraggeber aus unbekannten Gründen weggefallen sein, und der Steinätzer bot daraufhin Jörger das

fertige Werk an, um keinen finanziellen Verlust zu erleiden. Der adlige Käufer verlangte dann offenbar, dass der Tisch als sein persönlicher Besitz ausgewiesen wurde. Diesem Wunsch kam der Künstler nach, indem er die geätzten Medaillons am Gestell hinzufügte.

Literatur: Kieslinger 1961, S. 84-90; Zeidler 1998, Anhang I.
Noten: Transkription bei Kieslinger 1961, S. 87-88.

Gotha

Schlossmuseum Schloss Friedenstein
K 266

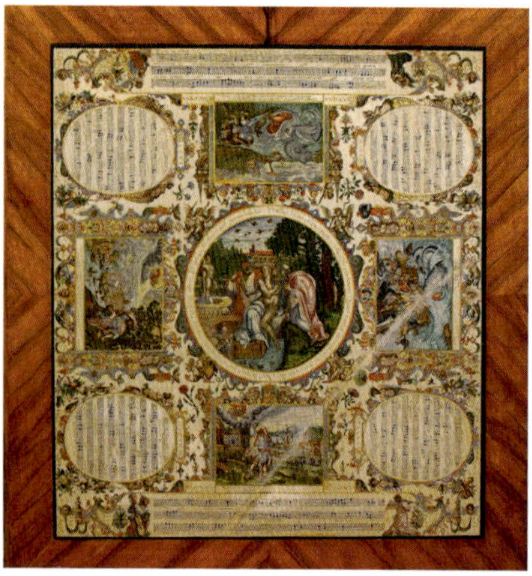

Andreas Pleninger (Werkstatt?), dreifach signiert mit noch unentschlüsselten Monogrammen, datiert 1604, Solnhofer oder Kelheimer Kalkstein, geätzt, farbig gefasst (vermutlich Eitempera), teils vergoldet, diagonaler Riss im 19. Jh. gekittet (freundliche Auskunft von Restauratorin Pohl, Museum Schloss Friedenstein / Gotha),
H 112,9 cm x B 102,9 cm, Holzrahmen und Gestell modern

Komponist des sechsstimmigen Gesangs unbekannt
Lied-Text: »*Disce subesse Deo, Spartam quam nactes ornans, nivis irato succubuisse Deo perfer & obdura fac quae pia functio poscit, susceptus Domino, non perit ille labor.*«
Stimmenbezeichnungen: Primus Discantus, Secundus Discantus, Altus, Tenor, Secundus Tenor, Bassus

Bildunterschriften: »MITTVNTUR AD NINIV[?] CELEBERRIMA MANIA IONAS, [?] IMPERIUM DOMINI SED TAMEN ILLE [?] FVGIT. CAP I«
»A DOMINO FUGIENS IACTATUR IN AEQUORI IONAS [?], EXCIPIT HVNC CAECO BELLUA VENTER? EROX. CAP I«
»EVOMIT ABSORPTVM CAECO DE GVTTVRE CAETVS, REDDITVR ET TERRAE QVI MODO PRAEDA FVIT. CAP 2«
»DIGNA DEO TVRBAT RIGIDVM CLEMENTIA IONAM GERMINE CARPIT EVM DISPEREVNTE DEVS. CAP 4«
Umschrift Mittelbild: »*Nec facinis paenae linquunt gravis excubat ultior, Et fraus Authori est perniciosa suo. Praestat humi vitam quam profudisse pudorem, Quod monet exemplo casta SVSANNA.*«

Im Zentrum der fast quadratischen Platte erscheint ein Rundbild mit Susanna, die von den beiden Alten bedrängt wird (Stücke zum Buch Daniel 1, 8ff.). Dessen Perspektive teilt das Notenfeld der obersten Gesangsstimme (Primus Discantus) und die erste von vier Illustrationen zur alttestamentlichen Jona-Geschichte: Jonas Flucht vor Gottes Befehl, nach Ninive zu gehen. Dem Uhrzeigersinn folgend ist gezeigt, wie Jona von den Schiffsleuten während des Sturms ins Meer geworfen wird, wie er vom Wal, der ihn verschluckte, ausgespieen wird und wie Jona in der Kürbislaube ruht. Die Anordnung der Gesangsstimmen ist losgelöst von der Bildordnung: Auf die Oberstimme in größerem rechteckigem Notenfeld folgen im Uhrzeigersinn zweiter Tenor und Altus in ovalen Kartuschen, der Secundus Discantus wieder in einem rechteckigen Notenfeld und (erster) Tenor- und Bass-Stimme wieder in ovalen Rahmen. Die Platte ist, wie die kürzlich erfolgte mechanische Reinigung offenbart hat, außerordentlich gut erhalten. Die Leuchtkraft der Farben entfaltet sich vor dem jetzt wieder fast weißen Steinhintergrund. Deutlich erkennbar ist nun auch, dass die kleinen Notenwerte der Stimmen (Achtel und Viertel) schwarz gehalten, die großen (Halbe und Ganze) durch Echtgold hervorgehoben sind. Eine Transkription der Stimmen liegt zur Zeit noch nicht vor.

Die Umschrift des Mittelbilds ruft zu einem sittlichen, ehrbaren Leben nach dem Vorbild der keuschen Susanna auf. Auch die Jona-Geschichte verweist auf die menschlichen Schwächen und die Notwendigkeit, Gottes Wort zu gehorchen. Der Gesangstext vereint Redewendungen von Ovid (»*Perfer & obdura*«), Cicero und Versatzstücke aus humanistischer Sprachpflege zu einem Sinnspruch in grie-

chischen Versmaßen. Das variiert eingefügte Sprichwort »*Spartam, quam nactus es, [Spartam] orna!*« findet sich in »Ad Atticam« von Cicero. Eine wörtliche Übersetzung müsste etwa folgendermaßen lauten: »Ist Sparta dir zugefallen, so putze es heraus!« Das im Vergleich zum übrigen Peloponnes weit entwickelte antike Sparta steht hier bildhaft für etwas Höheres, das dem Angesprochenen ohne besondere Anstrengung, etwa durch Abstammung oder Erbe, zugekommen ist, ihn aber zugleich in besondere Verantwortung für dessen Bewahrung und weitere Entwicklung stellt, im vorliegenden Kontext also wohl für die Adelsherrschaft. Als sinngemäße Übertragung ins Deutsche wird vorgeschlagen: »Lerne, Gott untertänig zu sein, du dem dir ein Herrschaftsamt gegeben ist, der du dein Land pflegst,wenn du nicht dem Zorn Gottes unterliegen willst. Halte durch, bleib stark, tu, was das fromme Werk erfordert! Jene Arbeit vor dem Herrn wird nie vollends getan sein.« (Übersetzungen und Erläuterungen Eva u. Stephan Herrmann)

Der bisher von der Forschung übersehene Gothaer Tisch ist momentan der rätselhafteste der erhaltenen Musiktische: Die Vermutung, dass er zusammen mit Pleningers Kartentisch (1604) im Dreißigjährigen Krieg aus der Münchener Kunstkammer geraubt worden sein soll (Katalog Duisburg 1987, Gotha 2001), ist nicht belegbar, da beide Platten nicht in den ersten Inventaren des Gothaer Schlosses Friedenstein von 1656 bzw. 1657 erwähnt werden – der Musiktisch ist erstmals im 19. Jh. aufgeführt, der Kartentisch 1721 (freundliche Auskunft von Kuratorin Ute Däberitz, Museum Schloss Friedenstein/Gotha). Beachtenswert ist, dass im Grundriss der Kunstkammer von 1657, in den Tafeln und Tische eingetragen sind, kein Platz für zwei Prunktische vorgesehen ist (Brandsch Abb. 13). Deshalb gibt es bisher keinen Anhaltspunkt, für welchen Auftraggeber dieser Musiktisch entstand und wie er nach Gotha gelangte.
Unklar ist auch der Steinätzer dieses Musiktisches, der drei verschiedene Monogramme trägt. Eines von ihnen findet sich auf dem zeitgleichen Kartentisch, der aber zusätzlich mit Pleningers vollem Namen bezeichnet ist. Dort verherrlicht eine unter die Karte Deutschlands gesetzte dreiteilige Schrifttafel auf Lateinisch das Land Germania. Die Panegyrik gipfelt in »TE SIC ANDREAS PIUS EFFIGIABAT ALUMNUS PLENNIGER«, zu Deutsch etwa: »Dich [Germania] hat so dargestellt der fromme Zögling Andreas Plenniger« (Übersetzung I.B.). Dasselbe verschlungene Monogramm wie auf dem Gothaer Musiktisch befindet sich hier am Ende der Zeile »TE SIC ...«, bezieht sich also wohl unmittelbar auf Pleninger. Die Bedeutung der darauf folgenden, letzten Worte der Inschrift gibt weitere Rätsel auf: »AD VADA DANUBII TIBERINIDE CIVIS SACRATVRVS HERO PATRIA IN NATIONE POTENTI«.
Eine ganz ähnliche Platte mit der Karte Württembergs schuf Pleninger 1603 für die Stuttgarter Kunstkammer. Auch dort bezieht sich der Steinätzer selbstbewusst in die darüber gesetzte Inschrift mit ein, und in den Reproduktionen meint man dasselbe Monogramm zu erkennen. Denn auch im Schriftfeld des kosmologischen Tisches in Kassel findet man es wieder, diesmal mit dem Zusatz »DONAVERVS«. Kümmel nimmt an, dass damit der Dichter der Eloge bezeichnet werde. Es könnte sich m. E. aber auch um ein Kunstwort handeln für die Selbstbezeichnung Pleningers als »Donauer«, das hieße »von der Donau stammend«. Ob der Kasseler Musiktisch dasselbe beschriebene Monogramm trug, kann man wegen der Fehlstellen nicht mehr ermitteln.
Auf dem Gothaer Musiktisch findet sich ein weiteres, wie ein Schlüssel in die Notenlinien gesetztes Monogramm mit den klar erkennbaren Buchstaben »PCR« am Ende der Bass-Stimme (freundlicher Hinweis der Restauratoren Brigitte Pohl und Achim Rothe, Museum Schloss Friedenstein/Gotha). Diese könnten aufgelöst »*Pleninger Cantor Ratisbonenis*« heißen, ähnlich wie auf dem großen Immerwährenden Kalender für den Rat der Stadt Regensburg (1602) (»*exarabat Andreas Pleninger Ratisbonensis*«). »PCR« könnte stattdessen aber auch den unbekannten Komponisten der Gothaer Motette meinen. Ein Rankenornament schräg darunter endet in zwei verschlungenen, nicht leicht identifizierbaren Buchstaben. Vielleicht sind sie als »L.S.« zu lesen: Pleningers späte, also die seit seiner Wiederansiedlung in Regensburg um 1600 entstandenen Werke tragen nämlich neben seiner eigenen Signatur das Monogramm eines unbekannten Mitarbeiters »L.S.«, so Kieslinger.

Dass Pleninger hier nicht mit vollem Namen signiert, könnte den Gothaer Musiktisch als Werkstattstück ausweisen. Dafür spricht m.E. die im Vergleich zur Kasseler Platte geringere Gesamtqualität: Die runden, ovalen und rechteckigen Notenkartuschen und Bildfelder stehen wenig organisch nebeneinander, ihre Einbettung in die umgebende Groteskenornamentik gelingt nicht so elegant wie im Kasseler Beispiel. Gegenüber dem Gothaer Musiktisch zeigt auch Pleningers dortiger Kartentisch eine harmonischere Flächeneinteilung und virtuosere Figurenbehandlung. Die für Pleninger ab spätestens 1600 typischen Insekten-darstellungen – etwa auf den Kartentischen in Gotha (1604) und Stuttgart (1603), den beiden Kasseler Platten (1605) und dem Regensburger *Calendarium perpetuum* (1602) – fehlen auf dem Gothaer Musiktisch ganz. Im Gegensatz zu jener in Moritz' Auftragswerk erscheint die Anordnung der Stimmen hier fast willkürlich. Auch sind die den Engelsfiguren und Festons beigegebenen Musikinstrumente wohl aus rein dekorativen Erwägungen gewählt. Beispielsweise sind unterhalb der Bass-Stimme Trompete, Trommel, Rohrflöte, Hackbrett und Geige in einem Gehänge zusammengefasst; eine musikalische Ordnung oder Hierarchie wie im Kasseler Beispiel ist nicht erkennbar.

Literatur: Schmetzer 1931; Katalog Duisburg 1987, Kat.Nr. 50, S. 76f.; Brandsch 2001; Katalog Gotha 2001, Kat.Nr. 4.2, S. 102f., Kat.Nr. 4.3, S. 103.

Graz (Österreich)

Landesmuseum
855

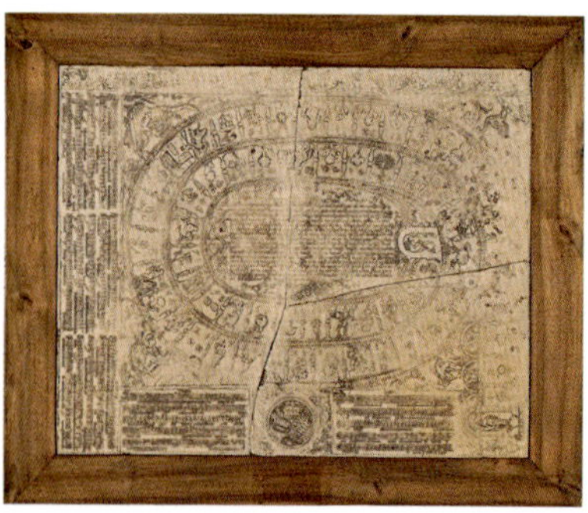

Michael Holzpecher (aus Archivalien gesichert, Wallner 1912), datiert 1589, Solnhofer oder Kelheimer Kalkstein, geätzt, farbig gefasst, H 76 x B 97 cm, in drei Teile geborsten vor 1905, abgewetzte Oberfläche, Gestell 1883

Komponist des fünfstimmigen Trinklieds unbekannt
Liedtext: »Der wein der schmeckht mir also wol, macht mich somer und winter vol, gfelt meiner frawen nit wol, bringt ir ein haimlich leiden, doch khan ich in nit meiden, frisch auff, es mus getrunkhen sein es sei gleich bier oder wein. damit khumb ich um das mein, wan ich das mein thu verprassen, darnach so trinkh ich wasser.«
Stimmenbezeichnungen: *Discantus, Altus, Quintus, Tenor, Bassus*, Regeln für das »kürtzweillige Fortuna-Spill« in der Plattenmitte

Dieses Beispiel vereint zwei Funktionen, denn die Grazer Platte ist Spiel- und Musiktisch zugleich. Die Benutzbarkeit stand beim Entwurf der Ätzung wohl im Vordergrund, denn die Flächeneinteilung folgt keiner Symmetrie: Am rechten Rand beginnen die figurenreichen, durch Säulchen voneinander getrennten Setzfelder des »Fortuna-Spiels« in einem breiten Band, das schneckenförmig zusammengeführt ist. Umrahmt vom Felderband, aber nicht in der geometrischen Mitte des Tisches sind die Spielregeln eingeätzt. Die freibleibenden Zwickel zieren Vogeldarstellungen, am oberen Rand verläuft ein Rankenornament. Die untere Mitte der Platte markiert das Wappen der Auftraggeberin, Erzherzogin Maria von Österreich. Es wird flankiert von zwei Notenfeldern eines deutschsprachigen Trinkliedes, denen am linken Rand die drei anderen Stimmen folgen, ausgerichtet auf die Schmalseite des Tisches.

Literatur: Savenau 1905; Wallner 1912, S. 62-65, 104-112; Kluge 1997; Koldau 2005, S. 69-76.
Noten: Transkription von Savenau 1905 im Anhang.

Kassel

Löwenburg
47.2445

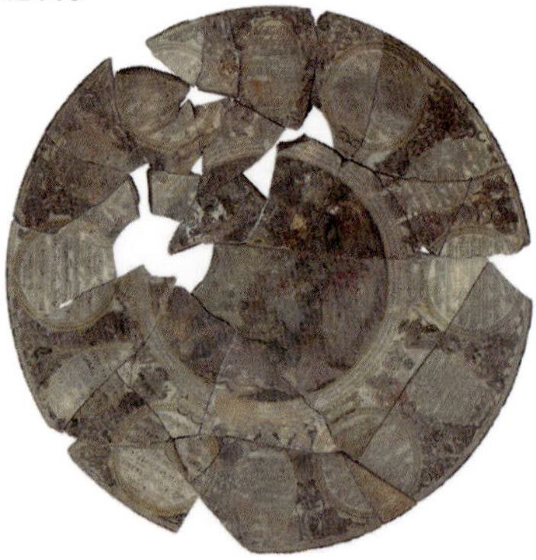

Andreas Pleninger (Signatur nicht erhalten), datiert 1605, Solnhofer oder Kelheimer Kalkstein, geätzt, farbig gefasst, vergoldet, Durchmesser 154 cm, in 30 Teile geborsten, mehrere Fehlstellen

Komponist der beiden sechsstimmigen Madrigale unbekannt
Text der Madrigale: »*MUSICA cum Musis commercia mutua tractant, Musica amor superum, Musica noster amor.*«
»Die Music gönt vns Gott zur freud, dran wun(n) die Menschen diser Zeit Ihr ubung han in Ewigkeit.«
Stimmenbezeichnungen: *Discantis, Sexta Vox, Altis, Tenor, Quinta Vox, Basis*
Umlaufendes Schriftband (Verse von F. Estius zu Goltzius' Midasurteil, das Pleninger als Vorlage diente):

»THYMBRIS FIDIBVS CANNAS AEQVARE PALVSTRES ARCAS SEMICAPER TMOLO SVB IVDICE CERTAT

STANT CIRCVM SATYRI PEDIBVS CITA TVRBA BISVLCIS CVMQ' STVPORE SVI PANOS CERTAMINA CERNVNT

STAT RADIANTE COME; PLECTROQ' INSTRVCTVS EBVRNO LATONAE SOBOLES; CIRCVM SACRA NVMINA MVSAE.

CAPRIPEDI PALMAM ADSCRIBIT BERECYNTHIVS AMENS. TMOLVS PHOEBE TIBI, CVI PINDI CVRA, CVI HAEMI

INSVLIS DELIRA PLACENT; SELECTA REPELLVNT ATQ' VLTRA CREPIDAM SVTOR MALE TAXAT APELLEM:

MAGNA TONAT STOLIDAE CVI SVNT PRAECORDIA MENTIS, INSCITAQ' BAVI STREPITAS, ET INEPTVLE MEVI.

VERA VERECVNDA EST ARS, ET TACITVRNA, RELEGANS CLANGENTES LITVOS TVMIDI BLATERONIBVS ORIS.«

Literatur: Winkelmann 1697, S. 281; Röber 1751; Schmincke 1767, S. 135; Kümmel 1996, S. 132-156; Kat. Kassel 1997, Kat.Nr. 279, S. 235ff; Zeidler 1998; Schmidt 2010, S. 288-290.
Noten: Spengler o.J.; Moritz 2009 (1605).

München

Bayerisches Nationalmuseum
27/698

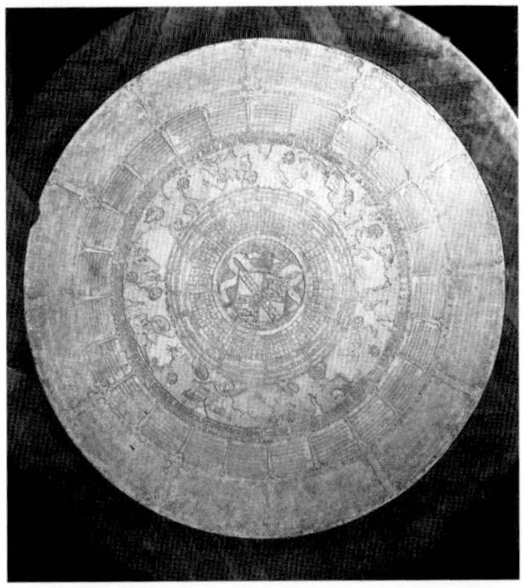

Caspar von der Sitt (nicht signiert), datiert 1591/92, Solnhofer oder Kelheimer Kalkstein, geätzt, farbige Fassung und Vergoldung nicht erhalten, Durchmesser 122 cm, 14 cm breiter Holzrahmen, sechsfüßiges hölzernes Gestell trägt geätztes Täfelchen mit Inschrift: »Eingefast und Gestelt Anno Domini MDCCLIII«

Komponist der drei vierstimmigen Gesänge identifiziert als Orlando di Lasso (Wallner 1932)
Texte der Lieder: 1. »O Herre Gott, mein noth thu ich dir klagen«, 2. »Wan wird thun recht betrachten«, 3. »Seitt frischauff ir lieben geste« (= Wien 1590)
Stimmbezeichnungen: *Discantus, Altus, Tenor, Bassus*
Widmungsinschrift: »Dem Hochwürdigen in Gott Herrn Herrn Dominico Abbt des würdigen Gutts Kayss etc. zu sondern Ehren vnnd genedigen gefallen, auch dem Erwurdigen Capitel zu gutem vnd ewigen angedencken angefangen Anno etc. 1.5. 91 Vnnd zu ende gebracht Anno etc. 1.5. 92«
Geistliche Historia (24 achtzeilige Strophen)

Sitt nutzt erneut die in der Amberger und Berchtesgadener Platte bewährte Anordnung: Das zentrale Wappen des Auftraggebers – hier des Abtes Dominikus Steichele von Kloster Kais(ers)heim (im Amt 1589-1594) – wird umringt vom Immerwährenden Kalender, den Planetengöttern mit Tierkreis und einer »Geistlichen Historia«. Den äußersten Ring nehmen zwölf Stimmtafeln mit drei Gesängen

zu vier Stimmen ein; dabei stehen Diskant, Alt, Tenor und Bass nebeneinander.

Literatur: Wallner 1932; Wallner 1934; Kluge 1997; Münster 2001.
Noten: Alle drei Lieder sind enthalten in Lassos Druck »Etliche außerleßne kurtze geistliche und weltliche Liedlein mit 4 Stimmen«, München (Adam Berg) 1582.

München

Bayerisches Nationalmuseum
175 (4)

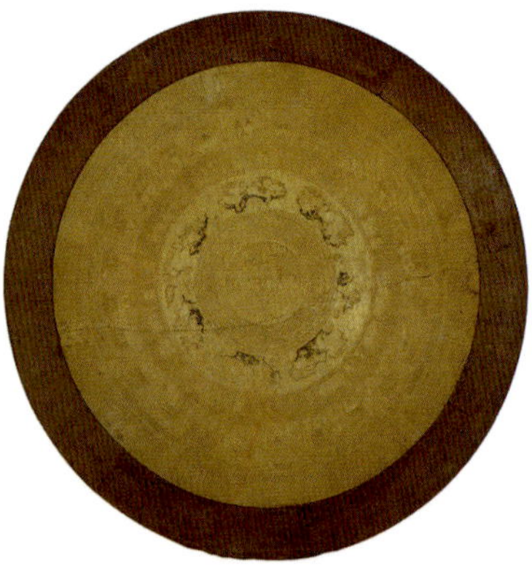

Hans von der Sitt, Signatur: »*J.V.S. fecit*« und Wappen der von der Sitt, datiert 1597, Solnhofer oder Kelheimer Kalkstein, geätzt, nur noch wenige Spuren von Farbe und Vergoldung, Durchmesser 136,5 cm, Platte mehrfach gesprungen, abgewetzt

Komponist des dreistrophigen Gesangs identifiziert als Claude Goudimel (Wallner 1912)
Lied-Text: 1. »Ich hab mir vorgesetzt vor allen dingen von gnad barmhertzigkeit vnd recht zu singen; Ein lied Ich hab gedicht zu lob vnd Ehr, Dir Gott mein Herrr.« 2. »Fürsichtig vnd vnstrefflich wil Ich leben, auch bis du khombst das Reich mir einzugeben; Das Ich mein haus trewlich vnd wol Regier, Ist mein begier.« 3. »Khein böse sach wil Ich mir lieben lassen; Die vbertretter Pfleg ich ser zu hassen; Auss Ihn ich kheinen vmb mich leiden khan, Noch sehn an.« (Ps 100 nach der calvinistischen Übersetzung von Ambrosius Lobwasser, Leipzig 1573) (Wallner 1912)
Stimmenbezeichnungen: *Discantus, Altus, Tenor, Bassus*
Widmungsinschrift: »Dem Durchleuchtigisten Hochgebornen Fursten vnd Herrn, Herrn Friederichen, Pfaltzgraffen bey Rhein, des heiligen Römischen Reichs ertztruchsässen vnd Churfürsten, Hertzogen in Bayern / vnd der Durchleuchtigisten Hochgebornen Fürstin vnd Frawen, frawen Loisa Juliana, Pfaltzgraffin bey Rhein, des Heiligen Römischen Reichs Ertztruchsässin vnd Churfürstin, Hertzogin in Bayern / Geboren Princessin von Oranien / Nach Christij Vnsers einigen seeligmachers geburtt 1597«

Die Platte Hans von der Sitts wiederholt bis ins Detail das Grundmuster, das sein Bruder Caspar in seinen Musiktischen verwandte. Im Zentrum erscheint statt eines Wappens das Doppelporträt des Kurfürsten Friedrich IV. von der Pfalz und seiner Gattin Louise Juliane mit dem Wahlspruch des Regenten »REGE ME DOMINE / SECVNDVM VERBVM / TVVM« (Leite mich, Herr, nach deinem Wort«) und der Jahreszahl 1597. Der Musiktisch befand sich ursprünglich in Schloss Neumarkt (Pfalz). In zwölf Notenfeldern erscheinen die drei Strophen der Goudimel-Komposition, interessanterweise in der Abfolge *Discantus, Tenor, Altus und Bassus*.

Literatur: Wallner 1912, S. 339-395; Kluge 1997.
Noten: Transkription bei Wallner 1912, S. 519.

München

Kunstkammer Herzog Wilhelms V. von Bayern
nicht erhalten

Andreas Gundelfinger
1577/78
Rundplatte?

Wallner lag 1912 ein Briefentwurf des Herzogs Wilhelm V. von Bayern an den Steinätzer Andreas Gundelfinger vor (künstlerische Korrespondenz 607), den sie zitiert wie folgt: »3. [...] anders nichts alls das Wörtlen Amen, so in mitl des gebetlen Zu weilen steet [...] 4. Der gesang (durchstrichen) Text des gesangs vuolgt hieneben auch [...] Aber an dem ist am maisten gelegen, das dj Wort ordenlich vnder dj noten werden gesetzt, vnd hat sich o Ime berichts mangelt, dessen bei den Musici in Nürmberg Jed Zeit zu erholen.« Wallner zufolge muss es sich hier um die Korrespondenz über einen Musiktisch mit geistlichem Inhalt handeln, denn erwähnt werden Gebete und Gesänge. Dass die Notation nicht allein dekorativen Zwecken diente, beweist

der Wunsch Herzog Wilhelms, der Liedtext möge »ordenlich« unter die jeweiligen Noten platziert werden – wohl um das Absingen zu erleichtern.

Literatur: Wallner 1912, S. 39ff.; Kluge 1997.

München

Kunstkammer Herzog Ferdinands? (Wallner 1912)
nicht erhalten

Wallner 1912 notiert, dass bei Bauarbeiten 1835 in München Fragmente eines geätzten Prunktischs gefunden worden seien. In der 1862 publizierten »Geschichte der Errichtung der ersten lithographischen Kunstanstalt« berichtet der Autor von einem verschütteten Brunnenbassin, »in welchem unter anderen Gegenständen auch ein in viele Stücke zerbrochener hoch geätzter Prachttisch war, mit Kalender, Sprüchen, geistlichen Lieder usw. in Farben und vergoldet« (S. 151). Die Fragmente wurden allerdings nicht geborgen.Wallner vermutet aufgrund der Lage des Baugrundstücks, es könnte sich um den Musiktisch des Herzogs Ferdinand und seiner Frau Maria Pettenbeck gehandelt haben.

Literatur: Wallner 1912, S. 38f.

Neumarkt

Rathaus
nicht erhalten

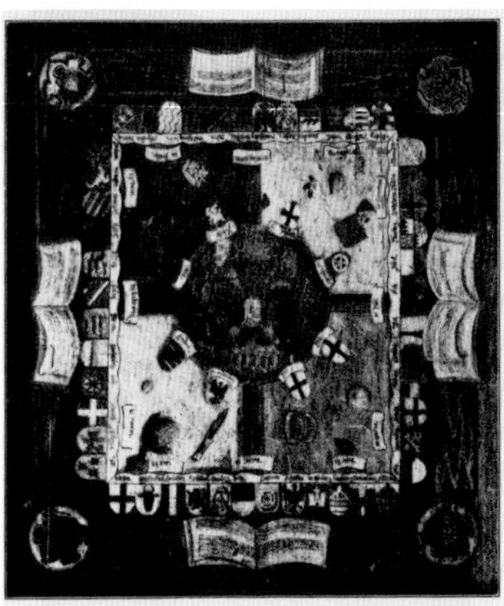

Fig. 46. Neumarkt. Bemalte Tischplatte im Rathaus.

nicht signiert, datiert 1575, Holz, farbig gefasst, 130 x 130 cm, Schragengestell

zwei vierstimmige Lieder, **Komponist** von »Lobet den Herrn denn er ist sehr freundlich« identifiziert als Antonius Scandellus, von »*Haurietis aquas*« identifiziert als Matthias Gastritz (Wallner 1912)
Lied-Texte: »Lobet den Herrn denn er ist sehr freundlich köstlich unser got zu loben sein lob ist schön und lieblich gleich lobet lobet den Herrn.« (Ps 146). »*Haurietis aquas in gaudio de fontibus alvatoris: Et dicetis in die illa: Confitemini Domino, et invocate nomen ejus: notas facite in populis adiuvationes ejus: mementote quoniam excelsum est nomen ejus. Cantate Domino quoniam magnifice fecit.*« (Jes 12, 3f.)
Stimmenbezeichnungen: *Discantus, Altus, Tenor, Bassus*
Wappentitel: »Daß Heillig Römisch reich mit sampt seinen gliedern«

Wallner konnte den Tisch 1912 noch selbst sehen: »In der Mitte erscheint das kaiserliche Wappen des römisch-deutschen Reiches, der Doppeladler, in dessen Brustschild die Wappen Altungarns und Böhmens, [...] ferner schliessen sich im Kreise die Wappen der sieben Kurfürsten und des Podestà von Rom an. Ein weiteres Band von 48 Wappen zieht sich um die vier Seiten des Tisches, die Reichsstände in der Einteilung zu je vieren (Quaternionen), worunter sich Länder- und Städtewappen befinden. In dem Raume zwischen Wappenfries und dem kreisförmigen Mittelfeld liegen Früchte und verschiedene Gegenstände verstreut. In den vier äußeren Ecken befinden sich vier Familienwappen, zwischen diesen vier aufgeschlagene Stimmbücher, Diskantus, Altus, Tenor, Bassus.« (Wallner 1912, S. 318).
Das Neumarkter Exemplar – im Zweiten Weltkrieg verbrannt – wurde in diesen Katalog mit aufgenommen, weil er das einzige auffindbare Beispiel für einen hölzernen, bemalten Musiktisch ist. Die Wappen zeigen an, dass auch dieser Tisch ein Repräsentationsobjekt gewesen sein muss. Ob das Rathaus sein ursprünglicher Standort war, ist nicht bekannt. Wallner nimmt an, dass Caspar von der Sitt für seine Musiktische von hölzernen Beispielen wie dem Neumarkter angeregt worden sein könnte.
Sie berücksichtigte dabei aber nicht den noch früheren Praunschen Musiktisch (Katalog Nürnberg 1567). Heute vermutet man, dass die Musiktische von (englischen) Einblattdrucken inspiriert sind, wie etwa Dowland sie publizierte: Die um den Notendruck Sitzenden oder

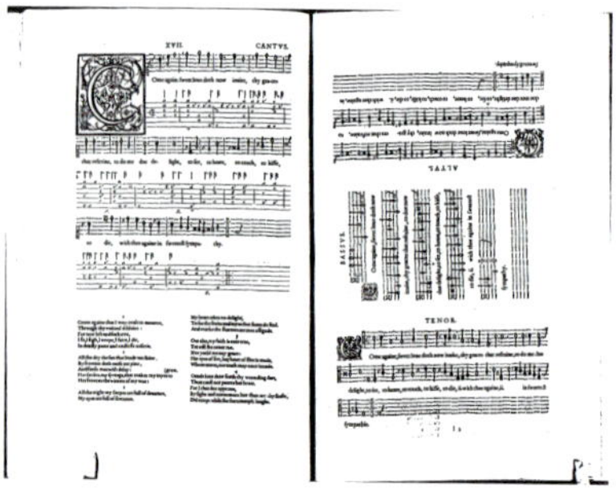

Stehenden konnten von allen Seiten ihre Stimme ablesen. Kluge weist darauf hin, dass auch Tischdecken mitunter reihum mit Noten bestickt sein konnten. Üblich und handlich waren Stimmbücher, also Sammlungen mit Noten jeweils für Discantus, Altus usw. oder einzelne Instrumente. Weniger zur Benutzung als vielmehr zur Präsentation in der Kunstkammer dienten wohl die kostbar gestickten Stimmbücher in Schloss Ambras.
Ein um 1620 datierter österreichisch-deutscher Einblattdruck von Andreas Rauch erwähnt in der Zueignung ein Mitglied der Familie Jörger. Hier also könnte umgekehrt der Eferdinger Musiktisch (von Pleninger?), seit 1580 im Besitz der Jörger, Vorbild für den späteren Druck gewesen sein.

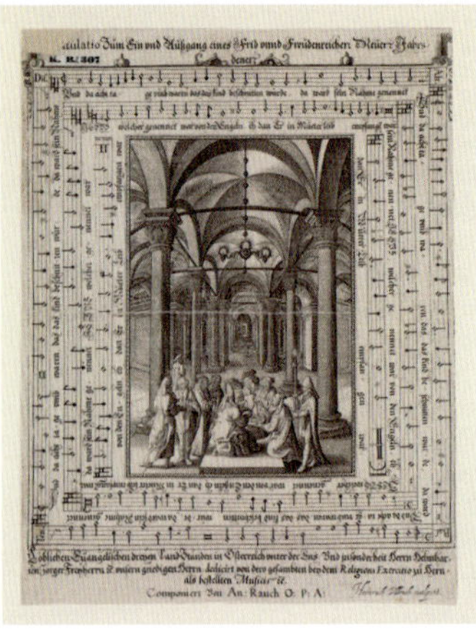

Literatur: Hoffmann / Mader (1982) 1909, S. 66ff.; Wallner 1912, S. 47; Braun 1981; S. 156; Katalog Wien 1996, Kat.Nr. 3.16, S. 61; Kluge 1997; Katalog Ambras 1999, S. 42, Kat.Nr. 54, S. 147; Schmidt 2010, S. 289.

Nürnberg

Germanisches Nationalmuseum
HG 9412

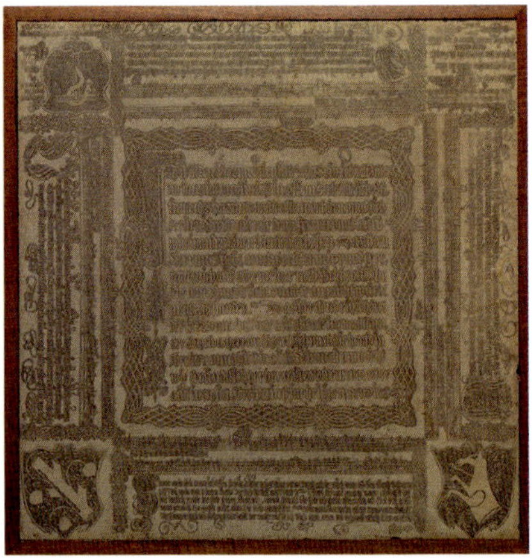

Peter Utz, Signatur: »*Quicumque percussit arpexerit invet Opus Peter Utzn. Istis temporibus Cantor Wemding Anno MDLXVII*«, datiert 1567, Solnhofer Kalkstein, geätzt, H 54 x B 53,5 cm, eingelegt in Nussbaumplatte 105,9 x 105,9 cm (original?), Gestell Eiche (original?)

Komponist des vierstimmigen Gesangs identifiziert als Johann Schechinger (Ausst.-Kat. Nürnberg 1994)
Lied-Text: »Ach hilff mich Laid und senlich Klag«
Stimmenbezeichnungen: *Discantus, Altus, Tenor, Bassus*, an allen vier Seiten Psalmtexte, in der mittleren Fläche: »Ich will den Hernn loben Allezeitt…«

Bei diesem ältesten der erhaltenen Musiktische bildet die Schrift, nicht der Notentext den Schwerpunkt der Flächengestaltung: Die Mitte der quadratischen Platte nehmen, gerahmt von einem komplexen Flechtband, groß wiedergegebene Psalmverse ein. Nach außen hin folgen ungerahmt die vier Stimmen zu je zwei Notenzeilen, wobei der Ausrichtung des zentralen Schriftfelds der *Altus* zugeordnet ist, also nicht – wie auf anderen Tischen – die tiefste (Kassel) oder höchste Stimme (Gotha). Abgetrennt durch feineres Flechtwerk, besetzen Wappen die vier Ecken der Tischplatte.
Nur zu Beginn sind die Noten aller Stimmen mit obigem Text unterlegt und überdies so eng gesetzt, dass sie für heutige Sänger kaum zu entziffern wären. Der Satz mit den auf- und abwärts alternierenden Notenhälsen wirkt

deshalb selbst wie ein ornamentales Band. Angehörige der Nürnberger Patrizierfamilie von Praun ließen die Tischplatte anlässlich der Silberhochzeit ihrer Eltern Ursula und Stephan II. anfertigen.

Literatur: Katalog Nürnberg 1994, Kat.Nr. 190, S. 371; Kluge 1997.

Nürnberg

Besitz der Patrizierfamilie Löffelholtz nicht erhalten

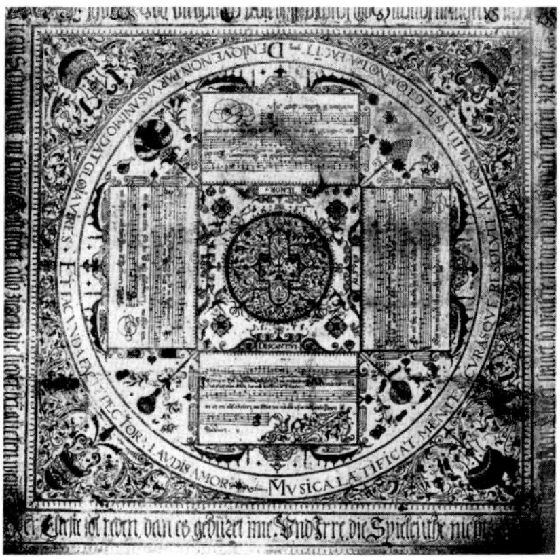

Signatur A.P., datiert 1575, H 87,5 x B 92,5 cm
Kehlheimer Kalkstein, geätzt, farbig gefasst

Komponist des vierstimmigen Liedes identifiziert als Ludwig Senfl (1486-1542 od. 43) (Wallner 1912)
Lied-Text: »Ich schwing mein Horn ins Jamertal, mein Freud ist mir Verschwunden, ich hab gejagt mues abelo, das Wild laufft vor den Hunden. Ein edel thier in diesem Feld het ich mir auserkoren, das schied von mir als ich es meld mein Jagen ist verloren.«
Stimmenbezeichnungen: *Discantus, Altus, Tenor, Bassus*
Rahmendes Schriftband: »Wie ein Rubin in seinem Gold leuchtet, also zieret ein gesang das mahl. Wie ein Smaragt in / schöne Golt stehet, also zieren die lieder bei guten wein. / Der Elteste sol reden, dann es gebüret ime. Vnd Irre die Spieleuthe nicht. Vnd wen man Lieder singet so wasche nit drein, vnd spar dei weisheit zur ander zeit.« (*Ecclesiasticus*, Jesus Sirach 32/3 u. 5)
Kreisförmiges Schriftband: «MUSICA LAETIFICAT MENTES CURASQUE RESOLVIT APTAQUE LAETITVS PECTORA NOSTRA FACIT; DENIQUE NON PARVAS ANIMO DAT GLORIA VIRES ET FACUNDA FACIT PECTORA LAUDIS AMOR.«

In die nahezu quadratische Platte mit lichtem Rankenwerk ist eine Kreisform mit zentraler Rosette eingeschrieben, die die nach den vier Seiten ausgerichteten Notenfelder rahmt. Der Wortlaut des rahmenden Schriftbands ist nahezu identisch mit demjenigen der Eferdinger Platte, weshalb Kieslinger annimmt, dass auch die Nürnberger – 1915 auf Burg Kreuzenstein (Österreich) verbrannte – Tafel von demselben Steinätzer A.P. (Pleninger?) stammte. Wallner schlägt offenbar ohne Kenntnis der Signatur zwei Nürnberger Künstler als Schöpfer vor, Andreas Gundelfinger oder Johann Löffler, will aber im Rahmen ihrer musikwissenschaftlichen Arbeit keine Stilvergleiche durchführen. Die Sprüche aus Jesus Sirach sind jedenfalls laut Wallner im ganzen 16. und 17. Jh. als Motto in Stimmbüchern und häufig vertont zu finden und also keine Gewähr dafür, dass die Nürnberger und die Eferdinger Platte von demselben Künstler stammen.
Das Regensburger Historische Museum bewahrt eine der Nürnberger sehr ähnliche, ebenfalls 1575 datierte Tischplatte ohne Noten (Inv. K 1940 79). Deshalb ordnet Kieslinger auch diese als Frühwerk Pleningers ein, da sie wiederum signiert ist mit »AVR« (aufgelöst wohl »Andreas von Regensburg«).
Feststellbar ist lediglich, dass die beiden älteren Platten aus Nürnberg und Regensburg eine weniger dichte Flächengestaltung zeigen, die überdies bewusst zweidimensional aufgefasst ist. Im Gegensatz dazu entwickelt sich auf dem üppig ornamentierten Eferdinger Tisch das illusionistische Rollwerk um die Notenfelder plastisch in den Raum. Ob Andreas Pleninger zwischen 1575 und 1579 seinen Stil derart verändert oder aber die unterschiedliche Gestaltung jeweils den Wünschen der Auftraggeber angepasst hat, müsste anhand weiterer Beispiele geprüft werden.

Literatur: Pocci 1849/50; Wallner 1912, S. 49-61; MGG 12 (1965), Taf. 28; Kieslinger 1965a, S. 304; Kluge 1997; Zeidler 1998, Anhang I.

Pottendorf (Niederösterreich)

Schloss Pottendorf
nicht erhalten

Andreas Pleninger zugeschrieben, Signatur A.P., datiert 1576, Rundplatte, vierstimmige Motette, Schriftband mit Ps 150

Laut Kieslinger, der jedoch keine Quelle angibt, hat Andreas Pleninger 1576 einen Musiktisch mit der Vertonung von Ps 24, 4 für Graf Nadasdy gefertigt. Bestätigt wird diese Nachricht durch den Reisebericht eines J.E.A. Scheiger aus dem Jahr 1824: »Gleich beym Eintritt [in Schloss Esterhazy] fiel mir der künstlich verzierte Steintisch mit der Jahreszahl 1576 auf, an dem die Sage Nadasdy, Zriny und Frangipany den unglücklichen Rath halten ließ, der sie auf die Blutbühne brachte – Ebenfurth soll einen ähnlichen bewahren«.

Literatur: Scheiger 1824; Kieslinger 1961, S. 78; Kieslinger 1965a, S. 305; Zeidler 1998, Anhang I.

Rosegg (Österreich)

Pfarrkirche St. Michael

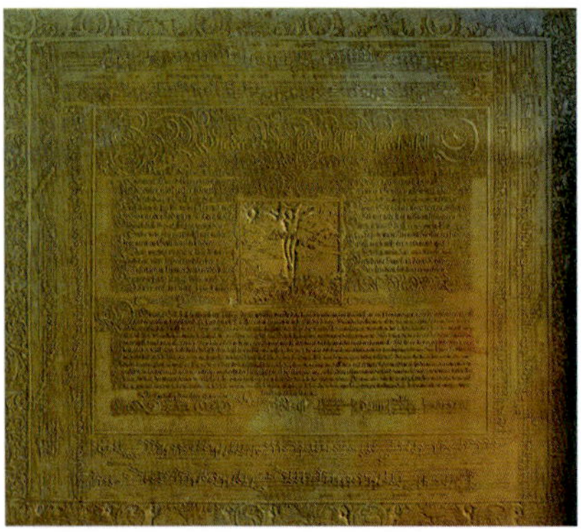

nicht signiert, datiert 1579, Solnhofer Kalkstein, seit unbekannter Zeit in die Kirchenwand gemauert, H 77,5 cm x B 90 cm

Komponist des vierstimmigen Liedes unbekannt
Lied-Text: »*Dulcis memoria et suavis recordatio candidi et synceri amici. Falsorum autem fratrum memoria vulnerat viscera perturbans praecordia et animum perturbans, praecordia et animum et animum*« (»Süß ist das Gedenken und lieblich die Erinnerung an einen lieben und treuen Freund. Der Gedanke aber an die falschen Brüder verwundet die Eingeweide, erschüttert das Zwerchfell und die Seele, das Zwerchfell und die Seele und die Seele«) (Übersetzung Kieslinger 1965)
Stimmenbezeichnungen: *Altus, Discantus, Tenor, Bassus*
Der obere Gebets-Text: »Herr biß du mein Zuversicht...« geht auf ein Lied von Jörg Berckenmayer zurück (vor 1545) (Kieslinger 1965b), der untere Gebets-Text »Du O vnnser Gott / bist süeß vnnd warhafftig...« ist nicht identifiziert

Das Zentrum der querrechteckigen Platte nimmt eine Kreuzigungsdarstellung ein, die von einem dicht beschriebenen Textfeld umgeben ist. Reich verzierte Lettern überschreiben die Gebetszeilen mit den Worten »Wie der Mensch Im selbst zuesprechen soll«. An jeder Platten-Seite folgen, zweizeilig notiert und zur jeweiligen Seite ausgerichtet, die Stimmen eines lateinischen »Freundschaftsliedes« (Kieslinger 1965). Hier ist die Tenorstimme in die Haupt-Perspektive der Tafel gesetzt, der Bass gegenüber, rechts der Alt und links der Diskant. Eine Besonderheit scheint, dass das Lied von unten nach oben gelesen werden muss, also vom Tischrand aus nach innen. Ein mit zahlreichen Medaillons besetztes Ornamentband schließt die Tafel außen ab.
Bild, Worte und Musik vereint hier das Anliegen, in Christus Trost und Zuversicht im Angesicht des Todes zu finden. Kieslinger vermutet als Auftraggeber Mitglieder des Grazer Hofes, etwa die aus Rosegg stammende Familie Liechtenstein. Jäger nennt als weitere mögliche Besitzer die Patrizierfamilie Perkheimer.

Literatur: Kieslinger 1965b; Kluge 1997; Jäger 2010; Jäger 2011 / 2012.
Noten: Transkription bei Kieslinger 1965b, S. 25-28.

Stuttgart

Württembergisches Landesmuseum
1048

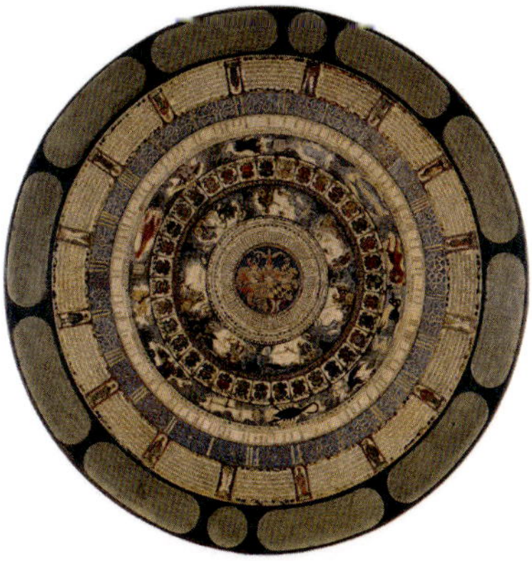

Caspar von der Sitt (nicht signiert, aber aus Archivalien gesichert (Wallner 1912)), datiert 1599 Solnhofer Kalkstein, farbig gefasst, vergoldet Umrahmung und Unterkonstruktion (Eiche, Nadelholz) von Sebastian Rottenburger, zwölf in die Holzrahmung eingelegte, geätzte Messing- oder Kupferplatten, Durchmesser der Steinplatte 165 cm, Stärke 3,7 cm, Durchmesser Umrahmung und Unterkonstruktion 200 cm

Widmungsinschrift: »Dem Durchleuchtigen Hochgebornen Fürsten und Herrn, Herrn Friedrichen, Hertzogen zu Würtemmberg und Teckh, Graven zu Meimpelgartt, Herrn zue Heydenheim, Ritter beeder königlicher Orden in Franckhreich und Engellandt, ist dieses Werckh zue underthenigen Ehren und gefallen gemacht, im Jahre 1599«
Komponist des fünfstimmigen Madrigals Gioseffo Biffi
Madrigal-Text: »*Questi freggi celesti, qui d'intorno Rendono il mond' adorno, E col girar antico Scopron mille trofei al gran Fridrico. Quindi le Pastorelle, Al motto delle stelle Cantando sù l'herbette Del mio Signor li honori, Li tesson ghirlandette Di mill' herbett' e fiori: E noi musici ancora, Mentre ch'il ciel il mio Signor honora, Faciam con uoci grate Insieme con le Ninf' e Pastorelle Il suo bel nome gir oltra le stelle.*«

Sitt wandelt die bereits von Amberg, Berchtesgaden usw. bekannte Struktur nur leicht ab: Um das württembergische Wappen verlaufen wiederum ein *Calendarium perpetuum*, eine Jahresübersicht mit Planeten und Tierkreis, 35 württembergische Wappen, 365 Tage in vier Jahreszeiten, die zwölf Tages- und Nachtstunden und schließlich die »Geistliche Historia« des Lebens Christi, gerahmt von den zwölf Aposteln. Der Rand der Steinplatte ist abgeschrägt und in einen eichenen, 35 cm breiten Ring von 7 cm Stärke geschoben (für die freundliche Überlassung des Restaurierungsberichts danke ich herzlich Frau Restauratorin Krebs / Württembergisches Landesmuseum Stuttgart). Darin eingelassen sind zehn ovale, textunterlegte Notenfelder und zwei runde Messingplatten, die den italienischen Liedtext wiederholen.
Die Stuttgarter Platte zeichnet sich neben ihrem besonders guten Erhaltungszustand durch mehrere Besonderheiten aus: Zum ersten besitzt sie als einziger Musiktisch noch den originalen, nicht minder prunkvollen Unterbau des Stuttgarter Hofschreiners Sebastian Rottenburger, den ebenfalls Sitt entwarf (Wallner 1912). Zum zweiten sind hier die rundherum gesetzten Gesangsstimmen separat auf geätzten Messingplatten abgebildet, die in den hölzernen Rand der Tafel eingelassen sind. Zum dritten preist die Gesangskomposition namentlich den Besteller des Tisches, Herzog Friedrich von Württemberg. Viertens ist einzig hier die Angabe »*per cantare et sonare*« hinzugesetzt (»zum Singen und zum [instrumentalen] Spielen«; I.B.) und schließlich sogar der Name des Komponisten (»*Del Biffi*«). Der Italiener Gioseffo Biffi stand vor seiner Bestallung in Stuttgart (1597-1600) mit Landgraf Moritz in Kontakt, denn er widmete ihm 1596 seine Sammlung von Canzonetten (Wallner 1912, Schmidt-Beste 2004). Biffi könnte das Madrigal mit dem bereits fertigen Tisch vor Augen komponiert haben. Darauf weist zum einen die untypische, nachträglich wirkende Anbringung der Notenplatten, zum anderen die Tatsache, dass das Madrigal inhaltlich auf das Bildprogramm Bezug nimmt: Denn darin wird insbesondere die Sphärenmusik der Sterne – die ja im Planeten- und Tierkreis bildlich präsent sind – als Lob auf den württembergischen Herzog gedeutet. Joachim Kremer zeigt auf, dass die italienische Madrigalform in Stuttgart zuvor wenig rezipiert worden sei, deren Wahl für den Musiktisch also als kunstpolitisches Signal verstanden werden könne (Kremer 2010). So dienen Wappen, kosmologisches Programm und Vokal- und Instrumental-Musik gemeinsam in recht unverschlüsselter, doch effektvoller Weise der Verherrlichung Herzog Friedrichs.

Aus den Archivalien wie den zeitgenössischen Darstellungen geht hervor, dass der Tisch prominent in der Mitte der Kunstkammer im herzoglichen (Alten) Lusthaus platziert war (Wallner 1912). Angenommen wird, dass Landgraf Moritz ihn in seinem Tagebuch über seinen Besuch in Stuttgart 1602 beschreibt – »ein schöner marmorsteiner tisch« (zitiert nach Kümmel 1996, S. 167). Möglicherweise sah der Hesse hier überhaupt erstmals geätzte Steinplatten, deren Machart ihn als Alchemisten besonders interessiert haben dürfte. Andreas Pleninger wird zu dieser Zeit an dem Kartentisch für den Herzog gearbeitet haben, der 1603 datiert ist (siehe Kat. Gotha). Vielleicht hat Herzog Friedrich selbst den Regensburger Künstler nach Kassel empfohlen.
Landgraf Moritz könnte angesichts der Stuttgarter Sammlung die innovative Idee entwickelt haben, die geätzten Kalendarien, Astrolabien und Karten zu einer einzigen Platte zusammenzuziehen. Auch die multimediale Form und die Funktionalität des Stuttgarter Musiktischs müssen ihm ideal zur Propagierung seiner Wertvorstellungen erschienen sein.
Dörte Schmidt analysiert ausführlich die engen kulturellen Beziehungen, aber auch die Konkurrenzsituation zwischen dem (lutherischen) Stuttgarter und dem (reformiert-calvinistischen) Kasseler Hof. Besonders in der Musikpflege wechselten sich Austausch und Wetteifer miteinander ab. So lässt sich Moritz' Musiktisch durchaus als Antwort auf das Prunkstück der Stuttgarter Kunstkammer verstehen. Aus dem ihm eigenen Bildungsanspruch heraus entstand für den hessischen Landgrafen dann ein deutlich ambitionierteres, vielschichtigeres Werk.

Literatur: Wallner 1912, S. 396-433; Anonym 1983; Kümmel 1996; Kluge 1997; Schröder 1998; Schmidt-Beste 2004; Kremer 2010; Kremer / Lorenz / Rückert 2010, Kat.Nr. III 2, S. 359f.; Schmidt 2010. Noten: Biffi 2005.

Wien

Kunsthistorisches Museum
KK 2402

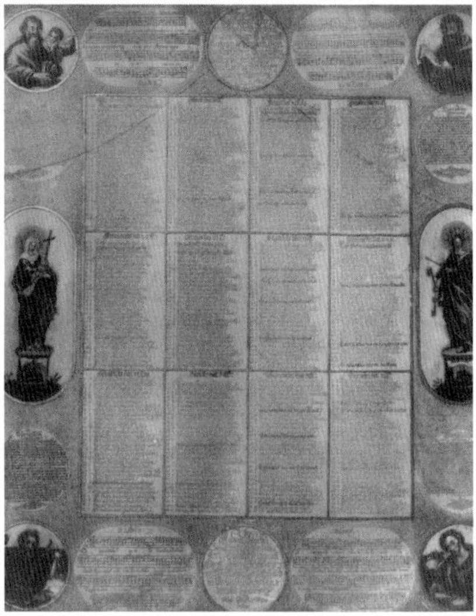

Andreas Peschku, datiert 1610, Kehlheimer Kalkstein, geätzt, farbig gefasst, H 92 cm x 103,4 cm

Widmungsinschrift: »Dem Durchleuchtigsten Fürsten / vnd Herrn, Herrn Ferdinand / den Ertzherzogen zu Osterreich, / Hertzogen zu Burgundt, Steyr, / Carnten, Crain etc., Seinem Gne- / digisten Fürsten vnd Herrn, / macht vnd verehrt disen / gegenwertigen Stein // Andreas Peschku Schul und Rechenmaister in Grätz alss man zelt Christi unsers lieben Herrn und Seeligmachers Geburd im aintausend sechshundert und zehnten Jahr«
Komponist des vierstimmigen Gesangs unbekannt
Lied-Text: »*(s)ive comedo sive bibo sive aliquid alius facio semper videtur mihi tuba illa terribilis sonare in auribus meis surgite mortui venite ad iudicium*«
Stimmenbezeichnungen: *Cantus, Altus, Tenor, Bassus*

Der jüngste erhaltene Musiktisch befand sich ursprünglich im Besitz des Erzherzogs Ferdinand von der Steiermark in Graz (Wallner 1912). Zwölf Schrifttafeln füllen das hochrechteckige Hauptfeld mit einem Immerwährenden Kalender, hier bestehend aus gereimten Sprüchen für jeden Tag. Zu beiden Seiten sind in ovale Kartuschen gemalte Statuetten der *Religio* und der *Ecclesia* gesetzt. In den vier Ecken erschei-

nen in Medaillons die Evangelisten im Brustbild, ergänzt durch runde Felder mit Auszügen ihrer jeweiligen Evangelien. Die am oberen und unteren Plattenrand mittig platzierten Medaillons präsentieren die Widmungsinschrift. Sie werden flankiert von vier Notenfeldern in liegenden Ovalen: Die unten stehenden Stimmen Bass und Alt teilen die Leserichtung der Tafel, die obigen *Cantus* und Tenor wirken verkehrt, da sie als einzige Elemente von der oberen Tischseite her zu lesen sind.
Zu der Platte hat sich eine um 1900 entstandene handschriftliche Notentranskription von F.L. Kobányi erhalten (für die großzügige Überlassung aller Materialien danke ich herzlich der Kuratorin Frau Dr. Kryza-Gersch, Kunsthistorisches Museum Wien).

Literatur: Wallner 1912, S. 434-466.
Noten: Transkription bei Wallner 1912, S. 524-527.

Wien

Kunsthistorisches Museum
2410

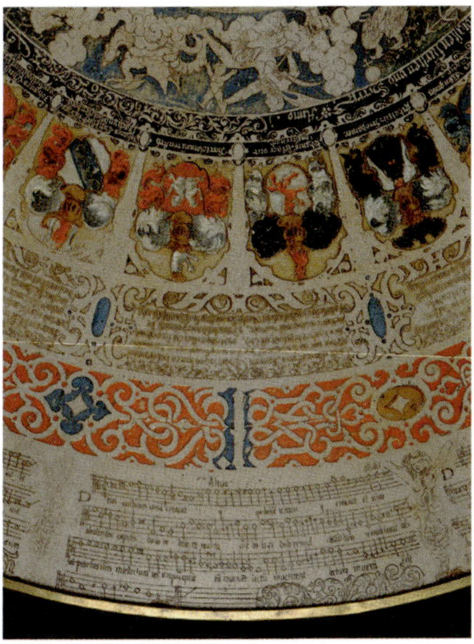

Caspar von der Sitt, Signatur »C.V.D.S.«, datiert 1590, Solhofer Kalkstein, geätzt, farbig gefasst, vergoldet, Durchmesser 127,4 cm

Widmungsinschrift: »Zu Ehren vnd Ehwiger gedechtnuss ist diese Rundtaffel dem Hochwürdigen Fürsten vnd Herrn, Herrn Vrban von Gottes genaden Bischoffen zu Passaw, vnserm genedigsten Fürsten vnd Herrn, Anno 1590«
Komponisten der drei vierstimmigen Gesänge Identifiziert als Marc Antonio Ingegneri (»*Fugga longa me*«) und Orlando di Lasso (»Seitt frischauff ir lieben geste« = München 1591/92 und »*Deus, qui bonvm vinum creavit*«) (Wallner 1912)
Stimmenbezeichnungen: *Cantus, Altus, Tenor, Bassus*

Das stets gleiche Grundmuster der Sittschen Steinätzungen scheint in den Augen der Auftraggeber ein Qualitätsmerkmal gewesen zu sein. Wohl gerade weil Sitts Entwürfe gleich als solche erkennbar waren, schätzte man sie, sonst hätte ein angesehener Fürstbischof wie Urban von Trenbach leicht eine individuellere Gestaltung fordern können. Sein Wappen nimmt nun die Mitte der Rundtafel ein, und Sitt ersetzte den Planeten- und Tierkreis durch geistliche Verse, die die Vergänglichkeit allen Lebens anmahnen. In sinnenfrohem Kontrast dazu stehen die drei Trinklieder in deutscher, lateinischer und italienischer Sprache.

Literatur: Wallner 1912, S. Katalog Wien 1996, Kat.Nr. 3.13, S. 60.
Noten: Transkription bei Wallner 1912, S. 499-503.

Quellen

Alcatius 1975 (1542)
Alciatus, Andreas: *Emblematum libellus*. Nachdruck der Ausgabe Paris 1542, Darmstadt 1975

Alcatius 1566
Alciatus, Andreas: *Liber emblematum*, Frankfurt 1566

Anonym 2009 (1591)
Anonym: Weil Du Herr Christ. Motette zu 6 Stimmen. Der Musiktisch von 1590 [sic] im Stadtmuseum Amberg, Stuttgart 2009

Anonym 1998 (1614)
Fama fraternitatis. Das Urmanifest der Rosenkreuzer Bruderschaft 1614, hrsg. von Pleun van der Kooij, Haarlem 1998

Biffi 1599 (2005)
Biffi, Gioseffo: *Questi freggi celesti a 10. p cantare e sonare*. Madrigal für zwei 5-stimmige Chöre auf dem Musiktisch aus der ehemaligen Kunstkammer der württembergischen Herzöge in Stuttgart. Abbildungen der Messingplatten mit den Stimmen und kurze Beschreibung des Musiktisches, Stuttgart 2005

Camerarius 2009 (1587)
Camerarius, Joachim d.J.: *Symbola et emblemata tam moralia quam sacra*. Die handschriftlichen Embleme von 1587, hrsg. von Wolfgang Harms und Gilbert Heß, Tübingen 2009

Castiglione 1965 (1528)
Castiglione, Baldassarre: *Il libro del Cortegiano 1528*. Online-Ausgabe nach der Edition Turin 1965. http://www.letteraturaitaliana.net/pdf/volume_4/t84.pdf, www.letteraturaitaliana.net/pdf/volume_4/t84.pdf (24.11.2011)

Dilich 1986 (1598)
Dilich, Wilhelm: Ritterspiele Anno 1596, Kassel 1598. Als Nachdruck hrsg. und mit einem Nachwort versehen von Hartmut Broszinski und Gunter Schweikhart, Kassel 1986

Fabronius 2000 (1625)
Fabronius, Hermann: Historische Beschreibung der PoliceyTugende..., Schmalkalden 1625, in: Borggrefe / Fusenig / Kümmel 2000, S. 141-236

Fickler 2004 (1598)
Fickler, Johann Baptist: Das Inventar der Münchner herzoglichen Kunstkammer von 1598. Transkription der Inventar-Handschrift, hrsg. von Peter Diemer (= Bayerische Akademie der Wissenschaften, Philosophisch-historische Klasse, N.F. Heft 125), München 2004

Geuck / Moritz 1598
Geuck, Valentin / Moritz, Landgraf zu Hessen: *Musica methodice...*, Manuskript 1598, Landesbibliothek und Murhardsche Bibliothek Kassel 8° Ms.math.et.art. 5

Girgensohn 1912 (1606)
Girgensohn, J.: Eine Beschreibung der Stadt Kassel aus dem Jahre 1606, in: Hessische Chronik 1 (1912), S. 137-138 (= Auszug aus Wedel 1895 (1606))

Kertzenmacher 1720 (1570)
Kertzenmacher, Peter: Alchimia, das ist alle Farben, Wasser, *Olea, Salia* und *Alumina*, Damit man alle *Corpora Spiritus* und *Calces praeparirt*, sublimirt, und fixirt zu bereiten, und wie man diese Dinge nutze, auf dass Sol und Luna werden möge, auch von Solviren und Scheidung aller Metall, Polirung allerhand Edelsteine, fürtrefflichen Wassern zum Etzen, Scheiden und Solviren..., o.O. 1720 (1570)

Lautenbuch 2005
Das Lautenbuch der Elisabeth von Hessen. Faksimile von 4° Ms. Mus. 108.1, Universitätsbibliothek Kassel, hrsg. von Axel Halle, bearb. von Angelika Horstmann, Kassel 2005

Maier 1618
Maier, Michael: *Atalanta fugiens*, Oppenheim 1618

Mausoleum Mauritanium 1635
Mausoleum Mauritiani Pars Altera, Kassel 1635 (zweiter, jedoch als erster fertiggestellter Teil des *Monumentum sepulcrale* 1638 / 1640)

Monumentum Sepulcrale 1640
Monumentum SEPVLCRALE, ad Illustrissimi Celsissimi Celsissimique Principis ac Domini, DN. MAVRITII Hassiae Landgravij..., Frankfurt 1640

Moritz 2009 (1605)
Moritz, Landgraf von Hessen: »*Musica cum musis*« und »Die Music gönnt uns Gott zur Freud«, in: ders.: Madrigale und Canzonette zu 4-8 Stimmen (= Gesamtausgabe der musikalischen Werke von Moritz Landgraf von Hessen (1572-1632), hrsg. von Paul-Heinz Leifhelm, Reihe 3: Weltliche Vokalmusik, Heft 2), Stuttgart 2009, S. 34-37

Moritz 1598
Moritz, Landgraf von Hessen: *Poetices methodice...*, Kassel 1598

Moritz 1995 (1631)
Moritz, Landgraf von Hessen: *Lexique françois-allemant tresample contenant tous mots françois selon l'ordre grammatic...* Frankfurt 1631 (= Archiv der europäischen Lexikographie, Abt. 2, Wörterbücher, Bd. 14), Erlangen 1995 (Mikrofiche)

Ovid 2001
Ovid (*Publius Ovidius Naso*): Metamorphosen, übersetzt und hrsg. von Hermann Breitenbach, Stuttgart 2001

Palestrina 2009 (1591)
Palestrina, Giovanni Pierluigi da: *Solve jubente Deo.* Motette zu 6 Stimmen. Der Musiktisch von 1591 im Königlichen Schloss zu Berchtesgaden, Stuttgart 2009

Polantus 1605
Polantus, Nicolaus: *Musica Instrumentalis.* Von christlichem Gebrauch der Orgelwerck und Seytenspiel / bey dem heiligen Gottesdienst / Eine Predigt / Gehalten in der Domkirchen zu Meißen...13.5.1604, Leipzig 1605

Quarles 1993 (1635)
Quarles, Francis: *Emblemes und Hieroglyphikes of the Life of Man*, hrsg. von Edward Benlowe, Nachdruck der Ausgaben London 1635 und 1638, Hildesheim 1993

Scheiger 1824
Scheiger, J.E.A.: Ausflug nach den fürstlich Esterhazyschen Schlössern Eisenstadt, Pottendorf, Forchtenstein und Lokenhaus, in: Archiv für Geschichte, Statistik, Literatur und Kunst, 115 (1824), S. 621-624

Scheyrer 1663
Scheyrer, Bernard: *Musica choralis theoro-practica...*, München 1663

Schmincke 1767
Schmincke, Friedrich Christoph: Versuch einer genauen und umständlichen Beschreibung der Hochfürstlich-Hessischen Residenz- und Hauptstadt Cassel, Kassel 1767

Spengler o.J.
Spengler, Lorenz: Zwei Gesänge (Madrigal) für *Discantus, Sexta Vox, Altis, Tenor, Quinta Vox* und *Basis.* Nach dem auf der Löwenburg bei Kassel befindlichen, in einen Tisch eingedruckten Notenzeichen, angeblich componirt von Landgraf Moritz von Hessen, Kassel o.J.

Vergil 2008
Vergil (*Publius Vergilius Maro*): Bucolica / Hirtengedichte, übersetzt u. kommentiert von Michael von Albrecht, Stuttgart 2008

Wedel 1895 (1606)
Bär, Max: Lupold von Wedels Beschreibung seiner Reisen und Kriegserlebnisse 1561-1606, in: Baltische Studien 45 (1895), S. 1-609

Winkelmann 1697
Winkelmann, Johann Just: Warhafte Beschreibung der Fürstenthümer Hessen und Hersfeld, Kassel 1697

Literatur

Anonym O.J.
anonym: Geätzte Solnhofersteintische mit Noten. Liste mit 9 Objekten, vor 1945, Staatsbibliothek München

Anonym 1983
Restaurierungsbericht Liedertisch Caspar von der Sitt, Württembergisches Landesmuseum Stuttgart, Inv.Nr. 1048 (ungedruckt)

Ausst.-Kat. Aachen 1994
Mit Glück und Verstand, Ausstellungskatalog Schloss Rheydt, hrsg. von Christiane Zangs und Hans Holländer, Aachen 1994

Ausst.-Kat. Ambras 1999
Für Aug' und Ohr. Musik in Kunst- und Wunderkammern, Ausstellungskatalog Schloss Ambras, Mailand / Wien 1999

Ausst.-Kat. Augsburg 2003
Der Winterkönig. Friedrich von der Pfalz. Bayern und Europa im Zeitalter des Dreißigjährigen Krieges, Ausstellungskatalog Haus der Bayerischen Geschichte Augsburg, hrsg. von Peter Wolf u.a., Augsburg 2003

Ausst.-Kat. Bonn 1988
Prag um 1600. Kunst und Kultur am Hofe Rudolfs II., Ausstellungskatalog Villa Hügel / Bonn, Freren 1988

Ausst.-Kat. Brake / Antwerpen 2002
Hans Vredeman de Vries und die Renaissance im Norden, Ausstellungskatalog Weserrenaissance-Museum Schloss Brake / Koninklijk Museum voor Schone Kunsten Antwerpen, hrsg. von Heiner Borggrefe u.a., München 2002

Ausst.-Kat. Braunschweig 1998
Hofkunst der Spätrenaissance. Braunschweig-Wolfenbüttel und das kaiserliche Prag um 1600, Ausstellungskatalog Herzog Anton-Ulrich-Museum Braunschweig, Braunschweig 1998

Ausst.-Kat. Duisburg 1987
Von der Kunstkammer zum Museum. Plastik aus dem Schlossmuseum Gotha, Ausstellungskatalog Wilhelm Lehmbruck-Museum Duisburg, Duisburg / Gotha 1987

Ausst.-Kat. Gotha 2001
Ernst der Fromme (1601-1675), Katalog zum 400. Geburtstag Herzog Ernsts I. von Sachsen-Gotha und Altenburg, Gotha 2001

Ausst.-Kat. Kassel 1997
Moritz der Gelehrte. Ein Renaissancefürst in Europa. Ausstellungskatalog Weserrenaissancemuseum Schloss Brake und Staatliche Museen Kassel, hrsg. von Heiner Borggrefe, Vera Lüpkes und Hans Ottomeyer, Eurasburg 1997

Ausst.-Kat. Kassel 2010
425 Jahre Heinrich Schütz. Ausstellung kostbarer Schütz-Autographe und Musikdrucke der Universitätsbibliothek Kassel, konzipiert von Hartmut Broszinski, Angelika Horstmann und Konrad Wiedemann, Kassel 2010

Ausst.-Kat. Kassel 2011
Alchemie am Kasseler Hof zwischen Spekulation und Experiment. Ausstellung kostbarer Alchemie-Handschriften der Universitätsbibliothek Kassel, konzipiert von Hartmut Broszinski und Konrad Wiedemann, Kassel 2011

Ausst.-Kat. Klessheim 1999
5000 Jahre Würfelspiel, Ausstellungskatalog Schloss Klessheim / Casino Linz, hrsg. von Günther G. Bauer, (= Homo ludens – Der spielende Mensch, Bd. 9 / Sondernummer), Salzburg 1999

Ausst.-Kat. München 1999
O Musica du edle Kunst. Musik und Tanz im 16. Jahrhundert, Ausstellungskatalog Staatliche Graphische Sammlung München, hrsg. von Thea Vignau-Wilberg, München 1999

Ausst.-Kat. München 2002
Pracht und Zeremoniell. Die Möbel der Residenz München, Ausstellungskatalog Residenz München, hrsg. von Brigitte Langer, München 2002

Ausst.-Kat. Nürnberg 1994
Kunst des Sammelns. Das Praunsche Kabinett. Meisterwerke von Dürer bis Carracci, Ausstellungskatalog Germanisches Nationalmuseum Nürnberg, Nürnberg 1994

Ausst.-Kat. Wien 1996
Die Botschaft der Musik. 1000 Jahre Musik in Österreich, Ausstellungskatalog Kunsthistorisches Museum Wien / Palais Harrach, hrsg. von Wilfried Seipel, Wien 1996

Ausst.-Kat. Wien 1998
Spielwelten der Kunst. Kunstkammerspiele, Ausstellungskatalog Kunsthistorisches Museum Wien, hrsg. von Wilfried Seipel, Mailand 1998

Ausst.-Kat. Wien 2001
Dipingere la musica. Musik in der Malerei des 16. und 17. Jahrhunderts, Ausstellungskatalog Kunsthistorisches Museum Wien / Palais Harrach, hrsg. von Wilfried Seipel, Mailand 2001

Ausst.-Kat. Zürich 1982
Eros und Gewalt. Hendrik Goltzius und der niederländische Manirismus [sic], Ausstellungskatalog Graphische Sammlung ETH Zürich, hrsg. von Eva Korazija, Zürich 1982

Baumgärtner 2011
Baumgärtner, Ingrid (Hrsg.): Wilhelm Dilich: Landtafeln hessischer Ämter zwischen Rhein und Weser 1607 bis 1625 (= Schriften der Universitätsbibliothek Kassel - Landesbibliothek und Murhardsche Bibliothek der Stadt Kassel, Bd. 10), Kassel 2011

Belozerskaja 2005
Belozerskaya, Marina: Luxury Arts of the Renaissance, London 2005

Bepler 1997
Das *Monumentum sepulcrale*: ein Funeralwerk im Dienste dynastischer Selbstdarstellung, in: Ausst.-Kat. Kassel 1997, S. 413-417

Bernsdorff-Engelbrecht 1969
Bernsdorff-Engelbrecht, Christiane: Musik zwischen den Generationen. Gebrauchs- und Repräsentationsmusik am Hofe des Landgrafen Moritz von Hessen, in: Sagittarius, 2 (1969), S. 29-35

Biba 1996
Biba, Otto: Musiktisch. Kaspar von der Sitt 1590. Kat. Nr. 3.13, in: Ausst.-Kat. Wien 1996, S. 60

Bickhoff 2010
Bickhoff, Nicole: »Gott kann der Welschen Pracht nicht leiden«: Hof- und Festkultur unter Herzog Friedrich I. von Württemberg, in: Kremer / Lorenz / Rückert 2010, S. 73-94

Bierende 2002
Bierende, Edgar: Das höfische Glücksspiel im Spannungsfeld zwischen *arma* und *litterae* – Beobachtungen zu den Prunkspieltischen der Münchner Residenz, in: Ausst.-Kat. München 2002, S. 107-117

Borggrefe 1997
Borggrefe, Heiner: Moritz der Gelehrte – Höfische Erziehung und fürstliches Weltbild um 1600, in: Ausst.-Kat. Kassel 1997, S. 13-20

Borggrefe 1997a
Borggrefe, Heiner: »Apelles lässt nimmer ein tag vorüber, dass er nicht ein linea gezogen habe« – Malerei und bildende Kunst am Kasseler Hof, in: Ausst.-Kat. Kassel 1997, S. 239-247

Borggrefe 1997b
Borggrefe, Heiner: Moritz der Gelehrte als Rosenkreuzer und die »Generalreformation der gantzen weiten Welt«, in: Ausst.-Kat. Kassel 1997, S. 339-344

Borggrefe / Fusenig / Kümmel 2000
Borggrefe, Heiner / Fusenig, Thomas / Kümmel, Birgit (Hrsg.): *Ut pictura politeia* oder Der gemalte Fürstenstaat. Moritz der Gelehrte und das Bildprogramm in Eschwege (= Studien zur Kultur der Renaissance, Bd. 1), Marburg 2000

Borggrefe 2000
Borggrefe, Heiner: Unbekannte Seiten des Bildersturms. Moritz der Gelehrte, die Bildausstattung von Schloss Eschwege und die vergessene Ikonographie des Calvinismus, in: Borggrefe / Fusenig / Kümmel 2000, S. 9-53

Borkopp 1994
Borkopp, Birgit: Von Praunscher Musiktisch, in: Ausst.-Kat. Nürnberg 1994, S. 370-371

Brandsch 2001
Brandsch, Juliane Ricarda: Die Friedensteinsche Kunstkammer Herzog Ernst I. des Frommen von Sachsen-Gotha und Altenburg (1601-1675), in: Ausst.-Kat. Gotha 2001, S. 21-29

Braun 1981
Braun, Werner: Die Musik des 17. Jahrhunderts (= Neues Handbuch der Musikwissenschaft, Bd. 4), Wiesbaden 1981

Braun 1994
Braun, Werner: Zur Bildausstattung in Claudius Sebastianis *Bellum musicale* (1563), in: Heckmann / Holl / Marx 1994, S. 31-39

Broszinski 1994
Broszinski, Hartmut: *Lux lucens in tenebris. Splendor solis* oder Sonnenglanz. Zur alchemistischen Handschrift 2° Ms. chem. 21 der alten Kasseler Landesbibliothek, Fulda 1994

Broszinski 2011
Broszinski, Hartmut: Einleitung, in: Katalog Kassel 2011, S. XI-XXX

Calogero 2009
Calogero, Elena Laura: Ideas and Images of Music in English and Continental Emblem Books 1550-1700 (= SAECVLA SPIRITVALIA, Bd. 39), Baden-Baden 2009

Crosby 1967
Crosby, C. Russell (Hrsg.): Die Flötnerschen Spielkarten und andere Curiosa der Musiküberlieferung des 16. Jahrhunderts aus Franken (= Denkmäler der Tonkunst in Bayern. NF Sonderband 1), Wiesbaden 1967

Dacosta Kauffmann 1997
DaCosta Kauffmann, Thomas: Kunst und Alchemie, in: Katalog Kassel 1997, S. 370-377

Dienst 2002
Dienst, Barbara: Der Kosmos des Peter Flötner. Eine Bildwelt der Renaissance in Deutschland, Diss. Jena 1998, München / Berlin 2002

Dötsch 2006
Dötsch, Anja: Die Löwenburg im Schlosspark Kassel-Wilhelmshöhe. Eine künstliche Ruine des späten 18. Jahrhunderts, 2 Bde., Diss. Dortmund 2005 (= Studien zum Kulturerbe in Hessen, Bd. 3), Regensburg 2006

Dreier 1961
Dreier, Franz-Adrian: Zur Geschichte der Kasseler Kunstkammer, in: Zeitschrift des Vereins für hessische Geschichte und Landeskunde 72 (1961), S. 123-142

Eikelmann 2007
Eikelmann, Renate (Hrsg.): Kunst- und Wunderkammer Burg Trausnitz, München 2007

Forshaw 2006
Forshaw, Peter: »Alchemy in the Amphitheatre«. Some Considerations of the Alchemical Content of the Engravings in Heinrich Khunrath's Amphitheatre of Eternal Wisdom (1609), in: Wamberg 2006, S. 195-220

Fuhring 2002
Fuhring, Peter: Hans Vredeman de Vries und das Ornament als Vorlage und Modell, in: Ausst.-Kat. Brake / Antwerpen 2002, S. 61-68

Fusenig 2000
Fusenig, Thomas: Die Bildausstattung von Schloss Eschwege, in: Borggrefe / Fusenig / Kümmel 2000, S. 55-137

Gottwald 1997
Gottwald, Clytus: *Manuscripta musica* (= Die Handschriften der Gesamthochschulbibliothek und Murhardsche [*sic*] Bibliothek der Stadt Kassel, Bd. 6), Wiesbaden 1997

Gutbier 1960
Gutbier, Ewald: Valentin Geuck und Landgraf Moritz von Hessen, die Verfasser einer Musiklehre, in: Hessisches Jahrbuch für Landesgeschichte 10 (1960), S. 212-228

Hammerstein 1994
Hammerstein, Reinhold: Von gerissenen Saiten und singenden Zikaden. Studien zur Emblematik der Musik, Tübingen /Basel 1994

Heckmann / Holl / Marx 1994
Heckmann, Harald / Holl, Monika / Marx, Hans Joachim (Hrsg.): Musikalische Ikonographie (= Hamburger Jahrbuch für Musikwissenschaft, Bd. 12), Laaber 1994

Henkel / Schöne 1996 (1967)
Henkel, Arthur / Schöne, Albrecht (Hrsg.): *Emblemata*. Handbuch zur Sinnbildkunst des XVI. und XVII. Jahrhunderts, Stuttgart / Weimar (1967) 1996

Heppe 1995
Heppe, Dorothea: Das Schloss der Landgrafen von Hessen in Kassel von 1557 bis 1811 (= Materialien zur Kunst- und Kulturgeschichte in Nord- und Westdeutschland, Bd. 17), Marburg 1995

Heuer 2000
Heuer, Wolfgang: Wilhelm Vernuken. Ein Bildhauer und Baumeister des Manierismus in Deutschland, Diss. Düsseldorf 2000 (ungedr.)

Hoffmann 1990
Hoffmann, Albrecht: Der Wandbrunnen im Renthof zu Kassel, in: Jahrbuch 1990, hrsg. vom Kreisausschuss des Landkreises Kassel, S. 59-62

Hofmann / Mader 1982 (1909)
Hofmann, Friedrich Hermann / Mader, Felix: Die Kunstdenkmäler von Oberpfalz & Regensburg Bd. XVII: Stadt und Bezirksamt Neumarkt, unveränd. Nachdruck der Ausgabe 1909, Wien 1982

Holländer 1994
Holländer, Hans: Mit Glück und Verstand, in: Ausst.-Kat. Aachen 1994, S. 9-20

Holl 1986
Holl, Monika: »Der *Musica* Triumph« – Ein Bilddokument von 1607 zur Musikauffassung des Humanismus in Deutschland, in: *Imago musica* 3 (1986), S. 9-30

Holtmeyer 1910
Holtmeyer, Alois: Die Bau- und Kunstdenkmäler im Regierungsbezirk Kassel, Bd. IV: Kreis Cassel-Land, Marburg 1910

Holtmeyer 1923
Holtmeyer, Alois: Die Bau- und Kunstdenkmäler im Regierungsbezirk Kassel, Bd. VI: Kreis Cassel-Stadt, Marburg 1923

Hopfner 2001
Hopfner, Rudolf: Musikinstrumente in der Malerei, in: Ausst.-Kat. Wien 2001, S. 111-118

Horstmann 2005
Horstmann, Angelika: Katalog der Musikdrucke aus der Zeit der Kasseler Hofkapelle (1550-1650) (= Schriften der Universitätsbibliothek Kassel – Landesbibliothek und Murhardsche Bibliothek der Stadt Kassel, Bd. 6), Wiesbaden 2005

Horstmann 2008
Horstmann, Angelika: Illustrationen aus den Musikdrucken der Kasseler Hofkapelle. Bd. 1: Buchschmuck, Kassel 2008

Irmscher 1999
Irmscher, Günter: *Amor* und *Aeternitas*. Das rionfo-Lavabo Christoph Jamnitzers für Kaiser Rudolf II. (= Schriften des Kunsthistorischen Museums, Bd. 4), Wien 1999

Jäger 2010
Jäger, Yvonne Silke: Die Steinätzung von Rosegg. Ein Beitrag zur *Ars moriendi* des 16. Jahrhunderts, Mag. Wien 2010; »http://othes.univie.ac.at/10330/« http://othes.univie.ac.at/10330/ (9.4.2011)

Jäger 2011 / 2012
Yvonne Jäger, Die Steinätzung von Rosegg. Ein Beitrag zur *Ars moriendi* des 16. Jahrhunderts, in: Jahrbuch für die Geschichte des Protestantismus in Österreich 127 / 128 (2011 / 2012), S. 281-304

Katalog Kassel 2011
Manuscripta chemica in quarto (=Die Handschriften der UB Kassel, Landesbibliothek und Murhardschen Bibliothek der Stadt Kassel Bd. 3.2.2), bearbeitet von Hartmut Broszinski, 2 Bde., Wiesbaden 2011

Kieslinger 1965a
Kieslinger, Alois: Der Steinätzer Andreas Pleninger und sein Werk in Österreich, in: Bayerische Akademie der Wissenschaften. Anzeiger der Philosophisch-Historischen Klasse 102 (1965), S. 303-309

Kieslinger 1965b
Kieslinger, Alois: Kärntner Steinätzungen (= Buchreihe des Landesmuseums für Kärnten, Bd. 29), Klagenfurt 1965

Kieslinger 1967
Kieslinger, Alois: Steinätzungen in Oberösterreich, in: Kunstjahrbuch der Stadt Linz, Linz 1967, S. 73-105

Kluckert 1997
Kluckert, Ehrenfried: Emblematik, in: Toman, Rolf (Hrsg.): Barock. Architektur, Skulptur, Malerei, Köln 1997, S. 428-429

Kluge 1997
Kluge, Martin: Musiktische, in: Musik in Geschichte und Gegenwart, Bd. 6, Kassel 1997, Sp. 1750-1754

Knispel 1993
Knispel, Claudia: Das Lautenbuch der Elisabeth von Hessen, Diss. Kassel 1993, Frankfurt / Main 1993

Koldau 2005
Koldau, Linda Maria: Frauen – Musik – Kultur. Ein Handbuch zum deutschen Sprachgebiet der Frühen Neuzeit, Köln 2005

Kramm 1936
Kramm, Walter: Die beiden ersten Kasseler Hofbildhauerwerkstätten im 16. und 17. Jahrhundert, in: Marburger Jahrbuch für Kunstwissenschaft 8 / 9 (1936), S. 329-390

Kraus 1967
Kraus, Eberhard: Orgeltabulaturbuch mit besonderem Akzent, in: Alt-Bayerische Heimat 10 (1967), o. S.

Kraus / Pfeiffer 1979
Kraus, Andreas / Pfeiffer, Wolfgang (Hrsg.): Regensburg. Geschichte in Bilddokumenten, München 1979

Kreisel / Himmelheber 1981
Kreisel, Heinrich / Himmelheber, Georg: Die Kunst des deutschen Möbels, 3 Bde., 3. Aufl. München 1981

Kremer / Lorenz / Rückert 2010
Kremer, Joachim / Lorenz, Sönke / Rückert, Peter (Hrsg.): Hofkultur um 1600. Die Hofmusik Friedrichs I. von Württemberg und ihr kulturelles Umfeld (= Tübinger Bausteine zur Landesgeschichte, Bd. 15), Ostfildern 2010

Krystof 1997
Krystof, Doris: Werben für die Kunst. Bildliche Kunsttheorie und das Rhetorische in Kupferstichen von Hendrick Goltzius, Diss. Köln 1993, Hildesheim / Zürich / New York 1997

Kümmel 1996
Kümmel, Birgit: Der Ikonoklast als Kunstliebhaber. Studien zu Landgraf Moritz von Hessen-Kassel (1592-1627) (= Materialien zur Kunst- und Kulturgeschichte in Nord- und Westdeutschland, Bd. 23), Diss. Marburg 1995, Marburg 1996

Kümmel 1997
Kümmel, Birgit: Die Kunst- und Wunderkammer Moritz' des Gelehrten, in: Ausst.-Kat. Kassel 1997, S. 197-201

Kümmel 1998
Kümmel, Birgit: Geschichte und Struktur der landgräflichen Sammlungen in Kassel im 16. und 17. Jahrhundert, in: Unbehaun, Lutz (Hrsg.): Die Künste und das Schloss in der frühen Neuzeit (= Rudolstädter Forschungen zur Residenzkultur, Bd. 1), München 1998, S. 191- 207

Laschinger 2003
Laschinger, Johannes: Amberg und die Obere Pfalz zu Beginn des 17. Jahrhunderts, in: Ausst.-Kat. Augsburg 2003, S. 54-64

Lee 1996
Lee, Hansoon: Kunsttheorie in der Kunst. Studien zur Ikonographie von Minerva, Merkur und Apollo im 16. Jahrhundert, Diss. Frankfurt / Main 1996

Lindell 1998
Lindell, Robert: Das Musikleben am Hof Rudolfs II., in: Katalog Bonn 1988, S. 75-83

Loers 1979
Loers, Veit: Andreas Pleninger: *Calendarium perpetuum* 1602, in: Kraus / Pfeiffer 1979, S. 112

Martius 2004
Martius, Klaus: »Ein rund weiß stainene dafl von gesang«. Bemerkungen zum ›Amberger Liedertisch‹ von 1591, in: Concerto 197 / 198 (2004), S. 23-26

Meinel 1986
Meinel, Christoph: Alchemie und Musik, in: ders. (Hrsg.): Die Alchemie in der europäischen Kultur- und Wissenschaftsgeschichte (= Wolfenbütteler Forschungen, Bd. 32), Wiesbaden 1986, S. 201-227

Menk 2000
Menk, Gerhard (Hrsg.): Landgraf Moritz der Gelehrte. Ein Kalvinist zwischen Politik und Wissenschaft (= Beiträge zur hessischen Geschichte, Bd. 15), Marburg 2000

Merzbacher 1997
Merzbacher, Dieter: »*Literarum et Literatorum summus Patronus*« – Europäische Dichtung und Sprachen am Hofe Moritz' des Gelehrten, in: Ausst.-Kat. Kassel 1997, S. 323-329

Metzler 2006
Metzler, Sally: Artists, Alchemists and Mannerists in Courtly Prague, in: Wamberg 2006, S. 129-148

Moran 1987
Moran, Bruce T.: Der alchemistisch-Paracelsische Kreis um den Landgrafen Moritz von Hessen-Kassel (1572-1632), in: Zeitschrift des Vereins für hessische Geschichte und Landeskunde 92 (1987), S. 131-146

Morbach 2006
Morbach, Bernhard: Die Musikwelt der Renaissance, Kassel u.a. 2006

Moser 1980
Moser, Josef: Der Gmundner Organist Andreas Pleninger (1555-1607) und Abraham Schußlingus, Kantor zu Vöcklabruck, in: Oberösterreichische Heimatblätter 34 (1980), S. 197-199

Münster 2001
Münster, Robert: Musik im Kloster Kaisheim / Kaisersheim, in: Schiedermair 2001, S. 172-186

Mundt 2008
Mundt, Lothar: Die Lehrtätigkeit des Georg Sabinus an der Universität Königsberg, in: Marti, Hanspeter / Komorowski, Manfred (Hrsg.): Die Universität Königsberg in der Frühen Neuzeit, Köln / Weimar / Wien 2008, S. 77-115

Nieder 1999
Nieder, Horst: Ritterspiele, Trionfi, Feuerwerkspantomime. Die Kasseler Tauffeierlichkeiten von 1596. Fest und Politik am Hofe des Landgrafen Moritz von Hessen-Kassel, Diss. Marburg 1994, Marburg 1999

Nieder 2002
Nieder, Horst: Wilhelm Dilich (um 1571-1650). Zeichner, Schriftsteller und Kartograph im höfischen Dienst (= Materialien zur Kunst- und Kulturgeschichte in Nord- und Westdeutschland, Weserrenaissance-Museum Schloss Brake, Bd. 28), Lemgo 2002

Ottomeyer 1997
Ottomeyer, Hans: Das Buffet Moritz' des Gelehrten, in: Ausst.-Kat. Kassel 1997, S. 163-169

Pilipczuk 1979
Pilipczuk, Alexander: Das Musizieren am Tisch. Ikonographische Bemerkungen zur Spielpraxis vom Spätmittelalter bis zur Einführung des Quartett-Tisches im 18. Jahrhundert, in: Die Musikforschung 32 (1979), S. 404-415

Pocci 1849/50
Pocci, Graf von: Nachricht über ein Denkmal der Hochätzkunst, in: Oberbayerisches Archiv für vaterländische Geschichte, 10 (1849/50), S. 159-160

Raasveld 1995
Raasveld, Paulus Peter Maria: *Pictura, poesis, musica*. Een oderzoek naar de rol van de muziek in embleemliteratur, Diss. Utrecht 1995, Dordrecht 1995

Raspe 2003
Raspe, Martin: »*Strijdt tegen Onverstandt*«. Das Urteil des Midas und die Virtus der Landschaftsmalerei bei Gillis van Coninxloo, Karel van Mander und Hendrick Goltzius, in: Nederlands kunsthistorisch jaarboek 54 (2003), S. 141-172

Reutzel 2001
Reutzel, Erik: Das Finanzgebaren des Landgrafen Moritz von Hessen-Kassel im Spiegel der überlieferten Messevoranschläge, Diss. Frankfurt / Main 2001, Frankfurt / Main 2002

Röber 1751
Röber, ?: Beschreibung zweyer merckwürdigen Tische, so auf Hoch-Fürstl. Bibliothec allhier befindlich, in: Casselische Policey-, Gelehrte- und Commercien-Zeitung 26, 1751, S. 201-204

Rommel 1837
Rommel, Christoph v.: Geschichte von Hessen, 8 Bde., Kassel 1837

Salmen 1994
Salmen, Walter: Stammbuchillustrationen als musikgeschichtliche Quelle, in: Heckmann / Holl / Marx 1994, S. 235-241

Sauerländer 2008
Sauerländer, Willibald (Hrsg.): Die Münchner Kunstkammer, 2 Bde., München 2008

Savenau 1905
Savenau, C.M. von: Ein Trinklied aus dem 16. Jahrhundert, in: Neue Zeitschrift für Musik 72 (1905), S. 485-486 mit Anhang

Schiedermair 2001
Schiedermair, Werner: Kaisheim. Markt und Kloster, Lindenberg 2001

Schmetzer 1931
Schmetzer, Adolf: Geätzte Regensburger Steinplatten, in: ders.: Beiträge zur geschichtlichen Ortskunde Regensburgs, Regensburg 1931, S. 3-12

Schmid 1994
Schmid, Manfred Hermann: Die Darstellung der *Musica* im spätmittelalterlichen Bildprogramm der »*Margarita philosophica*« von Gregor Reisch 1503, in: Heckmann / Holl / Marx 1994, S. 247-261

Schmidt 2010
Schmidt, Dörte: Zwischen Wissen, Repräsentation und Kommunikation. Moritz von Hessen-Kassel und die Bedeutung der Musik für das Herrscherbild der Zeit, in: Kremer / Lorenz / Rückert 2010, S. 279-298

Schmidt-Beste 2004
Schmidt-Beste, Thomas: Eine Randerscheinung? Zur weltlichen Vokalmusik in Kassel um 1600, in: Schütz-Jahrbuch 26 (2004), S. 109-132

Schröder 1998
Schröder, Heike: Kunst im Alten Schloss. Württembergisches Landesmuseum Stuttgart, Stuttgart 1998

Schweikhart 1985
Schweikhart, Gunter: Kunst und Kultur in Kassel unter Landgraf Moritz dem Gelehrten, in: Heinrich Schütz. Texte, Bilder, Dokumente, Kassel / Basel / London 1985, S. 13-34

Seelig 2008
Seelig, Lorenz: Die Münchner Kunstkammer, in: Sauerländer, Willibald (Hrsg.): Die Münchner Kunstkammer, Bd. 3: Aufsätze und Anhänge, München 2008, S. 1-114

Sittig 2010
Sittig, Claudius: Kulturelle Konkurrenzen. Studien zu Semiotik und Ästhetik adeligen Wetteifers um 1600 (= Studien und Dokumente zur deutschen Literatur und Kultur im europäischen Kontext. Frühe Neuzeit, Bd. 151), Berlin / New York 2010

Stegmann 1757
Stegmann, Johann Gottlieb: Kurze historische Nachricht von der großen Einsicht des Durchlauchtigsten Fürsten Moritz in die philosophischen und mathematischen Wissenschaften..., Kassel 1757

Tacke 1995
Tacke, Andreas: Die Gemälde des 17. Jahrhunderts im Germanischen Nationalmuseum Nürnberg, Bestandskatalog, Mainz 1995

Tlusty 2001
Tlusty, B. Ann: Bacchus and Civic Order. The Culture of Drink in Early Modern Germany, Charlottesville / London 2001

Vergo 2005
Vergo, Peter: That Divine Order. Music and the Visual Arts from Antiquity to the Eighteenth Century, New York 2005

Wackernagel 2003
Wackernagel, Bettina: Musikinstrumentenverzeichnis der Bayerischen Hofkapelle von 1655. Faksimile, Transkription und Kommentar, Tutzing 2003

Wald-Fuhrmann 2012
Wald-Fuhrmann, Melanie: Tagungsbericht Musik und Emblematik in der Frühen Neuzeit, 01.02.2012-03.02.2012, Interdisziplinäres Institut für Kulturgeschichte der Frühen Neuzeit Osnabrück, in: H-Soz-u-Kult, 24.03.2012

Wallner 1912
Wallner, Bertha Antonia: Musikalische Denkmäler der Steinätzkunst des 16. und 17. Jahrhunderts nebst Beiträgen zur Musikpflege dieser Zeit, Diss. München 1912, München 1912

Wallner 1912a
Wallner, Bertha Antonia: Der kunstvolle Liedertisch im Rathause zu Amberg (= Mitteilungen aus dem Stadtarchiv Amberg), Amberg 1912

Wallner 1932
Wallner, Bertha Antonia: Ein geätzter Notentisch aus dem Zisterzienser Reichsstift Kaisheim, in: Münchener Jahrbuch für Bildende Künste 9 (1932), S. 311-319

Wallner 1934
Wallner, Bertha Antonia: Ein geätzter Notentisch mit Kompositionen von Orlando di Lasso, in: Zeitschrift für Musikwissenschaft 16 (1934), S. 244-245

Wamberg 2006
Wamberg, Jacob (Hrsg.): Art and Alchemy, Kopenhagen 2006

Weber-Karge 1989
Weber-Karge, Ulrike: »...einem irdischen Paradeiß zu vergleichen...«. Das Neue Lusthaus in Stuttgart. Untersuchungen zu einer Bauaufgabe der deutschen Renaissance, Diss. Mainz 1986, Sigmaringen 1989

Wolff 1997
Wolff, Fritz: Theater am Hofe des Landgrafen Moritz, in: Ausst.-Kat. Kassel 1997, S. 309-314

Wunder 1992
Wunder, Heide: »Er ist die Sonn', sie ist der Mond«. Frauen in der Frühen Neuzeit, München 1992

Zeidler 1998
Zeidler, Jana: Die polychrome Renaissance-Tischplatte aus Solnhofener Kalkstein von der Löwenburg in Kassel. Herstellungstechnik, Technologie, Möglichkeiten der Konservierung und Restaurierung, Diplomarbeit Fachbereich Restaurierung und Konservierung von Kunst- und Kulturgut Köln 1998 (ungedr.)

Bildnachweis

Im Text

Arolsen, Birgit Kümmel: Abb. 32, Reproduktion nach Kümmel 1996, Abb. S. 113, mit freundlicher Genehmigung von Birgit Kümmel

Ascheberg, Dr. Christoph Hellbrügge: Abb. 49-52, 54-56

Berlin, Staatliche Museen zu Berlin, Kupferstichkabinett: Abb. 9 (79-1888)

Coburg, Kunstsammlungen der Veste Coburg: Abb. 8

Kassel, Museumslandschaft Hessen Kassel, Arno Hensmanns: S. 2, Abb. 1, 4, 7, 11, 12, 16, 17, 19, 21, 22, 24-27, 29-31, 33, 44-48, 53, 57, 58; Gabriele Bößert: Abb. 37

Kassel, Universitätsbibliothek, Landesbibliothek und Murhardsche Bibliothek: Abb. 6, 13 (2° Hass. Maur. 2, fol. 31-32, 37-38); Abb. 15 (4° Mus. 29a [1 fol. 33v); Abb. 20 (4° Mus. 69, [5 fol. 1r); Abb. 35 (4° Mus. 138 fol. 1r); Abb. 39 (2° Ms. Hass. 57, Bd. 1, fol. 36r); Abb. 41, 42 (4° Ms. Chem. 60/1,2,88r)

Kassel, Irmtraud Baier: Abb. 2 (mit freundlicher Hilfe von Annett Osterwold)

Kassel, Bruno Hansmann: Abb. 59, Reproduktion nach Postkarte

London, British Museum: Abb. 3, 18

München, Bayerische Staatsbibliothek: Abb. 10 (Cgm 6592), Abb. 34 (ESlg/L.eleg.m. 37)

Münster, Dietmar Wohl: Abb. 43

Stuttgart, Staatsgalerie, Graphische Sammlung: Abb. 28

Wien, Kunsthistorisches Museum: Abb. 14, 23

Wolfenbüttel, Herzog August Bibliothek: Abb. 38 (196 Quod.(1)

Im Musiktisch-Katalog

Amberg, Stadtmuseum: Abb. Tisch Amberg

Eferding, Fürstlich Starhembergsches Familien- und Stadtmuseum: Abb. Tisch Eferding

Gotha, Stiftung Schloss Friedenstein: Abb. Tisch Gotha

Graz, Universalmuseum Joanneum: Abb. Tisch Graz

Kassel, Museumslandschaft Hessen Kassel: Abb. Tisch Kassel

Klagenfurt, Martin Schuster: Abb. 1, Tisch Rosegg, Reproduktion nach Jäger 2010, Abb. 1 mit freundlicher Genehmigung von Yvonne Silke Jäger

London, British Library: Abb. John Dowland: Madrigal Come again (bei Tisch Neumarkt), Reproduktion mit freundlicher Genehmigung von ProQuest

München, Wittelsbacher Ausgleichsfonds: Abb. Tisch Berchtesgaden

Nürnberg, Germanisches Nationalmuseum: Abb. Tisch Nürnberg (HG 9412); Abb. Andreas Rauch / Heinrich Ullrich: Einblattdruck (HB 2307) (bei Tisch Neumarkt), Foto von Monika Runge

Rafz, Arnold Geering: Abb. Tisch Nürnberg (Löffelholtz), Reproduktion mit freundlicher Genehmigung von Mireille Geering

Stuttgart, Landesmuseum Württemberg: Abb. Tisch Stuttgart, Foto von Peter Frankenstein / Hendrik Zwietasch

Wien, Kunsthistorisches Museum: Abb. Tisch Wien (KK 2402), Abb. Tisch Wien (KK 2410)

Die folgenden Abbildungen wurden aus Büchern reproduziert:

Hofmann / Mader 1982 (1909), Abb. 46: Musiktisch-Katalog Abb. Tisch Neumarkt

Holtmeyer 1923, Taf. 477: Abb. 40

Quarles 1993 (1635), Abb. vor S. 1: Abb. 36

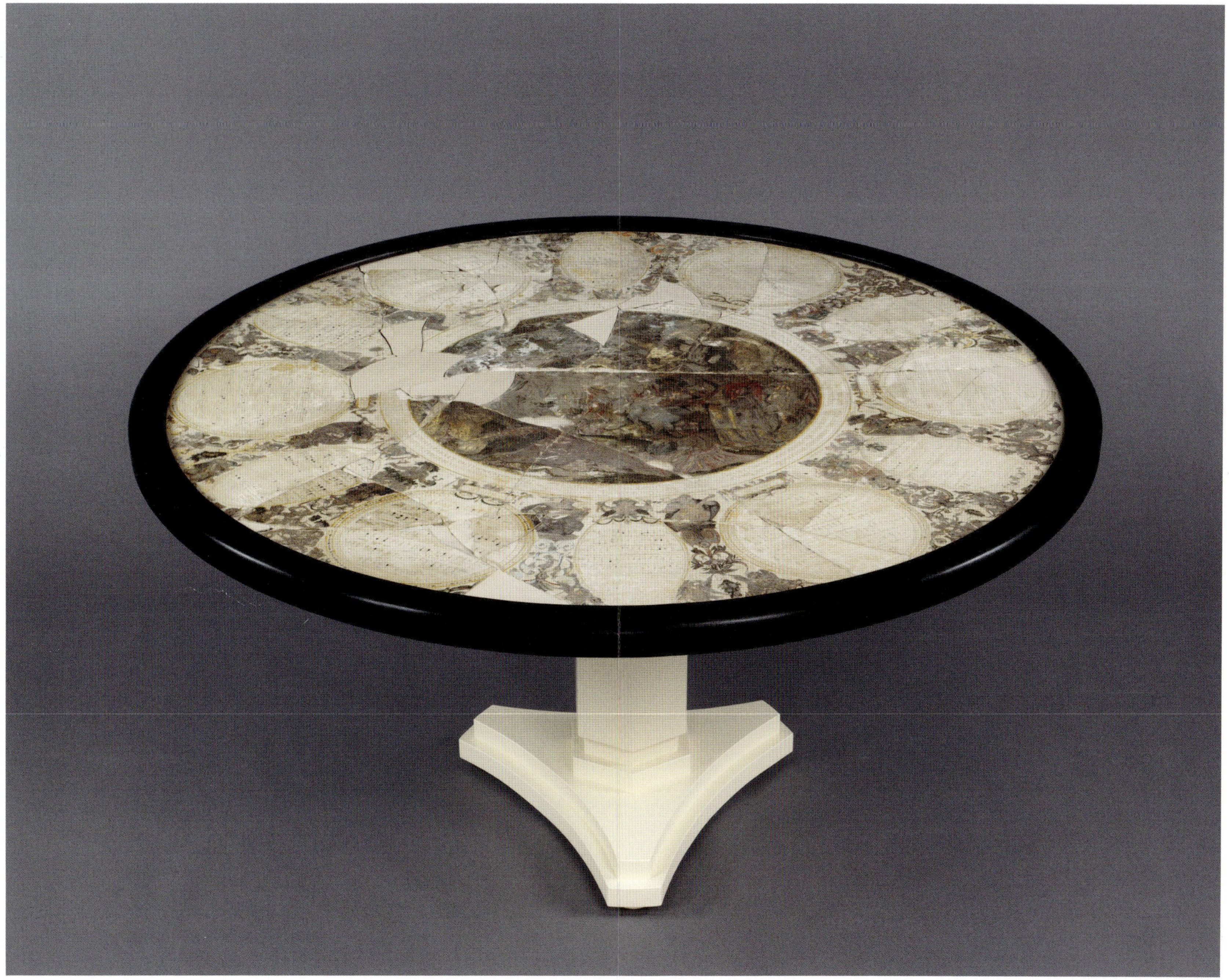

Restaurierte Tischplatte mit neu angefertigter Holzrahmung und provisorischem Fuß